AF325288

NOTES ET SOUVENIRS

COULOMMIERS

Imprimerie PAUL BRODARD.

VICTOR DURUY

NOTES ET SOUVENIRS

(1811-1894)

AVEC UN PORTRAIT EN HÉLIOGRAVURE

TOME SECOND

PARIS

LIBRAIRIE HACHETTE ET Cie

79, BOULEVARD SAINT-GERMAIN, 79

1901

NOTES
ET SOUVENIRS

CHAPITRE XIV

LA LIBERTÉ DE L'ENSEIGNEMENT SUPÉRIEUR

Dès le 29 octobre 1863, quatre mois à peine après mon arrivée au Ministère, je demandai à l'Empereur, par la lettre suivante, l'autorisation de préparer un projet de loi pour la liberté de l'Enseignement supérieur :

« Sire,

« Votre Majesté vient de donner une secousse salutaire à l'enseignement de l'Université. De ce côté, il n'y a plus, pour le moment, qu'à veiller à la bonne exécution des mesures prises. Mais il reste une grande chose à faire. La loi du 15 mars 1850, qui est la loi organique pour l'instruction publique, a mis la liberté de l'enseignement dans les écoles primaires et secondaires, elle ne l'a pas mise là où elle devrait surtout se trouver, dans l'Enseignement supérieur.

« Le législateur de 1850 a bien compris cette inconséquence et le dernier article de la loi porte ces mots :

« *Jusqu'à la promulgation de la loi sur l'Enseignement supé-*
« *rieur, le Conseil supérieur exercera.....* »

« Cette loi, promise depuis treize ans, n'a pas été faite et une réglementation odieuse, absurde, pèse sur le haut enseignement. Je propose à Votre Majesté de donner ce magnifique couronnement à l'œuvre féconde des libertés civiles qu'Elle a entreprise.

« Je lui demande d'accorder aux idées ce qu'elle a concédé aux colis de marchandises, la libre circulation.

« Nous sommes la Vérité, Sire, car nous ne cherchons qu'elle ; tant pis pour ceux qui sont dans l'erreur.

« D'ailleurs, ce que nous ne faisons pas, nos adversaires le font. Les églises, les salles de catéchisme, les conférences pieuses, les retraites ecclésiastiques sont autant d'écoles de haut enseignement clérical, et il faut que Votre Majesté mette en mouvement une des plus grandes forces du Gouvernement, le Conseil d'État, pour empêcher les évêques de se faire professeurs de haute politique. Encore reste-t-il à Mgr Pie la ressource de l'oraison funèbre, fût-ce celle de Gicquel.

« Que la société laïque, attaquée de front par les évêques, minée en dessous et dans l'ombre par les congrégations, puisse au moins se défendre en plein soleil, *sub dio* ; non pas en attaquant à son tour, mais en laissant l'esprit de justice et de vérité qui l'anime se répandre au dehors et sur tout, dussent les hommes de ténèbres s'effarer encore et crier, comme ils le font aujourd'hui dans *l'Univers*, *le Monde* et *la Gazette de France*, contre l'enseignement de l'histoire contemporaine, c'est-à-dire contre la lumière.

« A ce système, je ne vois que des avantages et point d'inconvénients. Nos Facultés, qui dorment dans le sein du monopole, se réveilleront au contact de la liberté. La concurrence fera surgir les hommes que Votre Majesté cherche et qu'Elle ne trouve pas ; et l'Empereur se sera montré une fois de plus l'homme le plus libéral de l'Empire.

« Comme rançon de cette liberté, je demanderai seulelement à Votre Majesté de me permettre d'exécuter la loi de 1850.

« Cette loi a constitué l'inspection des écoles libres, en déterminant qu'elle « *ne peut porter sur l'enseignement que pour vérifier s'il n'est pas contraire à la morale, à la Constitution et aux lois* ». Cette inspection n'est donc pas autre chose que ce qu'est la censure dramatique pour le théâtre.

« Je n'en demande pas davantage, mais je demande tout ce que la loi m'accorde. Or, nulle inspection n'est faite et n'ose se faire. Les portes des écoles congréganistes sont hermétiquement closes. Moi-même, inspecteur de l'Académie de Paris, je ne suis parvenu à pénétrer qu'avec d'infinies difficultés *dans la cour* vide de la maison des Jésuites de la rue des Postes et je n'y ai rien pu voir que les murailles. Là, n'en déplaise aux cléricaux de robe courte qui prétendent ne pas connaître les cléricaux de robe longue, là, Sire, on conspire contre vous et contre notre société. Là, sont les plus dangereux ennemis de votre fils, ils y préparent une bataille que l'Empereur gagnera, que le Prince Impérial perdrait.

« En résumé, je sollicite de Votre Majesté deux choses :

« 1° L'autorisation de préparer un projet de loi sur la liberté de l'Enseignement supérieur, afin d'acquitter la promesse de 1850.

« 2° L'autorisation d'exercer sans bruit, mais avec fermeté, l'inspection des écoles libres, *selon les prescriptions de la loi.* »

Ce fut un coup d'épée dans l'eau. J'étais suspect à mes collègues politiques. Un d'eux m'avait dit, à un des précédents conseils : « Il n'y a point de cléricaux, et ce nom ne correspond à rien. » C'est à cette parole, entendue par l'Empereur, que répondait la phrase de la lettre précédente « sur les cléricaux de robe courte ». Dans ces dispositions d'esprit, personne n'était prêt à passer de mon côté. D'ailleurs je comprenais fort bien moi-même que mon projet n'était pas un simple fait de scolarité et que, dans l'espèce, la politique devait avoir le dernier mot. Ne pouvant attaquer la place de front, j'essayai d'y faire une brèche de côté, en me servant d'un vieux droit reconnu au Ministre de l'Instruction publique, celui d'autoriser des conférences. Ce sont elles qui ont préparé la liberté de l'Enseignement supérieur.

Avant de commencer cette campagne qui était pour moi redoutable, par la responsabilité qu'elle m'imposait, j'avais délimité très nettement ma compétence dans des instructions envoyées aux recteurs, le 6 avril 1864, et renouvelées le 23 janvier 1865, avec insistance. « Le Ministre de l'Instruction publique a le droit, d'après la législation existante, d'autoriser les cours, gratuits ou non, qui sont faits, dans un intérêt littéraire ou scientifique, pour répandre des connaissances utiles et morales au sein des classes laborieuses, ou pour donner aux classes élevées une distraction élégante et profitable. Mais il ne saurait, sans dépasser les limites du pouvoir qui lui est propre, permettre des réunions où l'on n'aurait pas exclusivement en vue la propagation de l'enseignement. A plus forte raison, il n'en pourrait permettre qui prendraient un caractère politique, soit par le but qu'on se proposerait d'atteindre en dehors de la littérature, soit par la composition du personnel enseignant, qui constituerait une sorte de réclame permanente pour un parti ou pour des candidatures politiques, soit enfin par des habitudes d'allusions détournées et de sous-entendus qui feraient du cours une provocation à peine déguisée. J'ajoute que son devoir serait de retirer immédiatement une autorisation dont le public abuserait, même sans la volonté du professeur. »

Ces précautions prises et ma base d'opération bien assurée, j'entrai en campagne. En 1865, 469 autorisations accordées par toute la France donnèrent à l'enseignement libre 100 000 auditeurs. Les journaux de province, quelquefois réduits à distraire leurs lecteurs par l'annonce d'un veau à deux têtes, ou celle de tel autre phénomène aussi intéressant, discutèrent les questions d'art et de science traitées dans la conférence de la veille ou devant l'être dans celle du lendemain.

La Sorbonne, on vient de le voir, prit la tête du mouvement, en offrant deux fois par semaine à 1500 auditeurs des leçons qui eurent un grand éclat et mirent certains hommes en pleine lumière.

Enfin, avec quelques milliers de francs, je pus construire, sur un terrain vague de la Sorbonne, la salle Gerson, où s'installa une sorte d'université libre qui fit des cours sur toutes les branches des connaissances humaines [1].

Le Ministère de l'Instruction publique est institué pour faire la lumière; il en faisait.

Je transcris ici quelques lettres à l'Empereur qui se rapportent à cette question des conférences.

---

1. Le tableau des cours de la salle Gerson se trouve à la p. 916 du volume de Delalain.

Lettre du 18 février 1864.

« Sire,

« Quelques mots que m'ont dits, ce matin, avant le Conseil, MM. Rouher et Boudet, me prouvent qu'on les trompe, comme on a essayé de tromper Votre Majesté, au sujet des cours publics.

« A la rue de la Paix (voy. t. I, p. 158 et suiv.), tout est si calme que j'ai pu depuis quinze jours n'envoyer mon inspecteur que d'une manière intermittente.

« A la salle Barthélemy, il est faux qu'il y ait eu même l'ombre d'un désordre et que cette réunion jette de l'inquiétude dans le quartier. Je suis resté hier au soir dans cette rue, de sept heures et demie à huit heures, pour tout examiner au dehors; mon secrétaire général était dans l'intérieur pour tout entendre; il est revenu, comme moi, charmé de l'attitude de cette foule. Dans la leçon de M. Laboulaye *sur les chants slaves*, pas la moindre allusion politique, à moins que M. Budberg n'en voie une, que nous acceptons volontiers, dans un chant serbe où une jeune fille se plaint d'être maltraitée par sa belle-mère, une marâtre sans cœur.

« Ainsi tous ces orateurs sont fidèles à l'engagement que je leur ai fait prendre, et ces ouvriers, charmés de voir des académiciens venir à eux avec de belles dames, se croient dans un salon et se conduisent comme s'ils y étaient.

« Cette éducation du peuple par le beau, que Votre Majesté a commencée par la reconstruction de Paris et par les orphéons, va se continuer par des cours de littérature, d'art et de science.

« Et voyez, Sire, le phénomène qui, déjà, se produit : il

y a quinze ou vingt ans, de dix hommes réunis, il sortait habituellement une conspiration ou une émeute, parfois une révolution. Votre Majesté en laisse 4 ou 5000 s'assembler pour écouter des hommes qui ont ou tâchent d'avoir de l'esprit et du savoir, et voilà cette foule désordonnée qui s'habitue à la discipline dans ses plaisirs, qui oublie ses deux vieilles passions, le cabaret et la politique, pour en prendre une troisième, le goût des choses de l'esprit.

« Cela effraie quelques-uns. Mais, comme on le disait à Henri IV : « Vous êtes le roi des braves, Sire, et les idées « ne vous font pas peur ».

« Autrefois nous étions, suivant l'occurrence, un peuple de valets ou de héros. Votre Majesté fera de nous des hommes, avec ce qui fait l'homme, l'intelligence. »

Lettre du 19 février 1864.

« Sire,

« Dans ma lettre d'hier, j'ai oublié d'insister sur quelques considérations importantes et d'annoncer à Votre Majesté un fait en formation.

« L'Empereur m'a donné la charge d'augmenter la somme d'intelligence qui existe dans ce pays. Comment arriver à le faire pour la partie de la population qui n'est plus dans nos maisons universitaires? En accordant aux idées la liberté de circulation que Votre Majesté a donnée aux ballots de marchandises.

« L'Enseignement supérieur s'engourdit et s'endort; il faut le réveiller par la concurrence.

« Les corps constitués de la littérature et la presse sont hostiles, parce que les uns sont le refuge des ambitions du

passé, et l'autre le gagne-pain des ambitions du présent.
Dans tous deux, on laisse de côté l'art, chose si difficile,
pour aller à la politique dont le premier venu peut parler
et écrire à tort et à travers.

« Le Gouvernement doit créer un dérivatif en suscitant
une véritable vie littéraire et en donnant à la population
d'autres besoins que ceux du *Premier Paris*.

« Et elle y est si bien disposée! Avant-hier, à la salle
Barthélemy, M. de Laboulaye, qui est l'effroi du préfet de
police, n'a eu qu'un médiocre succès avec une leçon froide
et compassée. Mais Lachambaudie a fait éclater un tonnerre d'applaudissements avec sa fable du raisin, qui est
la mise en action de la doctrine morale du sacrifice.

« Où est le danger? Nous sommes armés jusqu'aux dents
pour interdire un cours, fermer une salle; et l'Empereur
me sait bien résolu à user de ce droit, quand il le faudra.
Donc, nulle crainte à concevoir.

« Depuis trois mois, je provoque, sans me montrer,
l'organisation de cours publics dont M. Boitelle puisse être
content. Mais ce pays a si peu l'esprit d'initiative qu'il m'a
fallu prendre en main cette affaire. A cette heure, j'ai vingt-
cinq professeurs tout prêts à donner; et voilà quinze jours
que je cherche vainement un lieu où les mettre.

« Il n'y a parmi eux personne qui puisse, comme le
Directeur de la rue de la Paix, s'endetter de cent trente
mille francs pour pareille affaire, et ils ne voudraient pas,
comme le comité polonais, aller commettre leur robe pro-
fessorale dans une salle de bal public.

« M. Haussmann ne veut pas me bâtir, au centre de
Paris, ce qu'il est inconcevable que Paris n'ait pas, une
grande salle de réunions littéraires, un *Athenæum*. M. Pé-

reire, M. Frémy ou une société d'actionnaires me la donne-
ront peut-être. En attendant, ma *Société académique* reste
sur le pavé. Je n'ai à lui offrir que la Sorbonne qui est
trop loin et dont le nom effaroucherait le monde élégant
et la foule. L'empereur Napoléon Iᵉʳ logeait ses poètes au
Louvre; Napoléon III pourrait-il donner l'hospitalité aux
lettres dans une des salles inutiles de ce palais? Nous
serions là, au centre, en lieu respectable, où tout le monde
pourrait venir.

« Sire,

« Par les œuvres de la guerre, par les institutions de la
paix, par la vie nouvelle donnée au commerce et à l'industrie, votre règne est déjà un grand règne. Mais il manque
à votre couronne son plus brillant fleuron, cette chose
légère qui dure plus longtemps que l'airain, l'éclat des
Lettres. Il ne se produit pas de talent nouveau et nous
allons encore d'un reste du mouvement de 1829. Votre
Majesté ne pourra, malgré toute sa puissance, faire un
grand écrivain; mais vous pouvez, Sire, hâter l'éclosion de
quelque génie inconnu en préparant le milieu le plus
favorable à son développement. »

Lettre du 15 mars 1864.

« Sire,

« Hier au soir, j'ai été parfaitement heureux.

« J'avais pour les cours de la Sorbonne quelques inquiétudes au sujet des étudiants de dixième année, la portion
pourrie de la jeunesse des écoles, qui, dans ce quartier latin
de tumultueuse mémoire, paraissait vouloir user de privi-
lèges dix fois séculaires. L'avis ci-joint, placardé, le matin,
à l'intérieur des trois Facultés, a tout apaisé.

« La leçon commence à huit heures. Dès cinq heures moins un quart, la *queue* se formait : un ouvrier y avait apporté son dîner, d'autres des journaux, des livres. Durant trois heures d'attente, l'ordre le plus parfait a régné et, pour couronner le tout, une leçon magnifique de science pure. Cinq cents dames, dont plusieurs prenaient des notes, des prêtres, des membres de l'Institut, une jeunesse ardente, mais se domptant elle-même, remplissaient la salle. A un certain moment, des cris se font entendre dans l'escalier d'un couloir obscur. Une femme, rudoyée par un sergent de ville, tombe et crie au secours. La leçon s'arrête, le recteur et moi allons voir, et pas un de ces mille étudiants ne profite de cet incident dangereux pour troubler l'ordre par un mot, par un geste.

« Il n'est pas possible qu'il ne sorte point de tout cela de bonnes choses. La foule, évidemment, est avide de savoir et, pour obtenir ce qu'elle désire, elle se discipline elle-même. En outre, sous le coup de ces enseignements répétés, l'intelligence qui sommeille dans le peuple, et y demeure à l'état latent, se dégagera.

« L'Empereur voudra bien remarquer que le succès est obtenu ici par une association que j'ai formée, qui est notoirement gouvernementale, qui ne sacrifie pas aux préjugés, aux passions mauvaises, et parfois, comme hier, les heurte de front, qui, enfin, donne de la science austère, non frelatée, et verse à cette foule avide un vin généreux, au lieu de l'alcool que d'autres veulent lui distribuer.

« Ah! si MM. Frémy et Péreire voulaient me bâtir la grande salle que je leur demande avec une succursale dans chacun des vingt arrondissements, nous ferions des merveilles, Sire, car j'ai assez d'hommes de bonne volonté pour suffire à tout, et Votre Majesté aurait une popularité, une force et une gloire de plus.

« On m'a rapporté que, dans le salon de M. Thiers, un ancien républicain disait tout haut : « L'Empereur donne « à la France ce que MM. Thiers et Guizot ne lui auraient « jamais accordé. Voilà un gouvernement qui, du moins, « n'a pas peur ». Il disait vrai. Votre Majesté n'a peur que de l'erreur et de l'injustice.

« J'adresse à l'Empereur une note qui m'a été remise par le propriétaire de la plus grande imprimerie de Paris. Sa demande me paraît légitime, car il est étrange que chaque village ait un débit de *tabac*, avec plusieurs débits de *vin*, mais ne puisse avoir un seul débit de *livres* autorisés et que, chez le peuple qu'on dit le plus spirituel de la terre, la régie laisse circuler la poudre, mais ne laisse pas circuler les livres.

« L'autre note est un travail que j'ai demandé à M. Hachette. Il me semble fort pertinent, je supplie l'Empereur d'y jeter les yeux. Je ne ferai qu'une observation : c'est du 48 tout pur et du plus mauvais, que d'interdire à cette heure la discussion des questions économiques. Le danger n'est point qu'on les étudie, mais qu'on les ignore.

« Enfin, l'Empereur veut-il me permettre de lui faire hommage d'un livre que mon libraire s'obstine à réimprimer. J'ai souri quelquefois dans ce livre, et un grand maître de l'Université ne rit jamais. Mais n'étant que professeur quand je l'écrivis, je pouvais bien me permettre sans péril de faire l'école buissonnière. »

Quelques jours auparavant, le 7 mars 1864, j'avais écrit au Prince :

« Il est évident que, grâce à la sécurité que donne un règne glorieux et prospère, un courant d'opinion libérale se produit dans ce pays. Faut-il, comme quelques-uns le voudraient, se mettre en travers pour l'arrêter, ou n'est-il pas à la fois plus prudent, plus habile et plus juste de se placer au milieu pour le diriger en le contenant, et pour garder au gouvernement impérial son caractère d'énergique initiative? C'est le parti que Votre Majesté a pris pour les cours publics et Elle en a été aussitôt récompensée par la reconnaissance de l'opinion, par la modération des orateurs, qui ont été plus sages que ne le disent certaines calomnies des journaux légitimistes, par l'ordre enfin dont le public semble vouloir prendre l'habitude.

« Je crois que Votre Majesté commence là une grande chose, et nul n'ignore que c'est l'Empereur qui la veut.

« Hier, Jules Simon, un honnête homme qu'il est bien fâcheux que Votre Majesté ne puisse voir dans nos rangs, a fait une belle leçon sur le *Devoir*. Dans huit jours, M. Yung exposera la politique de Henri IV et son plan de pacification générale; ce sera la glorification de l'idée du 5 novembre. Il y a trois jours, j'entre au Collège de France et j'entends M. Franck, professeur de droit des gens, combattre la formule : *Le roi règne et ne gouverne pas*; et faire applaudir la doctrine contraire, qui est pour nous, sous l'Empereur, celle du bon sens.

« Pendant que ces bonnes choses se disent, la rue de la Paix a des mécomptes. Quelques-uns de ses orateurs échouent honteusement; d'autres sont sifflés par les frères et amis. Le grand jour ne convient pas à tout le monde. Cependant, je n'oublie pas qu'il faut diriger et contenir.

« J'ai adressé une verte réprimande à M. Saint-Marc

Girardin pour certaines paroles trop vives contre la Russie.

« J'ai provisoirement refusé aux gens de la rue de la Paix d'ouvrir une succursale qu'on pourra leur donner plus tard.

« Enfin, je n'ai pas autorisé M. Prévost-Paradol à parler dans la salle Barthélemy, parce que je veux bien ouvrir une chaire pour l'éducation du peuple, même y laisser monter des adversaires; mais je ne tiens pas à donner des tréteaux où se hisserait une grande ambition.

Lettre du 22 mars 1864.

« Sire,

« La Sorbonne continue d'être trop petite. Un sénateur, M. Le Verrier, y fera bientôt une leçon d'astronomie; un conseiller d'État, M. Lestiboudois, une leçon de botanique; un abbé, M. Brasseur de Bourbourg, une leçon sur le Mexique, etc., etc.

« M. Wattemare, le créateur des échanges internationaux, semble près de sa fin. Avant de mourir, il voudrait garantir l'existence de son œuvre et il vient de m'adresser une note que j'ai l'honneur de placer sous les yeux de Sa Majesté. Il y a là une idée élevée, salutaire, comme l'Empereur les aime. Je supplie Votre Majesté de me dire s'il lui convient que j'étudie cette question.

« J'ai eu avec le frère Philippe un long entretien d'où nous sommes sortis tous deux très contents et à la suite duquel j'ai visité, durant quatre heures, sa grande maison de Passy. La loi relative à l'Enseignement spécial acceptée par le Conseil d'État, cet entretien, cette visite et nos franches explications seront, je crois, un traité de paix signé définitivement entre la Congrégation et mon Ministère où il est de tradition de faire aux Frères une guerre de chicanes que je trouve indigne du gouvernement de l'Empereur.

« Cette paix sera placée sous la garantie de ce double principe : pour les Frères, liberté de donner aux enfants tout ce qu'ils sont capables de leur enseigner ; pour le ministre, droit sérieusement exercé de surveillance et de contrôle. C'est pour consacrer hautement ce droit que j'ai inspecté moi-même la maison de Passy. Mes inspecteurs passeront aisément par la porte que j'ai ouverte !

« Un de mes collègues me représentait hier MM. Larrabure et Segris presque comme des factieux. Je ne connais pas le premier, mais j'ai causé plusieurs fois avec le second qui semble plein de modération et de dévoûment à Sa Majesté. Les ministres ne peuvent-ils donc supporter, dans la Chambre, la contradiction que l'Empereur autorise dans son Conseil. Ou croit-on qu'on paraîtra plus grand quand on aura obligé les autres à se faire plus petits ? »

Lettre du 18 octobre 1864.

« Sire,

« Votre Majesté a autorisé, il y a un an, la réouverture des cours libres de la rue de la Paix. On annonçait des émeutes ; M. le Préfet de police n'a pas eu à faire dresser un procès-verbal et, sauf une leçon d'un titre imprudent sur Marat, tout s'est bien passé..., du moins pour le Gouvernement, qui a eu le mérite de laisser faire et n'a pas eu le déplaisir d'avoir à réprimer.

« Il n'en a pas été de même pour la Société ; elle s'y est à peu près ruinée, les cours de la Sorbonne l'ont tuée, de la bonne manière, par la supériorité de l'enseignement et sans leur donner le droit de crier.

« Aujourd'hui, quelques débris de cette Société cherchent à se reconstituer et veulent aventurer leurs derniers écus dans une autre entreprise.

« J'ai l'honneur de mettre sous les yeux de l'Empereur leurs programmes. Ils sont tellement inoffensifs que le Gouvernement ne pourrait, sans très grave préjudice, laisser dire qu'il en a eu peur.

« La liste des professeurs est moins innocente, mais je compte bien rayer les noms qui déplairaient par trop à M. le Préfet de police et je prie Votre Majesté de laisser faire encore cette fois.

« Je n'ai au sujet des nouveaux cours aucune crainte.

1° Parce que je leur ferai une condition expresse de s'en tenir à la littérature et aux sciences.

2° Parce que je les ferai soigneusement surveiller.

3° Parce que je suis bien résolu à ne tolérer ni désordre, ni excursion directe ou détournée dans le domaine de la politique.

« L'Empereur sait combien M. Boitelle est timoré au sujet de ces réunions. Il a cependant donné un avis favorable, en souhaitant deux choses dont l'une se fera, l'élimination de certains noms, dont l'autre est impossible : leur refuser le local qu'ils ont loué au Vauxhall, pour les disperser dans de petites salles que je ne pourrais plus que très difficilement surveiller.

« L'Empereur m'a récemment autorisé à faire ouvrir, par des professeurs administratifs ou semi-officiels, des cours libres par toute la France et il s'en organise sur divers points. Il sera de bonne politique de laisser à l'initiative privée essayer quelque chose dans le même sens à ses risques et périls. »

Lettre du 18 janvier 1865.

« Sire,

« L'Empereur, qui veut que son gouvernement ne soit pas une force de compression, mais une force d'expansion, contenue et réglée, a autorisé la formation de 400 cours publics dont les professeurs appartiennent presque tous aux diverses administrations. M. Béhic m'a donné à lui seul cinquante ingénieurs. Les Facultés qui dormaient se sont réveillées, les sociétés savantes sortent de leur torpeur et les recteurs m'écrivent que partout les salles sont trop petites. Cette vogue durera-t-elle? Je n'en sais rien. Mais sans qu'il en ait rien coûté à l'État, un mouvement considérable a été produit. La direction de la Presse me communique même ce soir un extrait de l'*International* de Londres qui estime que « cette diffusion de la lumière est la plus victorieuse réponse à toutes les encycliques qu'il plaira au parti rétrograde de publier.

« A Paris seulement, ce mouvement a fait naître, non pas des périls, mais des ennuis. La Sorbonne ne peut suffire, avec ses 1 500 places, à la curiosité scientifique d'une ville de deux millions d'âmes et mes professeurs ne veulent pas se compromettre dans des lieux où tour à tour l'on festoie et l'on enseigne.

« Ainsi, un besoin auquel je ne puis satisfaire avec mes seuls universitaires, en outre, une législation dont le principe est la liberté sous la surveillance, voilà la situation. — Faut-il, pour cette matière encore, placer Paris sous un régime particulier? Convient-il à l'Empereur de punir les intentions avant les actes ?

« Les cours de la rue Cadet, comme les nouveaux cours de la rue de la Paix, sont avant tout une affaire de commerce. Un des deux directeurs, celui de la rue Cadet, s'y est à moitié ruiné. Aussi tremble-t-il à l'idée que la salle soit fermée. Ce matin, pendant le Conseil, il a apporté au secrétaire général les excuses les plus vives, les protestations les plus complètes de s'enfermer rigoureusement dans les limites que j'ai établies : *Ni polémique religieuse, ni polémique politique.* L'Empereur tient-il à ce que je frappe des gens si fort effrayés ?

« Je ne laisse pas flotter au hasard les rênes de l'administration qu'il m'a confiée. Il n'y a point de semaine où, sans bruit, je ne refuse ou ne retire une autorisation, et j'engage bien volontiers ma responsabilité vis-à-vis de l'Empereur dans cette affaire, prêt à tout, si Sa Majesté me surprend en flagrant délit de faiblesse.

« On a dit à l'Empereur, il y a longtemps déjà, que je cherchais une popularité mauvaise. Je fais de la popularité le cas qu'elle mérite, me rappelant que ce pauvre et grand Colbert est mort au milieu des malédictions populaires. Peut-être aussi me représente-t-on à Sa Majesté comme un casse-cou politique, parce que j'imagine que la France prospère et glorieuse de 1865 n'est pas la France inquiète et troublée de 1850. »

« L'an dernier, on demandait à Votre Majesté de supprimer l'Adresse et cette *terrible* chambre a voté tout ce que l'Empereur a voulu, et le pays a envoyé dans les conseils généraux ceux que M. Boudet [1] souhaitait d'y voir.

« On demandait l'interdiction des comptes-rendus des

1. Le Ministre de l'Intérieur.

journaux, et le bon sens de l'Empereur a résisté seul contre presque tout le Conseil, parce que vous ne trouviez pas, Sire, de critérium certain et facilement applicable.

« Aujourd'hui on voudrait faire disparaître une chose agréable et utile au pays en même temps qu'elle est sans danger pour le Gouvernement, si on la manie bien, avec fermeté et prudence; mais pour laquelle il n'existe pas plus de critérium infaillible que pour la presse.

« Si l'Empereur me donne l'ordre de fermer, immédiatement je le ferai, mais avec la conviction que ce sera une dépense de force inutile : un bon gouvernement, pas plus qu'une bonne machine, ne doit faire de ces dépenses-là. »

Lettre du 1er janvier 1866.

« Sire,

« Le comité des gens de lettres organisa les cours libres de la salle Valentino dans une pensée de charité, pour augmenter les ressources de sa caisse de secours.

« Ce sont cependant ces cours qu'on a essayé d'incriminer auprès de Votre Majesté, même au Conseil, à propos d'une conférence faite par Méry sur cette question : « Annibal, après Cannes, devait-il marcher sur Rome? » Aux yeux des trembleurs qui n'assistaient pas à la leçon, Annibal est devenu Garibaldi et Mgr de Mérode s'est appelé Fabius Cunctator. Or, tout cela est faux. M. Boitelle, qui, pourtant, écoute bien, n'a rien entendu, et mon inspecteur, sévèrement interrogé, m'a répondu par le rapport ci-joint.

« Il n'existe à Paris que trois associations pour des conférences publiques : à la Sorbonne, par l'Université; à la salle Valentino, par le comité des gens de lettres; rue Scribe, par des particuliers qui vivotent avec un public de 60 à 80 personnes, et qui s'en vont mourir comme est morte déjà la rue de la Paix. On ne saurait trouver en cela l'ombre même d'un péril, et le Gouvernement ne paye d'aucune rançon l'avantage de pouvoir dire que quiconque a une idée utile, ou simplement intéressante, peut en France, tout aussi bien qu'en Angleterre, en Belgique ou en Allemagne, la produire librement en public.

« Je sais qu'en provoquant ce mouvement j'ai encouru vis-à-vis de Votre Majesté une grave responsabilité; mais je ne crois pas avoir failli au devoir de le surveiller et de le contenir, même sévèrement.

« Tous les renseignements qui m'arrivent me donnent à penser que je puis offrir en étrennes à l'Empereur la paix des écoles.

« De cette échauffourée, il sortira quelque bien : d'abord, la certitude qu'il n'y a rien de commun entre les étudiants et les ouvriers, contrairement à ce qui se passait sous la Restauration et le gouvernement de Juillet.

« Ensuite la détermination solennelle du vrai caractère de la juridiction disciplinaire et le rétablissement de notre législation universitaire qui est si prévoyante tout en restant si paternelle.

« Enfin l'occasion fournie de regarder de près dans l'organisation défectueuse de l'École de médecine, grosse machine de Marly qui est bien loin de produire tout l'effet utile qu'elle peut donner.

« J'ai déjà réuni une commission où je fais entrer M. Husson [1], pour que les réformes s'accomplissent d'ac-

1. Directeur de l'Assistance publique.

cord avec l'administration des hôpitaux, et M. Michel Lévy, qui a fort bien organisé l'École de médecine militaire à Strasbourg.

« La question est très complexe, je prie l'Empereur de nous accorder quelque temps pour la bien examiner. »

Quand, après la lettre impériale du 19 janvier 1867, tous les ministres furent envoyés aux Chambres, il m'arriva bien vite, au Corps législatif, des attaques de la part de ceux qui voulaient des conférences sur tout et partout, et de ceux qui n'en auraient voulu nulle part.

Les premiers me reprochaient de n'avoir pas laissé la porte ouverte à tout le monde. Je leur répondis par l'énumération des refus d'autorisation qui avaient été prononcés : 1° à cause de l'indignité personnelle du demandeur : cinq fous et quatre condamnés en cours d'assises; 2° à cause du sujet qui n'était pas matière d'enseignement ou pouvait amener des désordres : le spiritisme, l'homme et ses attributs dans le naturalisme, la Vie de Jésus par Strauss, etc.; 3° quatre à cause de la notoriété politique des orateurs; MM. de Broglie, Cochin, Lavergne, Jules Simon, dont le talent se serait mis non au service de l'école, mais à celui de toutes les oppositions, et un cinquième qui, se proposant de commenter un ouvrage très favorable au Gouvernement, aurait enfreint, lui aussi, le principe que j'étais tenu, de par mon office, de maintenir : la séparation entre l'enseignement qui relevait de l'instruction publique, et la politique, placée dans les attributions du Ministre de l'Intérieur.

Aux seconds, je représentais qu'après avoir suscité trente-trois mille classes d'adultes pour l'instruction populaire, le gouvernement avait le devoir de ne pas négliger l'Enseignement supérieur, et qu'il n'avait encore accompli que bien petitement ses obligations, en laissant ou faisant naître neuf cents cours libres pour cet ordre d'études.

En 1870, l'école de la salle Gerson n'était pas encore vieille de trois ans et ses vingt-quatre professeurs libres avaient fait cette année quatre cent quatre-vingt-sept leçons devant sept mille quatre-vingt-seize auditeurs [1].

La création de l'École pratique des Hautes Études fut le couronnement de l'œuvre commencée par les conférences. Mais une grosse question me préoccupait toujours, celle de remplacer la tolérance, qui prête à l'arbitraire, par la liberté qui constitue un droit.

En 1867, dans une séance du Sénat, je m'étais déclaré prêt à accepter la liberté de l'Enseignement supérieur (*op. cit.*) et, le 7 décembre de la même année, je rappelais cet engagement à Rouher :

« Mon cher collègue,

« M. Genteur me demande, de la part de M. Chaix d'Est-Ange, de lui dire quel est l'avis du Gouvernement touchant la liberté de l'Enseignement supérieur. Il y a une pétition au Sénat à ce sujet, et l'on presse M. Chaix de faire le rapport.

« Vous connaissez mon opinion à cet égard.

« La loi de 1850 a mis la liberté dans l'Enseignement primaire et moyen.

« Elle l'a promise pour l'Enseignement supérieur.

« Il y a donc un engagement moral du législateur.

1. Sur cette école, voyez le volume de Delalain.

« Reste la question d'opportunité.

« Les deux lois sur le droit de réunion et sur la presse marquent, à mon sens, que l'échéance de cette promesse est arrivée, et il vaudrait mieux que le Gouvernement eût l'honneur de l'initiative plutôt que de se laisser traîner, sur cette question, à la remorque du parti clérical.

« Cette mesure, comme toute chose humaine, présente des avantages et des inconvénients. Ceux-ci seraient la création problable de cours catholiques en regard de cours ultra-libéraux, bien que la chimie, la physique, etc., ne puissent être ni républicaines, ni cléricales. Mais, en revanche, nous aurions, dans l'Enseignement supérieur, par la concurrence des chaires libres, une vie qui, sur bien des points, lui manque aujourd'hui. Ce serait un moyen de découvrir des hommes ou d'en faire, de créer des sciences nouvelles ou de développer les anciennes.

« Par ces raisons, je serais d'avis d'exécuter la promesse de 1850.

« Voici mon projet de loi. Nous pourrons en parler mercredi, au Conseil. Mais trouvez-vous mauvais que je consulte à cet égard le Conseil impérial qui se réunit lundi.

« J'aurai soin de réserver d'une manière absolue la décision du Gouvernement, en présentant ce projet comme un simple texte à discussion sur une question importante pour laquelle je désirerais connaître à l'avance l'avis du Conseil. »

Le moment était donc venu pour le Gouvernement d'arrêter ses idées à ce sujet. Je rédigeai, sur cette matière difficile, un projet de loi qu'il est inutile de reproduire, puisqu'il n'alla point aux Chambres, mais qui fut distribué, à titre confidentiel, au Conseil impérial. Une commission de dix membres, choisis parmi les personnages les plus considérables de l'État et du Conseil, en discuta le principe. Je possède encore le procès-verbal de cette très curieuse séance où l'on vit tout ce qu'une liberté de plus pouvait causer d'effroi à de vieux politiques, satisfaits du présent et fermant les yeux à l'avenir. Deux années et quelques mois les séparaient du temps où le pouvoir exécutif allait être violemment renversé, et ils ne se disaient pas que la grande habileté aux armes est de détourner l'épée de l'adversaire, ni qu'il était utile d'ôter à l'opposition un de ses griefs les plus retentissants.

Le procès-verbal de cette discussion fut rédigé, séance tenante, par le Directeur de l'Enseignement supérieur, M. A. du Mesnil, aujourd'hui conseiller d'État. Je le copie ici, parce qu'il montre à quels obstacles le Ministre se serait exposé en persistant dans son dessein.

Discussion du projet de loi sur la liberté de l'Enseignement supérieur, le 13 décembre 1867.

Présents : le Ministre, MM. Troplong, Vuitry, de Royer, Delangle, Bonjean, Duvergier, Flandin, Le Verrier, Giraud, Dutrey, Ch. Robert ; — du Mesnil, *secrétaire.*

« LE MINISTRE. — La discussion de la loi sur le droit de réunion, la discussion de la pétition Giraud seront une occasion toute naturelle pour aborder la question de la liberté de l'Enseignement supérieur. Quelle doit être l'attitude du Gouvernement dans cette circonstance, que

peut-il considérer, que doit-il retenir, l'heure est-elle venue
de tenir la promesse contenue dans la loi de 1850; ou bien
ne doit-on pas craindre encore de se mettre en contradiction avec les lois générales de l'État, et n'est-ce pas con-
venable tout au moins d'attendre que la loi sur les réunions et la nouvelle loi sur la presse aient été votées? Le
Ministre de l'Instruction publique a cru de son devoir de
consulter le Conseil; le projet placé sous les yeux de cette
assemblée a été préparé pour elle seule, il est un appel fait
à ses lumières, une sorte de thème qui devra permettre à
chacun des membres d'exposer ses hésitations et sa pensée.

Comme on en pourra juger, le projet se compose d'un
petit nombre d'articles. Pour la médecine et les sciences,
les excursions dans le domaine politique ne sont pas à
craindre; mais il peut en être autrement pour les lettres
et pour le droit. Comment l'enseignement de l'histoire et
de la philosophie seront-ils compris; se bornera-t-on à
exposer, à faire connaître la Constitution, ou prétendra-t-on
la critiquer? Quelle sera la règle, quelle sera la police du
nouvel enseignement? Il est vrai que les élèves de nos
écoles actuelles sont nombreux et que la liberté existe
déjà en fait, sinon en droit; un très grand nombre d'étudiants ne suivent pas les cours de la Faculté; ils reçoivent
des leçons de toute main, l'assiduité n'étant pas exigée à
Paris, et les dispenses se multipliant de plus en plus en
province. Les inscriptions, que sont-elles en effet? — un
moyen fiscal, un impôt, un moyen de discipline; mais elles
n'assujettissent pas, il s'en faut, les candidats aux grades
à ne suivre exclusivement que les leçons de la Faculté.
Puis, s'il est vrai de dire que la liberté puisse avoir des
inconvénients, encore faut-il les préciser et ne pas se ren-

fermer dans un refus qui, s'il n'est pas raisonné, doit donner lieu à d'incessantes revendications.

« M. Delangle, *ancien ministre*. — Où est l'utilité de créer une École libre de droit à côté de l'École de Paris? A quels intérêts cette création peut-elle donner satisfaction? N'est-il pas déjà malaisé de trouver des professeurs et n'est-il pas vrai que l'on a songé à réduire le nombre des Facultés pour fortifier l'Enseignement?

« Le Ministre. — La difficulté de trouver des professeurs n'est pas un moyen que l'on puisse invoquer. Deux nouvelles Facultés ont été créées tout récemment, et les résultats attestent que les professeurs de Nancy et de Douai ont su acquérir, dès le début, la confiance des familles et des étudiants. A Douai notamment, un certain nombre d'élèves qui habitent les localités environnantes prennent le chemin de fer pour venir suivre les cours de l'École. Le concours d'agrégation de 1867 a été remarquable, et la valeur de ses épreuves, bien loin de décliner, s'élève.

« Le talent des professeurs actuels est donc hors du débat et le recrutement des chaires officielles est assuré. Mais une objection fréquemment reproduite est celle-ci : le jour où les élèves ne seront plus contraints de suivre les cours, que deviendront les doctrines, où sera la discipline, de quoi auront-ils à justifier, quelles preuves exigerez-vous d'eux? Le Ministre a déjà répondu : l'assiduité n'est plus de règle que dans les départements, encore peut-on s'y soustraire sous divers prétextes et à l'aide de diverses excuses. L'étudiant, en plus d'un lieu, s'inscrit et disparaît pour ne plus se montrer qu'aux examens. Où va-t-il chercher ses maîtres, quel est le sens, l'esprit des leçons qu'il reçoit? On n'en sait rien.

« Quant à l'intérêt que peut avoir l'État à créer d'autres écoles, il n'est pas ici question de l'*intérêt de l'État*; il s'agit de savoir si, dans une société libre, on peut jouir de la première de toutes les libertés, celle de choisir son mode d'enseignement, le mode et le lieu.

« Admettons qu'il s'élève une École de droit catholique; si les principes de 89, si la Constitution de 1852 y sont l'objet des attaques des professeurs, cela se saura, et l'autorité chargée de la surveillance des écoles publiques et libres pourra réprimer ces écarts. Aujourd'hui, que disent et que professent les préparateurs en chambre, qui le sait?

« M. DELANGLE. Les préparateurs en chambre ne peuvent sortir des matières de l'examen, et si l'on ne sait pas ce qu'ils enseignent, sait-on du moins d'où sortira cette école nouvelle dont on prévoit l'éclosion?

« M. BONJEAN, *sénateur*, et M. DE ROYER, *président de la Cour des Comptes*. Elle sortira de la rue des Postes.

« M. DELANGLE. Il est plus difficile qu'on ne croit de trouver de bons professeurs. Il y a à Paris des cours que je ne voudrais pas suivre, et en province il s'en rencontre de pitoyables. Se persuader qu'on trouvera des hommes qui attireront la jeunesse est une illusion. Si l'on veut fonder un établissement qui réponde à des besoins, on peut tenter l'aventure; mais si ces besoins ne sont pas démontrés, le mieux est de s'abstenir, et je suis persuadé, quant à moi, que non seulement il n'y a pas intérêt à faire ce qu'on nous demande, mais qu'il y aurait péril à l'accorder. Sans parler de la Constitution, voyez le Code pénal? La discussion du code est une porte ouverte à toutes les attaques; le socialisme y passera.

« **M. Giraud**, *ancien ministre*. Sans aller aussi loin que M. Delangle, je dirai qu'il est difficile de faire un bon professeur, aussi bien d'ailleurs pour la médecine, les sciences, que pour le droit. Il n'en est pas moins vrai que les études juridiques sont en progrès, par la direction même et par l'application que leur donnent les jeunes gens. Les concours d'agrégation se sont succédé d'année en année, depuis sept ou huit ans; le dernier concours a été très brillant; mais je ne tirerai de ce résultat aucun argument.

« Pour moi, le côté le plus saillant de la question est le côté politique. S'il s'agissait seulement d'une question scolaire, je dirais : la situation est bonne, n'y changeons rien; mais la question est tout autre.

« Nous avons à Paris une agglomération de 3 000 étudiants en droit; comment les surveiller, les diriger? Sur ce nombre, on compte 300 à 400 assistants; si les assidus étaient plus nombreux, on ne saurait comment y suffire. Que deviennent les 2 600 autres? J'ajoute que si la totalité des élèves inscrits prétendaient assister aux cours, le Gouvernement se trouverait en faute, puisque matériellement les amphithéâtres ne pourraient les contenir.

« A la Faculté de médecine, le nombre des élèves est également trop élevé et les difficultés sont encore plus sensibles.

« Si donc le projet présenté est un thème d'études; si le Ministre, mis pour ainsi dire en demeure, veut s'éclairer et prendre l'initiative d'une réforme, il paraît en effet plus sage de prévoir et de se préparer, que d'attendre qu'une résolution nous soit imposée.

« La liberté aura-t-elle, du reste, pour résultat de disperser l'armée des étudiants?

« Pour les Facultés de médecine, le résultat n'est pas douteux.

« Pour le droit, où qu'ils aillent, quels que soient les maîtres à qui on les confiera, l'action de ces nouveaux professeurs qui peuvent s'en emparer ne sera pas plus mauvaise que celle des préparateurs.

« M. Troplong, *président du Sénat*. Je vois bien que *l'Univers* et *le Monde* sollicitent la liberté, et l'on sait à quelles fins ; mais en dehors de ces réclamations intéressées, je n'aperçois pas un mouvement marqué vers ce même but.

« Le Ministre. M. Giraud a énoncé un fait qui pourrait nous préoccuper, à savoir que le niveau des études a baissé en Belgique, depuis que la liberté d'enseignement a été proclamée dans ce pays. Cela est possible et s'explique par l'institution des jurys mixtes où chacun des partis en présence ayant ses candidats de prédilection, l'accord se fait au détriment de la valeur des examens ; c'est entre les juges un échange de complaisance. Cette situation est un avertissement.

« En ce qui touche à la médecine, il semble que la question soit vidée. Depuis dix-huit mois le projet relatif à cet enseignement est prêt. Une commission spéciale en a discuté tous les articles ; j'ai entendu l'un après l'autre les hommes les plus compétents, après avoir étudié tous les précédents qui pouvaient m'éclairer. Ici les documents abondent, et il faut remonter à 1811 pour être complet ; nous trouvons ensuite les grandes discussions de 1825 et de 1847, en négligeant la série non interrompue des rapports qui ont été préparés sur la matière. Chacun des gouvernements qui se sont succédé depuis le commencement du siècle a étudié la question et a prétendu la résoudre. Le nouveau projet aurait un double résultat : utiliser nos treize cents hôpitaux comme centres d'études, donner une autorité plus grande aux écoles préparatoires et, du même coup, dégager la Faculté de Paris, en permettant à un grand nombre d'étudiants de trouver dans le voisinage immédiat de leur famille des moyens d'études complets. Nous avons tout à gagner à ce déplacement.

« M. Troplong. Le projet de 1811 n'avait pas pour base la liberté.

« Le Ministre. Je ne le conteste pas ; mais il faut admettre que les temps ont changé ; et il faut reconnaître encore que les faits ont leur logique. Vous avez donné la liberté dans l'Enseignement secondaire, la refuserez-vous au sommet? Qu'on le veuille ou non, la liberté serait dans le sens de notre législation scolaire, et dans le sens de l'ensemble de nos lois.

« M. Bonjean. Les chiffres de M. Giraud ne sont-ils pas hasardés, exagérés. Du reste, et même en les tenant pour exacts, que devient cette population de quelques milliers d'étudiants au milieu de Paris agrandi ; leur nombre, quel qu'il soit, n'est pas un danger pour l'ordre et il est une force pour les études, pour les professeurs dont le talent et le zèle sont entretenus par un auditoire nombreux. Si vous dispersez les étudiants, vous ne créerez pas l'émulation par la concurrence, vous abaisserez le niveau. Vous aviez, sur 9 facultés, 5 écoles qui végétaient ; vous en avez 11 aujourd'hui, il ne m'est pas prouvé que ce soit un bien. Direz-vous que les examens suffisent pour régler les études? Je crois que ces épreuves sont loin d'avoir l'efficacité que vous leur attribuez. Trop souvent ils ne prouvent rien et ne sont pas une garantie par la somme de hasard et de complaisance qu'ils contiennent ; au contraire, l'obligation de suivre, pendant trois ou quatre années, telles ou telles études est assurément une chose bonne en soi et qui peut produire de bons fruits. Si vous supprimez la scolarité, vous obtiendrez, je le répète, des résultats de hasard, on se fera préparer, et l'amoindrissement des études est inévitable.

« Je me crois très libéral ; mais je fais une exception pour l'enseignement. Quels sont les résultats de cette fatale loi de 1850, quel usage en a-t-on fait? On s'en est servi pour démolir l'Université et la société moderne. Encore, si l'État s'était réservé un droit de surveillance? Le mot y est bien quelque part ; mais la chose? Chacun sait de quelle manière dérisoire elle a été entendue et pratiquée.

« Le Ministre. Nos inspecteurs se font représenter les cahiers des élèves et ils les interrogent.

« M. Bonjean. Monsieur le Ministre sait bien que dans la plupart des cas, on ne demande pas les cahiers, on ne demande rien. On n'ose pas. Ces prétendues exceptions n'offrent aucune garantie et, en agissant comme on le fait, on n'abandonne pas un droit, on déserte un devoir, le devoir de diriger la jeunesse. Pour quiconque sait voir, le partage de notre jeunesse en deux courants est déjà suffisamment accusé ; que sera-ce, avec cette nouvelle liberté que l'on réclame? La séparation sera faite et parfaite.

« Nous avons trois dégrés d'instruction : dans le primaire, les inconvénients de la liberté ne sont pas irréparables. Les enfants sortent de là à dix ou onze ans pour rentrer dans le courant ; ils ont tout le temps de se dégager ; dans le secondaire, les influences sont plus dangereuses ; mais ici encore, elles peuvent s'atténuer dans les Facultés de droit ou de médecine. — Si vous persistez dans votre projet, vous livrez l'Enseignement aux Jésuites, sans plus, et nous aurons décidément deux sociétés dans la nation. Je me prononce donc pour le rejet.

« M. FLANDIN, *conseiller d'État*. Si je pouvais prévoir un semblable résultat, je me rangerais à l'avis de M. Bonjean; mais je ne pense pas qu'il soit ici question de faire les affaires de la Congrégation. En 1850, on a été contraint, on a cédé à certaines nécessités de l'heure, on a obéi aux exigences de certains hommes, qui se sont emparés de l'occasion; il en eût été tout autrement si l'on eût agi en *temps utile*. D'ailleurs, les récriminations sont vaines; nous sommes, comme il a été dit, dans la voie de la liberté, devons-nous, pouvons-nous nous arrêter?

« Les cours de la Faculté de droit ne sont pas fréquentés, dit-on, par un certain nombre d'étudiants; en regard des assidus, il y a les habitués de café; mais il existe une troisième catégorie de jeunes gens de familles bourgeoises, studieux, appliqués, qui fréquentent les études d'avoués et de notaires. Ceux-là n'assistent aux cours que de loin en loin et ils sont conduits à avoir recours à des préparateurs. Eh bien! quelles garanties nous offrent ces préparateurs, quel moyen de contrôle? Il y a là trop souvent un péril contre lequel vous ne pouvez rien. Que si, au contraire, vous aviez des écoles régulières, des cours publics que vous pourriez surveiller au lieu de ces leçons clandestines, ce serait tout profit. Veuillez remarquer encore que tel amphithéâtre est peu fréquenté par suite de l'insuffisance du professeur ou de sa négligence, et que la concurrence aurait cet avantage de fortifier l'émulation des corps et des individus.

« Si je passe en province, je dirai que j'y ai vu des cours bien faits, surtout à Caen; mais ces cours sont rares.

« On dit que l'examen est peu de chose par suite du hasard des questions, de l'indulgence des juges, de la présence d'esprit plus ou moins grande des étudiants, de leur plus ou moins de mémoire; mais l'examen, en somme, suppose une préparation, il contraint à des efforts, à une application.

« Le projet présente des avantages surtout pour la province. Il aurait pour effet de retenir les jeunes gens auprès de leurs familles et l'on peut croire qu'il fera naître des individualités.

« En résumé, vous avez un *enseignement libre caché*, *l'enseignement libre existe*; avec le projet, vous supprimez les répétiteurs que vous ne pouvez atteindre; vous êtes mis à même de surveiller les doctrines; puis encore, vous créez la concurrence, c'est-à-dire l'émulation.

« M. TROPLONG. Par ce qui se fait, prévoyez au moins ce qui se fera. On prêchera la prééminence du mariage religieux sur le mariage civil; on prêche contre le droit de tester..., etc. Pensez-vous que l'on ne s'emparera pas de la liberté pour agir contre nos lois.

« LE MINISTRE. La loi de 1850 est là.

« M. BONJEAN. Le premier gouvernement qui aura la main assez ferme la supprimera.

« M. VUITRY, *ministre en exercice et président du Conseil d'État*. D'ailleurs, la loi de 1850 a été profondément modifiée par celle de 1854.

« M. TROPLONG. J'admets la discussion de votre projet. Je vous demande d'abord : quelle action pouvez-vous exercer sur le nouvel enseignement? Où sont vos moyens de surveillance, d'information et de répression. Personne n'ignore ce qui se passe pour les deux ordres d'enseignement et il est certain que les maisons que vous auriez le plus intérêt à surveiller vous demeurent inaccessibles. Vos inspections ne sont que des semblants; on est averti de votre visite, on vous montre ce qu'on veut bien vous laisser voir et vous ne faites que passer. Vos agents ne sont pas complices, mais ils redoutent les conflits, non sans raison, et pour vous et pour eux-mêmes.

« LE MINISTRE. Je ne peux rien sur les cours interlopes qui se font aujourd'hui; il en serait tout autrement pour les cours ouverts après autorisation. La liberté de l'Enseignement n'est pas, du reste, l'abandon de l'Enseignement, il s'en faut; et l'on ne peut refuser la liberté par ce seul motif que la surveillance que l'État doit nécessairement exercer sur les écoles s'exerce mal, pour quelque raison que ce soit. La surveillance est un devoir, comme on l'a dit, elle est pour la société une garantie indispensable; il appartient au législateur de prévoir et d'assurer aux représentants de l'État dans ces matières une autorité qui ne laisse place à aucune équivoque. Voilà le devoir du législateur, l'administration avertie et convenablement armée, ensuite sa responsabilité. Si donc, les moyens de contrôle, d'action et de répression ne sont pas suffisamment définis, précisons-les; faisons en sorte que personne ne puisse se soustraire au droit commun : la liberté, dans ces conditions, sera un bien et ne sera plus un danger. Encore une fois, il s'agit de savoir si le moment est venu de tenir nos engagements, si nous pouvons nous refuser à l'application d'un principe adopté dans les deux autres ordres d'enseignement, et si nous devons être arrêtés par la seule difficulté d'une réglementation. L'enseignement du droit, **par exemple**, c'est l'exposé des lois constantes, ce n'est **pas la** critique de ces lois.

« M. Troplong. L'Enseignement ainsi compris, c'est du Bugnet; c'est un enseignement étroit. Ce n'est pas ainsi qu'on enseigne en Allemagne. Je suppose qu'on veuille enseigner, dans les écoles telles qu'on les conçoit, le droit canonique (et je souhaiterais que cela fût fait dans nos Facultés, et qu'il s'y trouvât place pour l'enseignement de nos libertés gallicanes), que se passera-t-il? Vous verrez bientôt sur ces enseignements comme un reflet des théories de la rue des Postes; et l'on battra en brèche le concordat et nos lois civiles.

« Le Ministre. Un cours conçu dans cet esprit ne serait pas autorisé.

« M. Troplong. Mais on ne vous dira pas dans quel esprit il sera conçu. Le programme que l'on vous soumettra sera irréprochable; puis viendront les allusions, les réticences et les attaques. Je me charge de mettre dans l'histoire du droit tout ce qui me passera par la tête; à quel moment m'interdirez-vous la parole; combien de fois m'avertirez-vous avant de suspendre mon enseignement; vous voulez faire la liberté, on criera à l'arbitraire. Et votre surveillance, comment la rendre efficace? Vous prévoyez que les cours se multiplieront à l'infini, comment les suivre tous? Il vous faudra une armée d'inspecteurs.

« M. Vuitry. On craint les Jésuites, cela est bien; mais, je ne me préoccupe pas seulement des soutanes noires, nous avons les soutanes rouges. Dans vos Facultés des lettres, vous avez la philosophie, la littérature, l'histoire, autant de portes ouvertes aux déclamations devant des auditoires d'étudiants de vingt à vingt-cinq ans. Vos nouveaux cours émancipés dégénéreront en assemblées politiques.

« Le Ministre. Vous oubliez le droit de réunion.

« M. Vuitry. On ne se réunira pas pour parler philosophie, littérature et histoire.

« Le Ministre. Si fait.

« M. Vuitry. En admettant, les réunions n'empêcheront pas les cours. Mais que répondez-vous à cette objection : on annonce un cours d'histoire, et l'on parle politique? Interdire un cours sur le simple vu du sujet sera impossible. Vous laisserez passer, puis vous serez conduit à intervenir; ce sera la permanence des conflits. Instituez des cours libres autorisés par le Ministre, sous condition et révocables; aller au delà est bien délicat.

« M. Bonjean. Il est extrêmement difficile de distinguer ce qui est permis de ce qui commence à être illicite. Un manquement grave se produit, votre inspecteur fait son rapport; que vaudra son affirmation? Les paroles qu'il aura entendues, les eût-il sténographiées, seront contestées; où prendrez-vous les pièces du débat, où sont-elles? Jugerez-vous, vous ou vos délégués, sur le rapport de l'Inspecteur; appellerez-vous des témoins? Tout cela est impossible.

« M. Troplong. Les Jésuites passent à travers bien des réseaux.

« M. de Royer. Je ne suis pas surpris des objections qui se produisent; je les avais pressenties; il me paraissait nécessaire toutefois d'étudier la question et de nous tenir prêts.

« Les deux objections capitales sont :

« Le danger des doctrines;

« Les difficultés de la surveillance.

« Ces deux objections peuvent s'appliquer aux cours libres

et aux conférences; mais pour les écoles dont il est parlé, pour les cours réguliers où la succession des leçons doit former un enseignement complet, nous avons comme moyen de contrôle les examens, et par les examens vous conservez la direction de l'Enseignement.

« Aujourd'hui que se passe-t-il? L'assiduité n'est plus obligatoire à Paris, les appels ont été supprimés, — en province on échappe facilement à l'assiduité; c'est-à-dire qu'une forte partie de notre population scolaire ne vient à la Faculté que pour s'inscrire. D'où l'on peut conclure qu'un nombre considérable d'étudiants sont déjà entre les mains des professeurs libres, préparateurs ou répétiteurs, comme on voudra les nommer. D'où cette autre conséquence que les doctrines dont on redoute la diffusion peuvent être actuellement enseignées, sans que l'État puisse y mettre obstacle.

« On a parlé de la loi sur les réunions; il n'y a pas, ce me semble, affinité entre cette loi et celle qui nous occupe, car on affirme que la loi sur les réunions s'applique à des réunions accidentelles et à des réunions électorales.

« Nous ne pouvons oublier d'ailleurs l'engagement contenu dans l'article 85 de la loi du 15 mars, ni la promesse de 1830, ni le projet de M. de Salvandy, de 1847.

« M. TROPLONG. Renfermons-nous dans la réponse de M. de Parieu : ajournons.

« M. DE ROYER. Étudions. S'il peut être imprudent de se hâter, il serait imprudent de ne pas prendre garde et d'abandonner. Le plus sage, je le répète, est de se tenir prêt en s'aidant des lumières des hommes spéciaux.

« Quels seront les moyens de surveillance et de discipline? C'est sur quoi il faut insister. Ne perdons pas de vue que

les examens et les diplômes doivent être exclusivement
réservés aux Facultés. La concurrence que l'on prévoit
n'est pas près de s'organiser; et le danger que nous signa-
lait M. Bonjean, les théories de la Congrégation, n'est pas à
venir, puisque nous avons les étudiants non assidus et les
répétiteurs.

« M. Vuitry. Étudier la meilleure organisation de l'Enseignement supérieur est une obligation; mais écartons la
liberté. A ceux qui la réclament, en se rendant compte des
conséquences qui peuvent suivre et du profit qu'ils en
peuvent tirer, répondez que l'on avisera. Surtout, je ne
voudrais pas que l'on apprît au dehors qu'un projet sur la
liberté de l'Enseignement supérieur nous a été soumis,
ce serait le plus sûr moyen de provoquer les revendications.

« Le Ministre. Le Conseil voudra bien croire que je me
rends parfaitement compte de la gravité de cette délibération. La réalisation d'un semblable projet est malaisée,
les difficultés sont évidentes; mais ne peuvent-elles pas
être résolues? C'est là la question. Si vous admettez qu'en
présence de certaines discussions, qui ne manqueront pas
de se renouveler, il soit opportun d'examiner ce qui est
possible, c'est tout ce que je demande. D'autres avant moi
ont cherché une solution; la loi de 1850 prévoit la promulgation d'une loi sur l'Enseignement supérieur, il m'a paru
qu'il était de mon devoir de me préparer. Une commission
pourrait être instituée, qui nommerait son président et son
rapporteur, et je mettrais à sa disposition tous les documents qu'elle pourrait réclamer. Le Conseil impérial serait
ensuite convoqué en séance extraordinaire et la commission lui soumettrait ses conclusions.

« M. Vuitry. Qu'on ne sache pas que nous nous occupons d'amélioration ni de liberté; ce serait un appel et un encouragement.

Signé : « DU MESNIL,
« Directeur de l'Enseignement supérieur. »

Je ne fus guère plus heureux avec les quinze recteurs que je convoquai à Paris pour leur soumettre la même question. Neuf furent d'avis de présenter la loi, mais six y étaient opposés, de sorte que, même dans l'Université, je ne pouvais compter sur un vaillant appui. On comprendra qu'après une pareille enquête auprès des hommes les plus considérables de l'État et du Conseil Impérial, suivis par une minorité respectable des recteurs, je n'avais plus à persévérer dans un projet contre lequel se réunissaient tant de boules noires. J'attendis des circonstances plus favorables et je crus les avoir trouvées comme sénateur, en 1870. (Voyez ci-après, page 42.)

Si M. Jules Simon lit jamais ces lignes, j'espère qu'il ne me reprochera plus, comme il le fit dans une séance du Corps législatif (17 juillet 1868), de n'avoir été ni brave, ni libéral; à quoi les députés répondirent, d'après le Moniteur, « par une hilarité prolongée ». Cette attestation me suffit, et je ne suis point certain qu'elle ne se soit pas même produite sur les bancs d'où l'orateur me lançait ses foudres.

Ainsi je restai à peu près seul de mon avis; il était donc certain que le Conseil impérial serait contraire au projet : c'était pour moi une présomption de défaite. Cependant, le 14 mars 1868, je fis encore une tentative auprès de l'Empereur :

« Sire,

« En entrant au Conseil, j'ai lu *le Moniteur*, et, comme je l'avais prévu, j'y ai trouvé que la discussion sur le droit de réunion avait déjà amené deux choses : la demande de la liberté de l'Enseignement supérieur, — c'est ce que Jules Simon a fait hier; et la déclaration que le droit de réunion existerait pour les conférences littéraires et scientifiques comme pour les discussions d'affaires, — c'est ce que M. Josseau, d'accord avec la commission [1], a établi dans la séance d'hier.

« L'Empereur sait de plus qu'une pétition sur ce sujet est pendante au Sénat et sera rapportée la semaine prochaine. Le Gouvernement va donc être obligé de faire une réponse publique et officielle à une question qui lui est posée de divers côtés.

« Quelle sera cette réponse?

« La liberté de l'Enseignement supérieur intéresse à la fois l'ordre scolaire et l'ordre politique.

« Au point de vue scolaire, cette liberté serait avantageuse au progrès des hautes études, car elle y mettrait l'émulation qui produirait par la concurrence le bien qu'elle fait ailleurs.

« La politique y était contraire autrefois; peut-elle l'être aujourd'hui?

« L'Empereur a dit lui-même qu'il y a une grande force dans la logique.

---

1. « La liberté de réunion est instituée pour tous ceux qui voudront délibérer sur leurs intérêts industriels et commerciaux, pour tous ceux qui voudront s'occuper en commun de *science*, de *littérature*, d'industrie, d'agriculture. Tous les intérêts légitimes reçoivent par les dispositions nouvelles une ample satisfaction. (Rapport de la Commission, p. 6.)

« J'estime que cette force n'est pas à dédaigner pour un Gouvernement.

« Or, dans mon opinion, les deux lois sur la liberté de la presse et sur le droit de réunion impliquent, comme conséquence nécessaire, la liberté de l'Enseignement supérieur.

« En outre, le législateur de 1850, qui l'a établie dans l'ordre primaire et secondaire, l'a promise à l'article 85 de la loi du 15 mars 1850, pour l'Enseignement supérieur.

« Quand l'échéance de cette promesse peut-elle venir?

« Elle sera venue, selon moi, le jour où sera constituée la liberté de parler et d'écrire, *salvis legibus*.

« Le journal, par le nombre de ses lecteurs, par la variété des questions traitées, par la répétition, sous toutes les formes, des mêmes doctrines, fera une prédication quotidienne bien autrement active que les leçons s'adressant à un nombre d'auditeurs relativement restreint, sous l'œil de l'administration, en un lieu déterminé où la répression sera facile et sur un programme arrêté à l'avance.

« Les habiles du parti clérical n'en veulent pas : le cardinal de Bonnechose me l'a déclaré. Quant aux hommes d'opposition, très capables de faire des conférences détestables, ils se plieront difficilement à donner un ensemble de leçons constituant un cours régulier, et soumises à une législation sévère.

« Au pis-aller, il se formera à Paris et dans trois ou quatre autres villes un établissement de chacune des deux couleurs. Ils ne seront bien dangereux ni pour l'ordre public, ni pour l'Université, et ce qui existe sera bien peu modifié, car les étudiants suivent déjà les leçons particulières qui leur plaisent.

« Toutefois, quatre conditions seraient mises à cette concession :

« 1° L'État conserverait ses *Facultés*;

« 2° Les Facultés continueraient à délivrer seules les *grades*;

« 3° Pour ouvrir un cours libre, il faudrait être gradué;

« 4° Ces cours libres resteraient, *comme dans l'ordre secondaire*, soumis, pour la discipline morale, aux tribunaux universitaires; pour les délits, à la juridiction de droit commun.

« J'ai rédigé depuis six mois le projet de loi ci-joint.

« Que Votre Majesté veuille bien le lire, et Elle reconnaîtra qu'une liberté établie dans ces conditions serait sans danger politique.

« Il n'appartient qu'à l'Empereur de juger si ce projet est opportun. On peut sans doute le différer; je doute qu'il puisse l'être longtemps, quand le régime purement répressif aura été substitué, pour la presse et les réunions publiques, au système de l'autorisation préalable.

« Si l'Empereur y est contraire, il sera facile de faire au Corps législatif et au Sénat une réponse évasive en se rejetant sur les longues études, en France et à l'étranger, que comporte un pareil projet. Mais une fin de non recevoir absolue me semblerait aussi impolitique que dangereuse. Je supplie l'Empereur de ne point autoriser une déclaration qui repousserait *à jamais* du cercle des institutions impériales une liberté qui existe en des contrées voisines et qui serait la conséquence légitime de toute notre législation scolaire. »

Le Gouvernement fut aussi timoré que la commission du

Conseil impérial, mais pour d'autres raisons. Il venait de présenter au Sénat un projet de loi sur les réunions publiques; il ne pouvait accorder d'une main ce qu'il refusait de l'autre. Je fus donc obligé de déclarer (séance du 23 mai 1868) que l'Université et son chef accepteraient très volontiers la concurrence d'un enseignement supérieur libre (*op. cit.*, p. 633), s'il était possible de déroger par une loi scolaire à une loi générale. « Tout doit être en harmonie, disais-je, dans la législation d'un grand pays. La loi sur les réunions interdisant certaines discussions auxquelles la loi scolaire pourrait quelquefois conduire, il faut attendre d'autres temps pour que celle-ci soit portée aux Chambres. »

Ce temps arriva bientôt. Envoyé au Sénat, après ma sortie du Ministère, je présentai à la haute assemblée les deux projets suivants :

I. — *Séance du mardi 28 juin 1870.*

« Messieurs les Sénateurs,

« Il est de règle, dans tous les États constitutionnels, que les hommes qui ont eu l'honneur de prendre part aux affaires de leur pays défendent, hors du pouvoir, les idées et les projets qu'ils avaient conçus lorsqu'ils siégeaient au banc ministériel, en y introduisant, au besoin, les modifications dont le temps écoulé leur a fait comprendre la nécessité.

« C'est à ce titre que je viens déposer sur le bureau du Sénat un projet de loi dont le sujet est d'une grande importance, puisqu'il a pour but l'établissement de la liberté dans l'Enseignement supérieur.

« J'aurais hésité, cependant, à prendre cette initiative, si l'assemblée, à sa dernière séance, n'avait manifesté le désir de retenir, pour ses discussions, quelques-unes de ces questions dont le caractère, oserai-je dire, est plus particulièrement sénatorial, par la nature philosophique plutôt que financière de leurs dispositions, et qui, placées en dehors et au-dessus de la politique courante, laissent le législateur dans cette sérénité d'esprit si favorable à la majesté de la loi.

« Nous pouvons d'ailleurs compter que le Gouvernement nous apportera le concours des lumières qu'il a recueillies par ses propres études, ou reçues des commissions dont il a provoqué la réunion.

« Toute société, Messieurs, est dominée et régie, aux grandes époques de son histoire, par une idée générale qui devient le principe de ses institutions. Au moyen âge, c'était la féodalité ; plus tard, ce fut la monarchie du droit divin ; plus tard encore, la liberté et l'égalité.

« Chaque fois qu'un de ces grands principes apparaît nettement aux yeux d'un peuple, il devient, par une logique nécessaire, une force qui pénètre tout, pour tout coordonner sur un plan nouveau et transformer lentement, mais invinciblement, les idées, les mœurs et les institutions.

« Alors la société se constitue autour de ce principe en un ensemble harmonieux qui fait les grands siècles et les époques organiques de l'humanité.

« Aujourd'hui le principe générateur de nos institutions est la liberté.

« Elle est entrée dans l'industrie et dans le commerce, c'est-à-dire dans le monde du travail ; dans le livre et le journal, c'est-à-dire dans le monde des idées ; et, après quatre-vingts années de luttes douloureuses, mais nécessaires, parce que rien de fort ne naît que dans la douleur, elle est entrée aussi dans les institutions politiques.

« Allons jusqu'au point où la logique, les faits et l'opinion nous entraînent, et mettons la liberté dans l'institution scolaire.

« Cette pensée inspirait le Gouvernement, lorsqu'en 1863, par ses conseils et par l'exemple que donnèrent, à son instigation, les membres de l'Université, il multiplia sur toute la surface de l'Empire les conférences et cours littéraires ou scientifiques, sans imposer à ceux qui les faisaient d'autre obligation que celle de rester dans le domaine de l'art et de la science.

« Le Gouvernement fit bientôt un pas de plus ; et de même qu'il allait, dans les choses politiques, d'un progrès à l'autre, il essaya pour les institutions scolaires, de passer du régime de l'autorisation la plus libérale, qui n'était encore qu'une tolérance, à la liberté légale qui constituait un droit. En 1867, le Ministre de l'Instruction publique présenta au Conseil impérial un projet de loi qui reconnaissait à tout citoyen le droit d'ouvrir une école libre d'enseignement supérieur. La majorité de la commission chargée d'examiner ce projet le repoussa, et, devant l'avis d'hommes très considérables dont l'opposition trouvait une force de plus dans les circonstances du moment, le Ministre dut ajourner son projet.

« Quelques mois après, cette même question vous arrivait, Messieurs, sous la forme d'une pétition où la revendication du principe était voilée par des allégations fausses. A la demande de celui qui avait alors l'honneur d'être le chef et le naturel défenseur de l'Université, le Sénat fit justice d'une attaque violente contre une des grandes institutions de l'État; mais au cours de la discussion, des réserves explicites avaient sauvegardé le principe.

« Aussi lorsque, deux ans plus tard, de nouvelles pétitions réclamèrent, en des termes que vous pouviez accepter, la liberté de l'Enseignement supérieur, notre honorable collègue, M. Quentin Bauchart, eut peu de peine à montrer, dans son remarquable travail, que le Sénat n'était pas lié par sa résolution du 28 mars 1868.

« Il n'y aurait donc aucune justice à rapprocher, pour en faire sortir une contradiction, le vote du mois de mars 1868 et celui du mois de février 1870. Si la fidélité aux mêmes idées, si la persévérance dans la même conduite constituent, pour la vie privée, le caractère, et, pour la vie publique, l'autorité, la même pensée peut se retrouver sous des formes en apparence contraires, et la même conduite se manifester, selon le temps, par des actes différents. Cela est vrai pour les assemblées comme pour les individus.

« Par la décision qui renvoya au Gouvernement treize pétitions couvertes de quarante mille signatures, la haute assemblée a voté, autant qu'il était en elle, la liberté de l'Enseignement supérieur. Aujourd'hui, elle peut, avec son droit d'initiative, exécuter ce qu'elle désirait hier ; car le projet se présente au milieu de ces circonstances favorables qui, en politique, font l'opportunité et le succès d'une mesure. Les passions, en effet, soulevées en 1867 et 1868, se sont apaisées ; le calme à l'égard de la liberté de l'Enseignement supérieur est revenu dans les esprits, et l'on peut étudier ce sujet, comme de telles questions veulent l'être, sans autre préoccupation que de chercher la meilleure solution à donner à un des problèmes les plus élevés de la politique sociale.

« Conséquence légitime et nécessaire de la liberté mise, par la loi du 15 mars 1850, dans les écoles du premier et du second degré, la liberté de l'Enseignement supérieur est aujourd'hui véritablement demandée par l'opinion publique, acceptée par le Gouvernement, promise par la majorité des membres du Corps législatif.

« Il ne reste donc qu'à en déterminer les conditions.

« En France, avec la constitution actuelle de notre société, il existe deux grandes forces collectives : l'État et l'Église; l'un, qui a besoin d'écoles pour assurer, dans l'intérêt général, le progrès de la science; l'autre, qui en veut pour répandre ses croyances et son influence. Si, en face du clergé et des immenses ressources que lui valent son caractère, sa puissante organisation, le zèle apostolique de ses membres et l'active propagande de ses congrégations, il n'y avait que des citoyens isolés, la lutte, pour ceux-ci, deviendrait bien vite impossible, et la liberté périrait.

« Pour qu'en matière scolaire la liberté véritable existe, dans un pays tel que le nôtre, il faut que la force centralisée de l'État fasse équilibre à la puissance disciplinée de l'Église.

« De cette considération résulte l'absolue nécessité de maintenir la grande corporation laïque due au génie de Napoléon Ier, l'Université, en lui donnant une autonomie plus grande et en fortifiant ses écoles supérieures plutôt qu'en les multipliant. Ses 57 Facultés, ses 600 professeurs n'ont coûté au Trésor public, en 1869, que 50 ou

60 000 francs [1]. La France est assez riche pour payer plus cher son honneur littéraire et scientifique. Il sera donc nécessaire d'accroître ce maigre budget pour fournir à l'Université les moyens de soutenir, dans l'intérêt de la science pure, une concurrence qui, plus d'une fois, sera excitée soit par des passions politiques ou religieuses, soit par des préoccupations industrielles que l'État doit combattre par l'exemple, heureusement contagieux, d'un enseignement étranger aux intérêts des partis comme à ceux des individus.

« L'Université ne renoncera ni à ses examens, ni à ses concours à ciel ouvert, c'est-à-dire à l'émulation qui fait sa vie, ni à ses grades, dont le principe est depuis 1789 celui de notre société même : « Au plus digne! »

« Mais à côté d'elle, tout individu, toute association pourra ouvrir des cours et fonder des écoles.

« Si la question était réduite à ces termes, elle serait bien vite tranchée; mais il reste un point délicat et essentiel, la collation des grades qui consacrent aux yeux des familles les études faites et ouvrent à l'élève certaines carrières.

« On comprend que, dans l'ordre des intérêts matériels, servis par l'industrie ordinaire, l'autorité ne vienne plus se placer à côté du consommateur, seul juge compétent, et qu'on ait, en conséquence, supprimé toute *garantie du gouvernement*.

« Doit-il en être de même pour les intérêts d'ordre moral qui, ne pouvant être appréciés que par des personnes autorisées, échappent au jugement de la foule? La France et l'Allemagne, avec des formes différentes, ont

1. Déduction faite des droits payés par les élèves.

jusqu'à présent dit : Non. L'Amérique répond résolûment : Oui, et l'Angleterrre pense et agit, sauf en un point, comme l'Amérique.

« Quatre systèmes sont proposés pour résoudre la question en France :

« 1° Nos Facultés d'État garderont le privilège dont elles sont actuellement investies, en ce qui concerne la collation des grades ;

« 2° Pour offrir des garanties égales d'impartialité aux étudiants des écoles libres et à ceux des Facultés de l'État, on constituera, comme en Belgique, des jurys mixtes ;

« 3° On laissera les Facultés délivrer des diplômes à leurs élèves ; mais, pour les élèves des écoles libres, l'État formera un jury dont les membres seront pris en dehors des deux ordres d'enseignement ;

« 4° Les Facultés, comme les écoles libres, réduites à l'enseignement, ne feront plus les examens ; un jury central, composé d'hommes n'appartenant ni à l'enseignement public ni à l'enseignement libre, délivrera les grades.

« De ces quatre régimes, le premier n'offrirait pas assez de garanties à la liberté ; et il est prouvé que le second n'en donnerait pas à la science ; on ne voit pas comment pourrait être appliqué le troisième, puisque les juges seraient sans expérience des études ; quant au quatrième, il constituerait un corps d'examinateurs qui deviendraient bien vite les maîtres de l'enseignement en se subordonnant les professeurs, seuls représentants dans les écoles de la vie et du progrès scientifique. Un ministre l'a dit en Belgique avec autant de sincérité que de justesse : « Dans le système du jury central, les professeurs ne sont plus que les répétiteurs de ceux qui font les examens. »

« Il est cependant, pour sortir de ces difficultés, un moyen facile.

« L'État ayant dans l'Université un corps de professeurs d'une science éprouvée, et d'examinateurs dont l'esprit de justice n'a jamais pu être mis en doute, doit conserver le droit de dire :

« Dans toutes les carrières libérales où je délègue une partie de la puissance publique, dans mes écoles, dans mes tribunaux, dans certaines fonctions dont j'investis des savants et où la science est la condition nécessaire de la fonction, je n'appellerai que des hommes dont un grade me garantira d'abord la capacité.

« Pour tout ce qui est administration pure, où le principal et difficile mérite, qui ne peut s'apprendre dans les écoles, est l'habileté à manier les hommes et les choses; pour les carrières où, tout en ayant besoin de beaucoup de savoir, on n'applique ce savoir qu'à des intérêts privés, droit de s'instruire, où et comment l'on voudra. L'individu étant le meilleur juge de ce qui lui convient, et ce principe étant le principe même de la liberté, je n'ai pas à intervenir entre le praticien, quel qu'il soit, et son client, même pour faire connaître à celui-ci l'homme le plus en état de protéger sa santé ou sa fortune. Il me suffit qu'on sache que, dans mes écoles, les études sont fortes et les garanties sérieuses. Tout le monde peut venir y chercher son avocat ou son médecin.

« Ce régime ne sera pas la liberté comme en Amérique ; mais vous penserez, je n'en doute pas, Messieurs, que si la liberté est une question de droit individuel qu'il ne faut pas sacrifier, l'élévation constante et progressive du niveau des études est une question de civilisation où la France a gagné trop d'honneur pour qu'elle soit disposée à y renoncer.

« Avec le maintien de cette grande institution de l'Université, le progrès des études et la direction nationale de l'Enseignement sont assurés ; en même temps, les légitimes exigences de l'esprit moderne sont satisfaites par l'établissement de la liberté scolaire.

« En renonçant à un privilège qui la gêne plus qu'il ne lui est utile, l'Université se rendra plus forte, et je ne serais pas étonné que ce fût à elle que les élèves des écoles libres vinssent souvent demander ce qu'elle sera, de longtemps peut-être, la seule à pouvoir donner : la sanction des études sérieuses et la garantie la plus certaine de la capacité.

« Le projet de loi pour la liberté de l'Enseignement supérieur est tout entier, Messieurs, dans cette pensée de maintenir à l'Université la délivrance des grades pour les fonctions que l'autorité publique confère :

« Dans les écoles, au corps enseignant ;

« Dans les tribunaux, à la magistrature ;

« Dans les services sanitaires et hospitaliers, aux membres du corps médical qui demandent un titre à l'autorité publique.

« En un mot :

« A l'industrie (c'est-à-dire à l'activité privée), sous toutes ses formes, les plus relevées comme les plus humbles, à celle qui dirige de puissantes usines, à celle qui sauvegarde par ses conseils de grands intérêts, à celle qui conquiert par ses services la confiance des familles, liberté entière de prendre où elle voudra les connaissances dont elle a besoin et d'y mettre la sanction qu'elle jugera devoir lui être le plus utile ;

« A l'État, qui ne peut agir, comme un individu, à ses risques personnels, et qui doit user des ressources que la communauté lui confie au plus grand avantage de la communauté tout entière, des garanties pour les choix à faire par lui de personnes qu'il investira d'une partie de la puissance publique. Comme l'État n'a pas qualité pour examiner l'instruction générale et l'aptitude aux travaux intellectuels de ceux qu'il veut appeler à certaines fonctions, il confie à un corps institué dans ce but et préparé par toute la vie de ses membres à bien remplir ce devoir, le soin de délivrer officiellement les garanties dont il a besoin.

« Voilà, ce nous semble, un principe simple et fécond, qui respecte tout à la fois les droits des particuliers et ceux de la société ; conforme par un côté à nos vieilles traditions, dont on ne saurait conseiller le brusque abandon, il est cependant, par l'autre, en harmonie avec les idées nouvelles, auxquelles il faut faire place dans notre législation.

« Ce principe étant toute la loi, je n'entre pas dans le détail des dispositions particulières, puisque la commission d'initiative n'examinera sans doute que le premier point.

« Trois articles cependant me paraissent mériter une mention spéciale.

« Et d'abord, il importe qu'aucune erreur ne puisse être commise et que le public ne soit pas trompé sur la valeur de l'Enseignement et l'origine des diplômes, afin que chacun reste loyalement soumis à la responsabilité qui lui appartient ; la liberté est surtout excellente à cette condition-là. Le titre de faculté ou d'école publique et les mots qui désignent les épreuves du baccalauréat, de la licence et du doctorat, sont aussi bien la propriété de l'État que les signes ou marques sont, pour des maisons industrielles. une propriété que la loi protège. En conséquence, l'établissement libre qui prendrait le titre de faculté serait fermé par autorité de justice, et une amende de mille à trois mille francs sera prononcée contre le directeur qui délivrerait un diplôme portant le titre des diplômes de l'État et contre celui qui en ferait usage. C'est, je le répète, une question de loyauté.

« Il est de l'intérêt général que le Gouvernement puisse appeler aux fonctions publiques tous les hommes qui lui semblent avoir une aptitude particulière. Or, on pourrait trouver des savants de premier ordre qui, s'étant fait eux-mêmes leur voie en dehors des sentiers battus, ont négligé de subir dans leur jeunesse les examens obligatoires, et qu'il y aurait à la fois cruauté et inconvenance à aller prendre au milieu de leur renommée pour les ramener sur les bancs.

« L'Université avait reconnu cet inconvénient, et elle y pariait en accordant des grades par *collation*. Elle a toujours usé de ce droit nécessaire d'une façon fort discrète : c'était le ministre qui accordait la *collation*. Je propose, pour écarter jusqu'à l'ombre de l'abus, que ce soit à l'avenir le Conseil impérial de l'Instruction publique, formant pour ces questions une sorte de grand jury national, qui examine les raisons de la dispense, et par une décision motivée, rende au service public des hommes qu'il y aurait utilité à y appeler.

« Cette dispense des examens universitaires a d'ailleurs été accordée déjà, par le décret du 31 juillet 1868, constitutif de l'École pratique des Hautes Études. Il permet de remplacer, même pour des jeunes gens, dans des cas déterminés, les épreuves ordinaires par des épreuves tout aussi difficiles, mais d'un autre genre, afin de ne laisser perdre aucune des forces qui peuvent se produire au profit de la science et du pays.

« Enfin le dernier article, sur lequel je crois devoir appeler l'attention du Sénat, est relatif à la composition du Conseil impérial et du Conseil départemental de l'Instruction publique.

« Il n'est pas possible de soumettre, en tout et toujours, les institutions scolaires aux juridictions de droit commun. Lorsqu'il s'agit de l'instruction de la jeunesse, le législateur a le devoir de prendre des précautions particulières que la législation ordinaire ne connaît pas. Tel fait, innocent pour le tribunal de police correctionnelle, est coupable aux yeux de tous les pères de famille. Les annales du Conseil impérial en fourniraient au besoin des preuves multipliées. Il y a donc nécessité de constituer une juridiction spéciale qui a de tout temps et partout existé: plus paternelle que la justice ordinaire pour des écarts de jeunesse; plus sévère que la loi générale pour des fautes de moralité privée; plus soucieuse enfin que le magistrat n'a le droit de l'être, de la dignité de ceux qui, professeurs publics ou professeurs libres, prennent charge d'âmes. Le barreau lui-même, où a toujours vécu le plus vif esprit de liberté, n'a-t-il pas son conseil de discipline dont les pouvoirs vont jusqu'à rayer de la liste le nom d'un avocat?

« Mais, pour rassurer la liberté la plus ombrageuse, pour soustraire les décisions de ces Conseils à tout reproche d'influence universitaire ou ministérielle, il faudrait que leur mode de composition laissât à l'élection la presque totalité de leurs membres. C'était le principe de la loi du

15 mars 1850, et c'est l'objet de l'article 11, qui fera véritablement de ces Conseils les gardiens vigilants de la liberté de l'Enseignement.

« Une dernière observation : je n'ai pas cru devoir placer dans une loi organique un article transitoire et cependant indispensable. Si le législateur change les conditions de l'Enseignement supérieur, ce ne peut être avec la volonté d'imposer une diminution de traitement aux fonctionnaires engagés dans ce service avant la promulgation de la loi nouvelle, et dont une partie des élèves passera peut-être à l'Enseignement libre. Comme l'a fait la loi du 10 avril 1867 pour les instituteurs, le traitement éventuel moyen, durant les trois dernières années, devra être garanti aux professeurs en exercice. Un article à la loi de finances accomplira cet acte de justice.

« Une conséquence nécessaire de la loi proposée sur l'Enseignement supérieur *libre* sera la présentation d'un second projet de loi sur l'Enseignement supérieur *public*.

« Qu'il me soit permis de le dire en terminant, Messieurs : si le Sénat consent à prendre en main la cause de la liberté de l'Enseignement supérieur et celle des intérêts de la science, il montrera une fois de plus que, tout en étant à l'occasion conservateur, il n'entend laisser à personne le monopole des idées de progrès et de liberté.

PROJET DE LOI
Sur la liberté de l'Enseignement supérieur.

« ARTICLE PREMIER. — L'Enseignement supérieur peut être donné en dehors des établissements de l'État.

« ART. 2. — Tout Français qui ne tombe pas sous le coup d'une des incapacités légales prévues aux articles 26 et 63 de la loi du 15 mars 1850 peut ouvrir un cours ou une école libre d'Enseignement supérieur; mais le titre de *faculté* ou d'*école publique* est réservé aux établissements de l'État. En cas de contravention, la maison est fermée.

« Art. 3. — Des associations de plus de vingt personnes peuvent être formées pour la fondation d'une école libre d'Enseignement supérieur.

« Art. 4. — Pour l'ouverture d'un cours ou d'une école libre d'Enseignement supérieur, le professeur ou le directeur dépose, entre les mains du recteur de l'Académie, la déclaration prescrite par l'article 27 de la loi du 15 mars 1850, le programme sommaire du cours ou de l'ensemble des cours, avec l'indication du local de l'école et une copie des statuts de la Société. Le dépôt du programme sommaire des cours est renouvelé chaque année et chaque fois que, dans l'année, il y est fait des changements.

« Un mois après la déclaration, l'établissement peut être ouvert, si une opposition n'a pas été formée par le recteur, soit d'office, soit sur la plainte du procureur impérial, dans l'intérêt de la moralité publique.

« L'opposition est jugée à bref délai par le Conseil départemental. Il peut être appelé du Conseil départemental au Conseil impérial de l'Instruction publique.

« L'ouverture illicite d'un établissement libre d'Enseignement supérieur est punie d'une amende de 1000 à 3000 francs.

« Art. 5. — Les cours ou écoles libres d'Enseignement supérieur sont toujours ouverts aux délégués du Ministre de l'Instruction publique, sous peine d'une amende de 1000 à 3000 francs.

« Art. 6. — En cas de désordre grave dans une école

libre d'enseignement supérieur, le chef de l'établissement peut être appelé devant le Conseil départemental et soumis à la réprimande. En cas de récidive, le Conseil peut prononcer la suspension des cours ou la fermeture de l'école.

« Tout chef d'établissement ou professeur qui, dans ses leçons ou ses discours, attaquerait la Constitution ou les lois, peut être traduit sur la plainte, soit du recteur, soit du ministère public, devant le Conseil départemental et être interdit à temps ou à toujours du droit d'enseigner, sans préjudice des peines encourues pour délits et crimes prévus par le Code pénal.

« Appel des décisions du Conseil départemental peut être porté devant le Conseil impérial. L'appel n'est pas suspensif.

« Art. 7. — Les écoles libres d'Enseignement supérieur délivrent, à leur gré, des certificats, diplômes ou brevets, dans les conditions qu'elles déterminent elles-mêmes, à la seule condition de ne pas employer les titres universitaires, sous peine d'une amende de 1000 à 3000 francs pour le directeur qui délivre le diplôme et pour celui qui s'en sert.

« Les élèves des écoles libres d'Enseignement supérieur pourront se présenter aux examens des Facultés, pour y prendre, s'il y a lieu, les grades que les Facultés délivrent, sans avoir à produire aucun certificat d'études ou de scolarité, mais en acquittant des droits égaux à ceux que payent les élèves des Facultés.

« Toutefois, les élèves libres aspirant aux grades de l'enseignement médical, ne sont admis à subir les examens devant une Faculté ou une école publique de médecine que sur la présentation d'un *certificat de stage d'hôpital*, obtenu dans les conditions qui seront déterminées par un règlement d'administration publique délibéré en Conseil impérial.

« Art. 8. — Les dispositions de la loi sont applicables aux conférences faites sur les matières d'Enseignement supérieur et qui se continuent de manière à présenter un caractère de périodicité ou de permanence.

« Les conférences ou entretiens qui ne se renouvellent pas de manière à présenter ce caractère de périodicité ou de permanence, sont considérés comme réunions publiques et placés sous l'application de la loi relative au droit de réunion, alors même qu'elles toucheraient aux matières de l'Enseignement supérieur.

« Art. 9. — Les étrangers peuvent être autorisés à ouvrir ou à diriger des écoles libres, ou à y professer aux conditions déterminées par un règlement d'administration publique délibéré en Conseil impérial.

« Art. 10. — Le Conseil impérial peut, après enquête, conférer par collation les grades universitaires à des citoyens âgés de trente-cinq ans au moins, et qui mériteraient cette exception par la notoriété de leurs travaux ou de leurs services.

« Art. 11. — Le Conseil impérial et le Conseil départemental de l'Instruction publique sont composés comme il suit :

« 1° Conseil impérial de l'Instruction publique :

« Le Ministre, *président*; cinq sénateurs, trois députés, cinq conseillers d'État, trois évêques, élus par leurs collègues ;

« Un membre de l'Église réformée, un membre de l'Église de la confession d'Augsbourg, un membre du Consistoire central israélite, — élus par les consistoires ;

« Trois membres de la Cour de cassation élus par leurs collègues ;

« Cinq membres de l'Institut élus par leurs collègues, à raison d'un membre pour chacune des cinq classes ;

« Deux membres choisis par l'Empereur parmi les inspecteurs généraux et les recteurs ;

« Deux membres de l'Enseignement supérieur public élus par les professeurs des Facultés ;

« Deux membres de l'Enseignement secondaire élus par les proviseurs, principaux et professeurs des lycées et collèges ;

« Deux membres de l'Enseignement primaire élus par les inspecteurs primaires, les directeurs et les maîtres-adjoints des écoles normales primaires ;

« Deux membres de l'Enseignement libre, élus par les directeurs des établissements libres légalement constitués ;

« 2° Conseil départemental :

« Le Recteur ou, en son absence, l'Inspecteur de l'Académie, qui prend le titre de vice-recteur, *président* ;

« Le Préfet ou son délégué ;

« L'Évêque ou son délégué ;

« Un membre des Églises protestantes et un membre du culte israélite, dans les départements qui ont des consistoires légalement constitués. Ces deux membres sont choisis par les consistoires ;

« Trois membres du Conseil général, élus par leurs collègues ;

« Un membre élu par la Cour impériale, dans les chefs-lieux de préfecture où siège une Cour souveraine ;

« Un membre élu par le tribunal de première instance,

dans les villes qui sont le siège d'une juridiction de premier degré ;

« Un inspecteur de l'Enseignement primaire désigné par le Ministre ;

« Un membre de l'Enseignement supérieur ou secondaire, élu par les membres de ces deux ordres d'enseignement ;

« Un membre de l'Enseignement primaire élu par les instituteurs du département.

« Pour le département de la Seine, le nombre des membres du Conseil du département est doublé.

« Les pouvoirs des deux conseils sont renouvelés tous les trois ans. Leurs membres sont rééligibles.

« ART. 12. — En matière disciplinaire et contentieuse, les séances des deux conseils sont publiques.

« A la suite de la lecture du rapport, les intéressés ont le droit de présenter leurs observations et de se faire assister d'un conseil.

« Les fonctions du ministère public sont remplies, au Conseil impérial, par le secrétaire général du Ministère ; au Conseil départemental, par le secrétaire élu du Conseil.

II. — *Séance du jeudi 4 juillet 1870.*

« Messieurs les Sénateurs,

« Le projet de loi présenté dans la séance du 28 juin 1870 établit le principe de la liberté de l'Enseignement supérieur :

« Liberté pour les personnes, pour les matières et les méthodes d'enseignement ;

« Liberté pour les examens, pour les diplômes et, par

conséquent pour les professions particulières, au nom desquelles la loi exige encore des garanties, comme, avant 1789, elle exigeait le *chef-d'œuvre* de tout membre d'une corporation ouvrière.

« Mais cette liberté, l'État doit en jouir aussi bien que les particuliers ou les associations.

« Après avoir proclamé le principe que chacun a le droit de constituer comme il l'entend des écoles d'Enseignement supérieur, l'État, qui ne peut renoncer aux siennes, est tenu, non pas de les multiplier pour faire échec à la liberté, mais de les fortifier pour servir la liberté même, en montrant jusqu'où le niveau des hautes études peut et doit s'élever. Or, la meilleure manière de donner aux écoles de l'État leur plus grande valeur scientifique, c'est d'augmenter leurs moyens d'action et d'exciter encore l'activité féconde de leurs membres par l'indépendance qui ajoute au sentiment de la dignité et du devoir, comme par l'union volontaire qui accroît la force.

« Le projet ne parle pas des Facultés de théologie qui, nécessairement placées en dehors de la conception moderne d'un système général d'instruction publique, feront retour au Ministère des Cultes. Désertées par le clergé lui-même, elles n'ont pas de véritable existence, une seule exceptée, la grande école de Paris, illustre par ses souvenirs, par ses traditions, par le savoir et le courage de ses membres, et dont l'Université ne se séparera qu'avec un respectueux et fraternel regret [1].

---

1. Les cinq Facultés de théologie catholique ne sont pas reconnues par le Saint-Siège, et leurs grades, malgré l'ordonnance du 25 décembre 1830, restent inutiles pour les fonctionnaires ecclésiastiques. Aussi n'ont-elles délivré, de 1808 à 1866, en cinquante-sept années, celle de Paris mise à part (231), que 185 diplômes, ou environ 3 par an. Plus

« Il crée ces Facultés des sciences économiques et administratives que l'Allemagne possède depuis longtemps, que nos intérêts réclament, que les hommes les plus autorisés conseillent, et dont Cuvier traçait le plan, il y a plus d'un demi-siècle ;

« Il réorganise nos Facultés et nos Écoles de médecine, autre réforme demandée dès 1811 et déjà tentée trois fois par les assemblées délibérantes ;

« Il donne des garanties nouvelles aux professeurs par la composition des jurys de concours, par le mode de nomination, par de telles difficultés mises au déplacement et à la révocation, qu'elles équivalent à une déclaration d'inamovibilité.

« La liberté que le projet précédent a placée en face de l'Université, le projet nouveau la met au sein des Facultés, pour y mettre aussi une plus vive émulation.

« Après avoir constitué l'autonomie des Facultés, il en fait des personnes civiles et leur crée des ressources qui, indépendantes du budget de l'État et se renouvelant d'elles-mêmes, permettront aux Facultés de suivre tous les progrès de la science et de répondre à tous les besoins de l'Enseignement.

« Il réunit, par un conseil librement élu, ces Facultés indépendantes en un corps académique qui représentera

du tiers des professeurs n'ont pas le grade nécessaire pour remplir la fonction principale des professeurs de Facultés : la collation des grades. La Faculté de Rouen n'a même qu'un seul professeur titulaire et on ne peut, par conséquent, y procéder à aucun examen.

Les deux Facultés protestantes sont en même temps des séminaires à internat qui relèvent du Ministère des Cultes, et depuis 1811 la Faculté de Montauban n'a fait que 2 licenciés.

Aussi la Constituante de 1848 avait voté en principe la suppression des facultés théologiques dont le budget, 165 000 francs, a presque doublé depuis trente ans.

nos anciennes universités provinciales et deviendra aussi personne civile.

« Il fixe pour les laborieuses fonctions du professorat une limite d'âge, mais il conserve même au delà de cette limite leur titre et leur traitement aux professeurs de deux établissements dont l'un remonte à François Ier, l'autre à Richelieu, et d'où sont sortis tant de travaux qui ont jeté le plus vif éclat sur la science française.

« Afin de donner aux écoles dites préparatoires la vie qui leur manque et quelques-uns des élèves qui encombrent les grandes Facultés d'un trop-plein inutile ou dangereux, il reconstitue les *Écoles publiques* d'Enseignement supérieur fondées par les communes ou les départements, et, en leur assurant des droits, il leur fournit le moyen de prouver qu'elles sont dignes d'en recevoir.

« Pour arrêter la décroissance continue du nombre de nos médecins, il confère de sérieux avantages à l'étudiant sans fortune qui prendra l'engagement de s'établir pour dix ans dans une des trente mille communes rurales où ne se trouve point de praticien à demeure, ou dans une des circonscriptions de l'assistance médicale qui n'aurait pas de médecin [1].

« Enfin, selon la tradition du moyen âge et l'exemple des nations étrangères, le projet continue, au sein des études supérieures, le secours que l'État donne, pour les

1. Le nombre des praticiens, soit docteurs, soit officiers de santé, était :

En 1847, de 18 099 pour une population de 35 400 486 âmes, soit un praticien pour 1 956 habitants ;

En 1853, de 18 110 pour une population de 36 225 000 âmes ;

En 1857, de 17 555 pour une population de 36 154 398 âmes ;

En 1866, de 17 080 pour une population de 38 067 094 âmes soit un praticien pour 2 228 habitants.

études secondaires, aux fils de ceux qui l'ont bien servi. Au lycée, les enfants reçoivent ce bienfait sans l'avoir mérité par eux-mêmes et avant qu'il soit possible de prévoir si leurs dispositions ne le rendront pas inutile ou funeste. Dans les Facultés, la bourse pourra être conférée à coup sûr, puisqu'il sera facile de s'assurer que le bénéficiaire en est digne par sa conduite et par son aptitude particulière pour les hautes spéculations de l'esprit [1].

« La centralisation a fait beaucoup pour l'éclat de nos études supérieures; mais la vie, surabondante en de certains points, languit sur d'autres; voyons si, en y portant la liberté, comme ont fait nos voisins dont la rivalité scientifique devient menaçante, nous ne réussirons pas à y ranimer des forces vives que l'administration enveloppe pour les protéger, mais que parfois elle contient, à son insu même, jusqu'à en arrêter l'essor.

PROPOSITION DE LOI

Sur l'Enseignement supérieur public.

« ARTICLE PREMIER. — L'Enseignement supérieur public est donné :

« 1° Dans les Facultés entretenues par l'État;

« 2° Dans les écoles publiques d'Enseignement supérieur, entretenues par les communes ou les départements.

CHAPITRE PREMIER. — *Des Facultés.*

« ART. 2. — Il y a quatre ordres de Facultés, savoir :

« Facultés des lettres;

---

1. L'article 32 de la loi du 11 floréal an X (1er mai 1802) créait 6 400 bourses entrenues par l'État, pour les 4/5, dans les lycées; pour 1/5, dans les écoles d'Enseignement supérieur.

« Facultés des sciences mathématiques, physiques et naturelles ;

« Facultés de droit et des sciences économiques et administratives ;

« Facultés de médecine et de pharmacie.

« Art. 3. — Les Facultés confèrent, après examen public, les grades de :

« Bachelier, licencié, docteur.

« Des jurys, formés par le Ministre, de professeurs choisis dans les Facultés des lettres, des sciences mathématiques, physiques et naturelles, et des sciences économiques et administratives, délivrent le diplôme, institué par l'article 4 de la loi du 21 juin 1865, lequel prend le nom de baccalauréat spécial, et le brevet de capacité, institué par l'article 6 de la même loi, lequel prend le nom de licence spéciale.

« Art. 4. — Ces grades sont délivrés, lorsqu'il y a lieu, soit aux étudiants *inscrits* à la Faculté, soit aux élèves de l'Enseignement libre qui se présentent aux examens de la Faculté.

« Art. 5. — Le grade de bachelier est obligatoire pour entrer dans les fonctions de l'Enseignement classique et de l'Enseignement spécial des lycées et collèges ; le grade de licencié pour les classes d'humanité et les cours supérieurs de l'Enseignement spécial dans les lycées ; le grade de docteur pour l'Enseignement dans les Facultés et dans les écoles publiques d'Enseignement supérieur.

« Le grade de licencié en droit est exigé pour les fonctions dans la magistrature.

« Le grade de licencié en médecine ou en pharmacie est nécessaire pour les fonctions médicales qui sont à la nomination des administrations publiques.

« Art. 6. — Des dispenses de grades peuvent être accordées dans les cas prévus par l'article 6 du décret du 31 juillet et par l'article (?) de la loi du (?) sur l'Enseignement supérieur libre.

« Art. 7. — Des bourses peuvent être entretenues par l'État dans les établissements publics d'Enseignement supérieur, et un crédit est inscrit, à cet effet, au budget du Ministère de l'Instruction publique.

« Art. 8. — Les Facultés sont composées de professeurs titulaires et d'agrégés.

« Art. 9. — Les professeurs doivent être Français, âgés de trente ans au moins, et pourvus du grade de docteur dans l'ordre d'enseignement qu'ils veulent donner.

« Ils sont nommés par l'Empereur sur une liste de trois candidats formée au scrutin secret par le vote des professeurs de toutes les Facultés de même ordre que celle où la vacance s'est produite.

« Les candidats désignés doivent, avant la nomination, faire preuve, dans une leçon publique, devant la Faculté où la vacance s'est produite, de leur aptitude à enseigner.

« Les fonctions de professeur sont incompatibles avec celles d'inspecteur.

« Art. 10. — Les professeurs, titulaires de leur emploi, ne peuvent en être privés que par un jugement motivé rendu par une commission de cinq membres du Conseil impérial, élue, à cet effet, par le Conseil pour trois années.

« L'intéressé est admis à présenter ses moyens de défense de vive voix ou par écrit.

« Les professeurs, titulaires de leur emploi, ne peuvent être déplacés que sur un avis motivé du comité des inspecteurs généraux.

<table><tr><td>II.</td><td>5</td></tr></table>

« Art. 11. — La limite d'âge pour le professorat est fixée à soixante-dix ans. Mais le Ministre conserve le droit de prononcer, après avis de la Commission instituée par l'article 8, la mise à la retraite, à l'âge de soixante ans.

« Au Collège de France et au Muséum d'histoire naturelle, les professeurs arrivés à la limite d'âge sont remplacés dans leur chaire, mais conservent leur titre et leur traitement.

« Art. 12. — Les agrégés des Facultés sont nommés au concours.

« Les deux tiers des places de juges pour ces concours sont réservés aux membres des Facultés de même ordre que celle où la vacance s'est produite. Ces membres sont élus par leurs collègues.

« L'autre tiers des places est réservé :

« Pour l'agrégation aux Facultés des lettres, à des membres de l'Académie des inscriptions et belles-lettres ;

« Pour l'agrégation des sciences, à des membres de l'Académie des sciences ;

« Pour l'agrégation de droit à des membres de la Cour de cassation ou de la Cour impériale ;

« Pour l'agrégation des sciences économiques et administratives, à des membres du Conseil d'État ou de l'Académie des sciences morales et politiques ;

« Pour l'agrégation de médecine et de pharmacie, à des membres de l'Académie de médecine.

« Tous ces membres sont élus par leurs collègues.

« Art. 13. — Pour être admis aux concours, les candidats doivent être Français, docteurs et âgés de vingt-cinq ans au moins.

« Art. 14. — Les agrégés participent aux examens ; ils

dirigent, sous l'autorité du doyen, des conférences ou des exercices pratiques, et sont chargés des suppléances.

« Leur nombre est déterminé, suivant les besoins du service, par un arrêté ministériel.

« ART. 15. — Tout professeur ou agrégé peut ouvrir, dans les locaux de la Faculté, un cours gratuit ou payant, soit sur une matière déjà inscrite au programme de la Faculté, soit sur une branche de la science qui n'y serait pas représentée.

« La rémunération payée dans ce cas par les élèves est acquise au professeur.

« ART. 16. — Le Ministre de l'Instruction publique ou l'assemblée des professeurs peuvent autoriser des docteurs à faire, dans les locaux de la Faculté, des cours gratuits ou payants.

« ART. 17. — La Faculté arrête elle-même, en conseil, le programme des cours pour chaque semestre, et elle veille à ce que chaque branche d'enseignement soit complètement traitée, au moins dans l'espace de trois années.

« Elle délibère sur toutes les questions d'ordre scolaire, de discipline intérieure ou d'intérêt matériel qui la concerne, et peut publier ses délibérations.

« Elle a la capacité de posséder et la libre disposition de ce qu'elle possède, sauf la réserve inscrite au paragraphe 4 de l'article 20.

« ART. 18. — L'*inscription* de l'étudiant sur les registres de la Faculté est maintenue ; mais l'État renonce aux droits qu'il perçoit de ce chef et dont il sera fait deux parts, qui seront déterminées par un règlement d'administration publique délibéré en Conseil impérial : l'une, qui est partagée entre les professeurs proportionnellement au nombre des élèves inscrits à leurs cours; l'autre, qui demeure la propriété de l'Université provinciale représentée par le Conseil des Facultés institué à l'article 20.

« Cette ressource servira à l'amélioration des services universitaires et à la création de bourses d'étudiant.

« Art. 19. — Le doyen, chef de la Faculté, est choisi parmi les professeurs titulaires.

« Il est élu par ses collègues et par les agrégés, pour trois années, et n'est rééligible qu'au bout d'une même période de temps.

« Il nomme les agents inférieurs de la Faculté, veille à la conservation de la bibliothèque, des collections et du mobilier scientifique. Il arrête, en assemblée des professeurs, le budget de la Faculté.

« Art. 20. — Les doyens et un professeur élu par chaque Faculté forment un conseil permanent renouvelable tous les trois ans; ce conseil choisit lui-même son président, administre le fonds commun des Facultés et discute les questions qui intéressent tous les établissements supérieurs compris dans la province académique.

« Le Conseil des Facultés peut en convoquer les membres en assemblée générale.

« En matière financière, le Conseil a l'absolue disposition des sommes ou rentes provenant de dons ou legs; mais pour les sommes provenant de l'État ou du fonds commun des Facultés, les résolutions du Conseil relatives à l'emploi de ces ressources sont communiquées au recteur qui peut en suspendre l'effet par un refus motivé. En cas de conflit, le ministre décide.

« Les présidents des sociétés savantes qui existent dans l'étendue du ressort sont invités, au moins une fois par an, à siéger à l'assemblée générale avec voix délibérative.

« ART. 21. — Dans les Académies rectorales qui comptent au moins trois des quatre Facultés, l'ensemble des établissements d'Enseignement supérieur public porte le nom d'*Université* et cette Université prend le nom de la ville chef-lieu de l'Académie.

CHAPITRE II. — *Dispositions particulières aux Facultés des sciences économiques et administratives.*

« ART. 22. — Une Faculté des sciences économiques et administratives est fondée au sein des Facultés de droit de Paris et de Toulouse.

« ART. 23. — L'enseignement comprend :

« Le Code Napoléon, le droit criminel et la procédure civile étudiés au point de vue des intérêts économiques de la société et de ses membres; le droit public et le droit des gens, le droit commercial, industriel et rural, le droit administratif et l'organisation judiciaire, l'économie politique, l'histoire des faits et des doctrines économiques.

« Les programmes des cours de la Faculté des sciences économiques et administratives seront arrêtés par le Ministre de l'Instruction publique, après avis du Conseil impérial.

« ART. 24. — Sont admis à s'inscrire les élèves qui justifient, soit du diplôme de bachelier ès lettres, soit du diplôme de bachelier ès sciences ou de bachelier spécial.

« Les élèves inscrits à la Faculté de droit n'ont pas à payer les frais d'inscription à la Faculté des sciences économiques et réciproquement; mais les élèves de la Faculté des sciences économiques ne peuvent prétendre aux grades délivrés par la Faculté de droit qu'autant qu'ils sont pourvus du diplôme de bachelier ès lettres.

CHAPITRE III. — *Dispositions particulières aux Facultés de médecine et de pharmacie.*

« ART. 25. — L'enseignement de la médecine est théorique et pratique.

« Il comprend, pour la préparation au grade de licencié en médecine ou de médecin : l'anatomie normale et pathologique, la physiologie, la pathologie interne et la thérapeutique, la pathologie externe et les opérations, l'obstétrique, les cliniques médicale et chirurgicale, la pharmacologie, les applications médicales de la chimie, de la physique et de l'histoire naturelle.

« ART. 26. — L'enseignement médical comprend, en outre, pour la préparation au grade de docteur ès sciences médicales : les pathologies spéciales, l'hygiène publique, la médecine légale et l'histoire de la médecine.

« Les élèves doivent être exercés, sous la direction des professeurs ou agrégés, aux dissections, manipulations, analyses et exercices pratiques.

« ART. 27. — L'enseignement des Facultés de pharmacie comprend : la physique, la chimie, la botanique, la zoologie, la pharmacie, la toxicologie, l'histoire naturelle des médicaments, et, pour les élèves, des manipulations, travaux pratiques et herborisations faits sous la direction des professeurs ou agrégés.

« ART. 28. — Les grades conférés dans l'enseignement médical et pharmaceutique sont de deux degrés :

« 1° Le grade de licencié en médecine et en pharmacie, ou de médecin et de pharmacien ;

« 2° Le grade de docteur ès sciences médicales et pharmaceutiques.

« ART. 29. — Les aspirants au grade de licencié en médecine ou en pharmacie doivent s'inscrire sur les registres de la Faculté et justifier, pour cette inscription, du grade soit de bachelier ès lettres, soit de bachelier ès sciences ou de bachelier spécial.

« Ils ont à subir, en cours d'études :

« 1° Un premier examen portant sur les sciences physiques, chimiques et naturelles appliquées à la médecine ;

« 2° Trois autres examens portant sur les matières indiquées à l'article 25, dont le programme sera déterminé par des arrêtés ministériels délibérés en Conseil impérial et un examen clinique de fin d'études ;

« 3° Justifier d'un stage d'hôpital ou de pharmacie, dont la durée est fixée à trois ans, à partir du premier examen mentionné au n° 1 du présent article, et qui consiste dans la fréquentation assidue, régulièrement constatée, d'un hôpital désigné pour recevoir des stagiaires, ou d'une officine tenue par un licencié.

« ART. 30. — Les aspirants au grade de docteur ès sciences médicales doivent justifier, au moment de leur inscription, du grade de bachelier ès lettres et de bachelier ès sciences, ou, à défaut de ce dernier grade, du diplôme de bachelier spécial.

« Le grade de bachelier ès lettres n'est pas obligatoire pour l'aspirant au grade de docteur ès sciences pharmaceutiques.

« Les autres conditions imposées par l'article 29 aux aspirants au grade de licencié sont prescrites pour les aspirants au doctorat.

« Toutefois l'élève qui s'est fait inscrire comme aspirant au grade de licencié, sans avoir le grade de bachelier ès lettres, peut, en justifiant ultérieurement de ce grade, se présenter aux épreuves du doctorat.

« Les épreuves pour ce grade consistent en trois examens et une thèse portant sur les matières indiquées aux articles 25 et 26.

« ART. 31. — Après sept ans révolus, à compter de l'inscription mentionnée au n° 1 de l'article 29, les aspirants à la licence ou au doctorat perdent la qualité d'étudiants en médecine ou en pharmacie et ne sont plus recevables à se présenter aux examens.

« Ne sont pas soumis à cette règle les internes des hôpitaux et des asiles publics d'aliénés, les prosecteurs et aides d'anatomie des Facultés.

« ART. 32. — Les aspirants au grade de licencié ou de docteur qui prennent devant le Recteur l'engagement d'exercer pendant dix ans dans une des circonscriptions d'assistance médicale où ne se trouverait pas de praticien sont dispensés du payement des droits d'inscription, d'examen et de diplôme.

« Ils peuvent, en outre, obtenir, par décision du Ministre de l'Instruction publique, pendant le temps de leur scolarité, une subvention annuelle dont le taux sera fixé par lui et qui sera prélevée sur le crédit inscrit dans ce but au budget de l'État.

« ART. 33. — Avant de se livrer à l'exercice de leur art, les praticiens sortis des écoles publiques ou des écoles libres doivent faire enregistrer leurs diplômes au secrétariat de l'Académie et au greffe du tribunal civil de leur domicile.

« Art. 34. — La profession médicale n'est pas incompatible avec celle de pharmacien.

Chapitre IV. — *Des écoles publiques d'Enseignement supérieur.*

« Art. 35. — Les écoles publiques déjà fondées ou qui seront ultérieurement établies par les communes ou les départements pour l'Enseignement spécial supérieur, le droit, les sciences économiques, la médecine et la pharmacie, préparent au grade de licencié qu'elles délivrent, aux conditions déterminées à l'article 38, soit aux élèves de l'Enseignement public, soit aux élèves de l'Enseignement libre.

« Art. 36. — Les professeurs et suppléants des écoles publiques de médecine et de pharmacie sont nommés en la même forme et aux mêmes conditions que les professeurs et agrégés des Facultés, avec cette seule différence que le jury du concours des suppléants est formé, pour les deux tiers, de professeurs desdites écoles, pour l'autre tiers, de licenciés et de docteurs établis dans le ressort de l'école.

« Pour les écoles de droit ou de sciences économiques que les villes voudraient fonder, le Ministre fera les nominations, tant qu'il n'existera que trois au moins de ces écoles, après quoi, il sera fait retour au système de présentation édicté par la présente loi.

« Le chef de l'école prend le titre de directeur.

« Les articles 10, 11, 13, 14, 15, 16, 17 et 19 de la présente loi sont applicables aux écoles publiques d'Enseignement supérieur.

« Art. 37. — Le ou les directeurs des écoles publiques du ressort académique et un professeur de ces écoles élu par ses collègues font partie du conseil des Facultés et prennent part à tous ses actes, excepté aux délibérations relatives à l'administration financière des Facultés.

« ART. 38. — Les écoles publiques d'Enseignement supérieur peuvent délivrer le diplôme de licencié, lequel cependant n'est valable qu'après que le candidat a subi avec succès un examen de fin d'études par devant une Faculté.

« Pour les élèves des écoles publiques de médecine, cette dernière épreuve consiste en un examen clinique.

« ART. 39. — La loi du 29 ventôse an XI, l'article 24 de la loi du 2 germinal an XII et toutes les dispositions contraires à la présente loi sont abrogées.

« Un décret rendu sous forme de règlement d'administration publique prescrira les mesures nécessaires à l'exécution de la présente loi.

ART. 40. — Une commission du Conseil impérial sera chargée de reviser les statuts et règlement de l'Université impériale.

———

Cette double réforme de notre enseignement supérieur aurait exigé des temps calmes, et nous étions à la veille de la guerre qui aboutit au désastre de Sedan. Six semaines après la présentation de ces deux lois, il n'y avait plus ni Empire, ni Sénat. Mais ne trouverait-on pas quelques traces des idées alors émises dans les institutions ultérieurement créées? L'article XI du premier projet a servi de type pour l'organisation actuelle du Conseil supérieur de l'Instruction publique; l'article VII du second projet établissait les bourses de l'Enseignement supérieur; l'article XVII, la personnalité civile des Facultés; les articles XX et XXI, leur Conseil général et les Universités académiques; enfin, le sénateur de 1870, en demandant la liberté de l'Enseignement supérieur vainement proposée par le Ministre de 1867, avait devancé de bien peu le temps où elle fut décrétée. D'où cette conclusion que, jusqu'à la dernière heure de ma vie publique, je suis resté fidèle au caractère libéral de mon administration, puisque, malgré la retraite absolue où je me suis enfermé depuis vingt ans, les vieilles idées d'un vaincu de la vie ont pu exercer encore une certaine influence.

CHAPITRE XV

L'EMPEREUR

I

Mon but, en rassemblant ces notes, n'est pas d'écrire une histoire du second empire durant les six années où j'ai assisté aux conseils du Gouvernement. J'ai été trop exclusivement occupé de la fonction spéciale que j'avais à remplir, et je me suis toujours tenu trop à l'écart de la politique, pour parler des affaires que mes collègues dirigeaient et dont je n'avais ni le droit ni le goût de me mêler. Si je recueille ici quelques souvenirs, c'est pour qu'après moi les miens sachent ce qu'ils doivent de reconnaissance au Prince qui a honoré leur père d'une confiance absolue et, je puis dire, de son amitié.

Le lendemain de mon entrée au Ministère, je lui avais écrit : « J'ai trop étudié l'histoire pour ignorer que le pouvoir a plus d'une fois exercé une influence mauvaise sur ceux qui en détenaient une partie. Afin de prendre des précautions contre les tentations qu'il a données, je vous envoie, Sire, l'état de ma fortune et de la situation de ma famille. Quand je sortirai d'ici, il sera facile à Votre Majesté de faire vérifier s'il y a été changé quelque chose. »

L'Empereur me répondit par ce billet charmant :

Vichy, le 10 juillet 1863.

« Mon cher Monsieur Duruy,

« J'ai reçu vos deux lettres. J'approuve les deux actes dont me parle la première, car tout ce qui est mesquin ne me va pas. Quant à la seconde, elle était inutile. Votre cœur est trop droit, votre esprit trop élevé pour que je puisse jamais vous accuser de népotisme. Continuez à avoir le feu sacré pour tout ce qui est noble et grand, et croyez à mon amitié.

« Napoléon. »

Dans son discours pour l'ouverture des Chambres, le 5 novembre 1863, l'Empereur proposa la création d'un congrès arbitral qui jugerait les différends entre les peuples [1] : c'était le projet de Henri IV. J'applaudis à ce dessein dans une lettre qui me valut la réponse suivante :

Compiègne, 16 novembre 1863.

« Mon cher Monsieur Duruy,

« Votre lettre m'a profondément touché et je veux vous en remercier. Si vous vous connaissez en grandeurs, après en avoir tant mesuré dans vos beaux travaux historiques,

---

1. Deux mois après, le 31 décembre, l'Angleterre reprit cette proposition pour protéger le Schleswig contre les convoitises de l'Allemagne. Ce principe n'était donc pas né dans un esprit malade, puisque les Anglais l'ont aussi proclamé. Même ils l'ont mis en pratique, à leurs dépens, dans l'affaire de l'Alabama. A ce moment, leur adversaire était l'Amérique; ils se sont couverts contre elle de ce principe salutaire: aujourd'hui leur adversaire serait le petit royaume de Portugal, ils le repoussent (note de février 1890). A cette dernière date, il fut constaté, dans un congrès tenu à Washington, que dix-sept puissances représentant plus de cent millions d'hommes avaient signé un traité d'arbitrage : *e pure si muove.*

moi je crois aussi me connaître en caractères élevés et loyaux. C'est pour cela que je vous ai appelé dans mes conseils et que je vous renouvelle avec plaisir l'assurance de ma sincère amitié.

« NAPOLÉON. »

Ce pouvait être des compliments comme il s'en fait à la cour, sans tirer à conséquence; mais, le 19 décembre 1863, le commandeur Nigra, ministre plénipotentiaire de Victor-Emmanuel, m'écrivait :

« Mon cher Ministre,

« J'arrive de Compiègne et je m'empresse de vous dire une chose qui vous fera peut-être plaisir. Avant-hier, me trouvant seul avec l'Empereur, le discours est tombé sur vous. L'Empereur s'est exprimé à votre égard dans les termes les plus flatteurs. Il a parlé de vous comme d'un homme qu'il aime beaucoup, qui lui rend de grands services et qui est destiné à en rendre de plus grands encore. J'ai pensé que vous auriez appris cela avec quelque satisfaction. Voilà pourquoi je vous écris ces quelques lignes, en vous priant de me garder votre précieuse bienveillance.

« A vous de cœur,

« NIGRA. »

Parce que, gravement malade, trompé par l'impéritie de ses ministres et par l'insuffisance de ses généraux, Napoléon III a fini dans un épouvantable désastre, on l'appelle un rêveur et un halluciné. Je l'ai vu, il est vrai, rêver le bien; n'est-ce pas la condition nécessaire pour le rencontrer quelquefois? Des fautes ont été certainement commises, à commencer par le début, ce coup d'État inutile

qui fut « un boulet que l'Empereur traîna vingt ans à son
pied [1] », et ce pouvoir absolu qui lui fit prendre le rôle de la
Providence sur la terre, en un temps et un pays où l'on ne
croit plus aux missions providentielles. Tout en désirant
un pouvoir exécutif fort, je n'ai jamais pensé qu'une restauration violente du principe d'autorité, marquée par la
candidature officielle dans les élections, le silence dans la
Chambre et dans les journaux, ne fût pas en contradiction
avec nos idées et notre état social.

On crut aussi que le principe nouveau devait se manifester au dehors par des galons sur les habits et par de
somptueuses réceptions qui donneraient un grand essor au
commerce : Louis XIV n'avait-il pas dit : « Je fais l'aumône
en dépensant beaucoup. » Mais ces défroques des vieilles
monarchies, ce luxe de broderies et d'uniformes, de bals
et de dîners à 80 ou 100 couverts, étaient-ils de mise dans
un pays aussi nivelé que le nôtre par les idées d'égalité
gravées sur toutes les murailles? L'Empereur s'y ruinait et
les ministres faisaient comme lui.

Le bruit courut même que l'Empereur rêvait de constituer, comme son oncle, une nouvelle noblesse, dont les
ministres en exercice seraient naturellement les premiers
titulaires. Un jour, le Conseil fut convoqué à Fontaine-
bleau, lieu bien choisi, semblait-il, pour pareille discussion, du moins le crut-on. Ce projet m'inquiétait. Aussi je
ne pus m'empêcher de dire tout haut, durant le trajet :
« Comme cette institution va nous relever dans l'estime
publique : prince Baroche, duc Rouher, comte Duruy, etc.
Quelle singulière nouveauté tombant au milieu de notre

1. Le mot n'est pas de moi, mais de l'Impératrice, qui me le dit un
jour à Chislehurst.

société démocratique! » Je ne crois pas que cette plaisan-
terie, qui avait un fond très sérieux, ait fait rire le solennel
Baroche ; mais l'Empereur eut plus d'esprit que les ambitieux de cordons et de rubans ; il ne souleva pas même la
question, et j'en fus quitte pour la peur.

Je relèverais bien d'autres erreurs. Mais toutes réunies ne
m'amèneront pas à croire que la postérité sera aussi
injuste pour Napoléon III que le sont ses détracteurs
d'aujourd'hui. Qu'on étudie les hommes et les choses de
l'année fatale, alors que, depuis le 12 juillet 1869, il avait
déposé ses pouvoirs de prince autoritaire [1], et l'on trouvera
bien des responsabilités qui diminuent la sienne. Celle,
par exemple, du Corps législatif qui, après lui avoir refusé
l'argent nécessaire pour organiser la garde mobile, se
laissa entraîner à la déclaration de guerre contre la
Prusse [2] ; celle aussi de l'opposition qui proposait de remplacer l'armée active par une garde nationale.

Lorsque L'Empereur disait à Cobden, en 1860 : « Les
intérêts sont disciplinés et marchent comme des régiments,
les grandes idées de justice et d'humanité n'ont pour elles
que des individus isolés et l'âme des foules », lorsque,
trois ans plus tard, il proposait encore de remettre les
différends entre les nations à l'arbitrage d'un tribunal
européen, quelques-uns sourirent de ces belles paroles et
l'accusèrent d'avoir l'esprit perdu dans les nuages. Cette
accusation est le mot d'ordre d'à présent, et elle a un fond
de vérité si l'on veut dire qu'il se plaisait à regarder en
haut, là où ne montent pas les esprits terre à terre qui ne

1. Voyez ci-dessous, p. 141.
2. M. Vuitry m'a assuré que les députés appelés à la Chambre les
Arcadiens, ou l'extrême droite, avaient fait de la déclaration de guerre
une question de portefeuilles.

s'occupent que des intérêts transitoires du moment. Mais c'est aux ministres que revient le souci du bon ménage des affaires quotidiennes. En Italie, nos soldats manquent de chaussures et, dans un des pays les plus riches du monde, l'Intendance ne sait pas nourrir nos troupes. Est-ce sa faute? Il s'en plaint au Ministre de la Guerre et il a raison de s'en prendre à l'administration. « Ce qui me désole, écrit-il le 26 mai 1859, c'est que nous avons toujours l'air, en présence d'autres armées, d'enfants qui n'ont jamais fait la guerre... rien n'est réglé d'une manière invariable. Aussi les uns demandent le double de ce qui est nécessaire, ou l'administration ne donne que la moitié de ce qui est indispensable... Je soupire après mon parc de siège et mon canon de douze rayé. Si je les avais eus, je n'aurais pas été obligé de changer mon plan de campagne [1]. »

Il est de grands courants d'épidémie morale qui traversent les sociétés vivantes et donnent la caractéristique d'une époque. Au moyen âge, on était chrétien, et longtemps on ne vit rien au delà de son fief ou de son village. Au seizième siècle, on croyait au roi; au dix-huitième, à la philosophie. Au dix-neuvième, une idée nouvelle, celle des nationalités, naquit du soulèvement des Espagnols et des Allemands contre Napoléon Ier, des Polonais et des Italiens contre la Russie et l'Autriche; aujourd'hui, les questions d'économie sociale priment les questions politiques. Napoléon III a été l'homme de deux idées libérales : relever la classe ouvrière et affranchir les peuples opprimés; la première aurait été un progrès pour l'humanité, si elle

---

1. Voyez, dans les *Mémoires du maréchal Randon*, t. II, p. 6 et suiv., plusieurs lettres de l'Empereur remplies de ses plaintes sur le dénûment où se trouve l'armée d'Italie, à l'ouverture de la campagne de 1859.

avait pu être continuée dans les limites où le gouvernement impérial l'avait retenue; la seconde qui eût été glorieuse si l'unité de l'Allemagne et celle de l'Italie ne nous avaient été funestes. Victor Hugo, président du comité de la paix en 1851, n'avait-il pas dit qu'à l'établissement d'une paix nouvelle, il mettait, comme condition indispensable, une dernière guerre qui aurait pour résultat définitif la reconnaissance des nationalités? Deux ans plus tôt, Proudhon avait soutenu la même thèse [1], et la politique qui, jamais, ne peut rester longtemps en contradiction avec les idées régnantes, s'y était ralliée.

Je ne pense pas que jamais souverain ait été plus préoccupé que Napoléon III du bien qu'il pourrait faire. Que de fois l'ai-je vu arriver au Conseil avec des projets d'assistance pour les faibles et les dépourvus! Sa main était ouverte : elle s'ouvrait même trop, car il ne savait pas répondre par un refus à ceux qui imploraient sa générosité. L'ancien Gouverneur du Crédit Foncier, Frémy, m'a dit avoir été maintes fois obligé de lui avancer un mois de sa liste civile. Quand il n'eut plus d'autre asile que l'Angleterre, on loua pour lui une villa dont ne se serait pas contenté un bourgeois de Londres. Le bail était de douze mille cinq cents francs, et l'Empereur ne pouvait y mettre davantage. Le propriétaire, il faut le dire à son honneur, avait lui-même fixé ce chiffre qui ne représentait pas la moitié du prix ordinaire.

Il avait horreur des tripotages de bourse. Madame Cornu, son amie d'enfance, m'a raconté avoir entendu de lui cette parole, à propos de quelqu'un qui lui tenait de fort près et

---

1. Lettre au journal *le Temps*, 4 septembre 1849.

qui contribua à nous jeter dans une guerre lointaine et lamentable pour tirer parti de spéculations véreuses : « Cet homme sera la honte de mon règne »; et je faisais écho à sa pensée, lorsque je lui disais : « Dans l'état de nos mœurs, le premier besoin pour un gouvernement est d'être honoré; par conséquent honnête. »

Cependant on aurait pu trouver dans son entourage quelques hommes dont la conscience n'était pas immaculée. C'est qu'un autre sentiment les sauvait près de lui. Ils l'avaient aidé dans les jours difficiles jusqu'à tout risquer avec lui, et il se croyait tenu de leur en garder de la gratitude, en fermant les yeux sur des abus d'influence qu'il n'a certainement pas toujours connus. Dans un déjeuner à Compiègne, j'eus une discussion animée avec un de ces personnages bons à tout faire qui, dans les temps de crise, imposent aux victorieux leur dévoûment intéressé, pour se donner le droit d'exploiter ensuite la fortune du vainqueur. Je saisis l'occasion qui m'était offerte de me plaindre de certaines paroles tenues par lui, comme président d'un Conseil général, contre mon administration. Il me répondit en opposant sa conduite à la mienne en 1851. Impatienté par cette fidélité de caniche bien nourri qui ne tenait compte ni de la différence des temps, ni de celle des hommes, je terminai la conversation par ces mots : « Du reste, Monsieur, j'appelle un chat un chat; finissez le vers. » Boileau ne lui était-il pas familier, ou ma condition de ministre lui conseilla-t-elle la prudence? En sortant de table, je pensais qu'il allait m'envoyer des témoins; il me fit des excuses, et je continuai d'avoir pour lui le même mépris.

Je n'avais pas le bonheur de plaire à tous mes collègues.

Le dîner qui, chaque semaine, réunissait les ministres chez l'un d'eux sans la présence d'un seul étranger, fut supprimé quelques jours après mon arrivée au Conseil. Était-ce à cause de moi? Je n'en sais rien, mais c'est possible. Lorsque nous étions tous invités aux Tuileries pour une soirée de famille, on voyait bien vite les trois ministres politiques se rassembler en un coin du salon et discourir à voix basse. Dès que je m'approchais, « les chants avaient cessé ». Vingt fois j'en fis l'épreuve, toujours avec le même succès; j'étais évidemment un suspect.

On dira : c'était de l'anarchie gouvernementale. Non. D'après la constitution de 1852, les membres du Cabinet étaient absolument indépendants les uns des autres, mais responsables vis-à-vis du Prince. Toutes les affaires de quelque importance étaient traitées de vive voix par chaque ministre en des conférences particulières avec l'Empereur, ou par des notes et des rapports adressés au souverain. Le Grand Maître de l'Université avait un autre moyen de tenir le Prince au courant de ses affaires. Par nécessité de sa charge, il était obligé de parler souvent. Or, au lieu de me renfermer, selon l'usage, dans des banalités recouvertes de rhétorique scolaire, chacun de mes discours était, ou l'annonce de réformes en projet, ou le compte-rendu de réformes accomplies. La veille du jour où je devais parler, j'envoyais mon discours du lendemain à l'Empereur. Jamais il ne me revint avec une rature. Un fait mettra cette théorie gouvernementale en action.

Un jour, le Ministre de l'Intérieur, M. de la Valette, vint me dire qu'il ne pouvait pas imprimer au *Moniteur* des paroles que j'avais prononcées la veille sur l'*Histoire du Travail*, devant quatre à cinq cents ouvriers de l'Association philotechnique[1]. Ses raisons étaient que ce discours contenait bien des choses contraires à la politique du Gouvernement. Je le laissai perfidement s'engager à fond sur cette question et, lorsqu'il eut fini, j'ouvris un tiroir et en tirai l'exemplaire que l'Empereur m'avait renvoyé avec ces mots écrits de sa main : « Discours très politique ». Il en resta stupéfait, se tut et se retira, mais, en autre lieu, on parla beaucoup de l'incident.

Un système politique qui ramenait tout au Prince avait deux inconvénients : c'était un régime d'autrefois, ce n'était plus celui d'aujourd'hui, et il laissait dans l'opposition ceux à qui leurs talents, leur ambition ou la logique de notre histoire faisaient souhaiter d'autres institutions ; mais il possédait cet avantage qu'aucune solidarité n'étant établie entre les conseillers du Prince, ils n'étaient pas soumis à l'instabilité ministérielle, une des plaies du Gouvernement par les Chambres. Ces ministres, d'ailleurs, restaient libres, en se retirant, de ne prendre dans les actes généraux que la part de responsabilité qui leur convenait. J'ai donné trois ou quatre fois ma démission et ne l'ai retirée qu'après satisfaction reçue, ou quand il fut fait appel à mon dévoûment scolaire.

II

La France devenant de jour en jour plus industrielle, le nombre des ouvriers augmentait incessamment, et leur agglomération en de grandes usines révélait leur force que de dangereux politiciens, en quête d'aventures, se propo-

---

1. *Op. cit.*, p. 137-149.

saient d'exploiter pour eux-mêmes. Turgot et Montesquieu avaient bien entrevu la solution du redoutable problème par l'alliance du travail et du capital; mais rien, ou à peu près, n'avait été fait dans cette voie. En 1842, le préfet de police interdisait encore à un industriel, Leclaire, de pratiquer avec ses ouvriers la participation aux bénéfices du patron; et l'Empereur entendait gronder dans les bas-fonds de la société des bouillonnements redoutables. Il regarda comme un de ses premiers devoirs de défendre, par des mesures préventives, la classe laborieuse contre les sectaires qui, ne comprenant ni le rôle du capital, ni celui de l'expérience commerciale et industrielle, pensaient résoudre le problème social en établissant l'égalité sur les ruines du patronat. Comme si les ruines, violemment faites et prématurément introduites dans l'ordre social, n'étaient pas le champ de mort où rien ne pousse. En 1855, il avait fondé pour les convalescents les trois asiles de Vincennes, du Vésinet et de Longchêne qui achevaient l'œuvre bienfaisante des hôpitaux[1]. L'année suivante, la Caisse de retraite pour la vieillesse donna le moyen à l'ouvrier économe d'assurer la sécurité de ses vieux jours. Le travailleur valide fut soulagé par l'extension de l'assistance judiciaire, de la médecine cantonale[2] et de la gratuité de

---

1. En 1867, il y avait eu déjà 83 000 personnes admises à l'asile de Vincennes et à celui du Vésinet.

2. Sous l'impulsion du Gouvernement impérial, cinquante-deux départements avaient institué le service médical gratuit dans les communes rurales. En 1865, on comptait déjà sept cent soixante-sept mille cent quarante-neuf indigents inscrits sur les registres de la médecine gratuite et deux cent vingt-cinq mille sept cent dix-huit malades avaient été soignés à domicile. Je repris en 1870, comme sénateur, cette question, en vue d'étendre le bienfait de cette assistance aux trente-sept départements qui en étaient encore privés. Mais la dissolution du Sénat, le 4 septembre, ne permit pas le vote de ce projet.

l'instruction primaire pour les enfants pauvres; par l'assainissement des logements insalubres; par des institutions de crédit où des capitaux lui furent offerts à bas prix; par la loi sur les coalitions qui lui donna plus de liberté pour la discussion de ses intérêts; par le développement des sociétés de secours mutuels qui comptèrent, en 1867, huit cent mille membres avec un capital de quarante millions, et par celui des caisses d'épargne dont l'encaisse s'éleva, la même année, à cinq cents millions.

La transformation de Paris en une capitale splendide, où cent mille arbres assainissent l'air, et quatre cents millions dépensés chaque année en travaux publics, par l'État, les départements et les communes donnèrent du travail aux ouvriers à qui la moitié de cette somme revint en salaire. Enfin une habile combinaison de détaxes et de surtaxes (caisse de la boulangerie) constitua pour la population parisienne une assurance contre la cherté du pain; et la suppression des passeports donna à la circulation des personnes les mêmes facilités que les marchandises devaient aux traités de commerce.

Tout cela était sorti de la pensée de l'Empereur et, par cette constante sollicitude pour les déshérités, auxquels les parvenus de la fortune ou de l'intelligence doivent tendre la main, il avait bien rempli son rôle de chef d'État. N'avait-il pas dit lui-même, dans une circonstance mémorable : « Je suis un parvenu », et comme il se souvenait d'avoir connu la malchance, son cœur battait pour tous ceux qui étaient restés en bas dans la misère ou la gêne.

Le 16 septembre 1865, je montrais à l'Empereur les efforts faits par l'opposition pour s'emparer de la question ouvrière, qu'il était important de ne pas laisser aux seules mains des adversaires du Gouvernement.

« Sire,

« M. Leclaire, entrepreneur de peinture, qui fait participer ses ouvriers aux bénéfices de sa maison, a rédigé un compte-rendu qu'il a adressé aux députés. M. Berryer lui a répondu par une lettre qui annonce que les chefs du parti légitimiste songent à agir sur les ouvriers en se montrant préoccupés de la question de l'harmonie sociale. Ils ne font, en cela, qu'obéir au mot d'ordre donné par le comte de Chambord dans son dernier manifeste.

« Autre fait : M. Cochin, administrateur du chemin de fer d'Orléans, a fondé l'an dernier, au profit des employés de la gare de Paris (deux mille ouvriers), une société de secours mutuels à laquelle la Compagnie a accordé de précieux avantages. Ces deux mille ouvriers ont déféré la présidence à M. Cochin et viennent de se cotiser pour lui offrir une médaille d'or.

« De son côté, Jules Simon écrit l'*Ouvrière* et s'en va prêchant dans les centres industriels.

« Ainsi le capital et le travail, qui se sont livré la bataille de juin 1848 et qui se font encore la guerre pacifique des grèves, cherchent cependant, sur divers points, à se rapprocher. Ils voudraient s'entendre et les partis s'efforcent de prendre la direction de ce mouvement.

« L'opposition ne peut plus dire que le Gouvernement ne fait rien pour l'éducation du peuple. L'Empereur lui a ôté cette arme en la prenant. Il serait tout aussi politique d'enlever de ses mains l'autre grande question populaire : celle de la paix à établir entre le patron et l'ouvrier.

« Le moyen âge avait résolu ce problème à sa manière par l'établissement du régime exclusif et étroit des corporations. Il serait beau à Napoléon III de le résoudre selon son esprit et celui du siècle, par la libre association.

« Mais dans quelle proportion et sous quelles formes? Une enquête le dirait, et M. Le Play indique le moyen de la faire dans la note que j'ai l'honneur de placer sous les yeux de Votre Majesté. »

Autre lettre du 9 mars 1866.

« Sire,

« L'Empereur me permet de lui parler quelquefois de choses qui ne sont pas de mon ressort; je place sous ses yeux une note relative aux mutilés.

« Comme je dois à Sa Majesté toutes mes pensées, bonnes ou mauvaises, en voici une autre :

« La loi de 1841 sur le travail des enfants dans les manufactures n'est pas plus exécutée que le décret de 1855 sur les ouvriers mutilés et, dans les centres industriels, on épuise les jeunes générations qui s'étiolent, rendent peu et tombent plus tard, comme malades ou infirmes, à la charge de la communauté. Cependant il ne suffirait pas de l'édicter à nouveau. Avec la libre concurrence, nos fabricants ne peuvent renoncer au travail des enfants. Ils ne le feront qu'autant que l'exemple leur en serait donné par les fabricants étrangers, qui, de leur côté, ne se décideront jamais les premiers à ce sacrifice.

« Il suit de là que, pour résoudre cette question d'humanité et d'intérêt bien entendu, il faudrait établir un accord entre toutes les nations industrielles.

« Cet accord est-il impossible? Oui, peut-être pour

aujourd'hui, certainement non pour demain. Car c'est une des questions que votre congrès de la Paix, Sire, résoudra au jour béni où il se réunira.

« En attendant, la question pourrait être mise à l'étude au sein de la Commission de l'Exposition Universelle, soit sur un ordre de l'Empereur, soit par une lettre de Sa Majesté l'Impératrice.

« Cette protection des enfants serait le premier acte de lá présidence du Prince Impérial.

« De l'Empereur, etc. »

Quelques jours après, le 1er avril 1866, j'écrivais encore :

« Sire,

« L'Empereur m'a demandé si le décret du 8 mars 1855 était exécuté, j'ai répondu qu'il ne l'était qu'en partie et qu'il devrait l'être *en totalité*.

« Ce décret, qui ordonne le prélèvement de un pour cent sur tous les travaux publics faits dans le département de la Seine par les Ministères, le Département, la Ville de Paris et les autres communes, avait deux buts :

1° Guérir les convalescents.

2° Assurer l'avenir des *mutilés*, soit par leur admission dans un asile, soit par une pension à domicile.

« Le premier but est atteint à Vincennes pour les hommes, au Vésinet pour les femmes; mais je crois que le second ne l'est nullement; l'article 5 du décret est donc resté lettre morte et la parole de l'Empereur sans effet. Il sera très humain et très politique de l'exécuter.

« Les ressources manquent-elles pour accorder à des mutilés des pensions de trois cents francs, temporaires ou viagères, comme le voulait le décret de 1855? Je n'en sais rien, les comptes n'étant ni publiés, ni communiqués à la commission de l'Asile de Vincennes.

« Toutes les administrations qui doivent verser un pour cent des travaux accomplis font-elles le versement réglementaire? Je l'ignore. Mais ce que j'affirme, c'est que j'ai dépensé six cent mille francs au lycée Bonaparte, un million cinq cent mille francs à Vanves, et que l'on ne m'a rien demandé. Mon chef de service déclare n'avoir même jamais entendu parler de cette part contributive.

« Ce qui se passe à l'Instruction publique peut avoir lieu ailleurs.

« Il y aurait donc à vérifier si tous les versements réglementaires sont exactement faits, à pourvoir à l'exécution du décret relativement aux mutilés.

« Ci-joint la pétition d'un mutilé qui m'arrive aujourd'hui même.

« Je prie l'Empereur de permettre que cette note soit pour lui seul. »

Un ouvrier s'était tué dans un lycée en tombant d'un toit; j'allouai, sur la caisse de la maison où l'accident s'était produit, une pension viagère à la veuve et une subvention temporaire aux orphelins. En même temps, je demandai à M. Husson, directeur de l'Assistance publique, de faire relever le nombre des ouvriers sortis, dans une année, des hôpitaux de Paris morts ou amputés à la suite de blessures reçues dans leur travail. Le chiffre était effrayant; je le transmis à l'Empereur et il fit commencer, à ce sujet, des études qui aboutirent à la loi, malheureusement stérile, du 30 mai 1868, en faveur des invalides du travail.

Un jour j'autorisai les ouvriers de la maison Leclaire à tenir leur assemblée dans le grand amphithéâtre de la Sorbonne. Si Bossuet et Fénelon, dont les statues décorent cette salle, avaient pu voir cette réunion, ils se seraient d'abord scandalisés de cette invasion dans le sanctuaire des lettres, mais leur esprit de justice et de charité les eût fait applaudir à ce qui vaut mieux que de belles paroles, à de bonnes actions, dont le lendemain je rendis compte à l'Empereur :

« Sire,

« A un des premiers conseils auxquels j'assistai, il m'arriva de prononcer le nom de M. Leclaire, l'entrepreneur de peinture, afin d'attirer l'attention de Votre Majesté sur l'organisation de sa maison. MM. Béhic et Rouher se récrièrent en disant que c'était un intrigant.

« La même tentative, renouvelée il y a trois ans, eut un sort pareil. Avant-hier on se contenta de dire : « C'est un fait individuel et sans portée. »

« Cependant M. Bord, qui emploie à Joinville-le-Pont deux cents ouvriers, associés depuis quatre ans à ses bénéfices, vient de leur partager, pour 1869, quarante-sept mille francs.

« M. Beaugrand, joaillier de la Couronne, a une organisation semblable qu'il cache avec soin, par peur de ses confrères. Un tanneur de Coulommiers fait la même chose; M. Paul Dupont, également, mais en donnant fort peu, etc. [1].

_____

1. J'aurais pu ajouter aux noms de ces bienfaiteurs de la classe ouvrière, ceux de Laroche-Joubert, d'Angoulême; de Tourasse, de Pau; de Dollfus, de Mulhouse; de Godin, le fondateur du familistère de Guise, etc.

« L'exemple de M. Leclaire n'est donc pas isolé ; il serait à souhaiter qu'il eût beaucoup d'imitateurs, car ses cent cinquante ouvriers qui ont, à cette heure, vingt-deux mille francs de rentes, ont déjà constitué vingt-trois pensions viagères de trois cents à mille francs et ils ont décidé qu'aucune à l'avenir ne serait moindre de cinq cents francs.

« Autant le succès des sociétés coopératives de production semble difficile, autant celui des sociétés en participation de bénéfices paraît aisé.

« Il en sortirait deux grands biens : l'un politique, l'autre moral.

« Où se trouve-t-il un autre moyen de supprimer le grand mal de notre société moderne, la haine de l'ouvrier contre le patron, qui a succédé à la haine de l'esclave contre le maître et à celle du serf contre le seigneur?

« Voilà le côté moral et social. Voici maintenant le côté politique :

« L'article des statuts qui a été le plus applaudi dimanche, dans cette réunion d'ouvriers, a été celui qui confie au gérant un très grand pouvoir. Pour bien mener leurs affaires, ils veulent un contrôle sérieux des comptes par leurs représentants, les membres du conseil d'administration ; mais aussi la liberté d'action la plus entière pour celui qui gouverne la maison.

« Quand on aura fait comprendre à ces braves gens que l'État est une grande société dont le chef est le gérant, ils écouteront moins les métaphysiciens politiques qui veulent mettre l'administration dans la Chambre.

« C'est à cause de tout cela que je demande à l'Empereur de vouloir bien continuer son intérêt à cette question ». (19 mai 1869.)

Au conseil qui suivit, l'Empereur parla de l'institution fondée par Leclaire, en ajoutant : « C'est excellent, il faut propager cela ». Mais le Ministre d'État conserva ses préventions, et celui du Commerce m'accusa d'avoir empiété sur ses attributions en assistant à cette réunion où, cependant, j'avais eu grand soin de paraître, non pas en ministre, mais en simple spectateur, assis comme les autres sur les bancs de bois de l'amphithéâtre [1].

Je ne demandais pas à l'Empereur de prendre en main cette réforme pour transformer les ateliers et les usines en sociétés de participation, car moins l'intervention de l'État se fera sentir dans le monde économique, plus cette réserve garantira la paix sociale. Gardien, dans une certaine mesure, comme chef de l'éducation nationale, des intérêts moraux du pays et persuadé que tous ceux qu'on appelle aujourd'hui les exploiteurs et les exploités ont beaucoup à apprendre sur leurs véritables intérêts, je signalais au Prince un mode de contrat entre patrons et ouvriers dont

1. Leclaire, si mal reçu au Conseil, excepté par l'Empereur, a été tout autrement traité en Angleterre. Je viens de lire, dans un numéro de l'*Émancipation* du 15 mars 1891, qu'un Anglais a publié sous le titre de *Leclaire* un traité de la coopération aux bénéfices et que le président d'une grande compagnie de Londres avait remis de l'argent à ses ouvriers pour qu'ils achetassent ce livre, où l'exemple des résultats obtenus par Leclaire leur montrera comment les travailleurs peuvent mettre leur vieillesse à l'abri du besoin, tout en faisant la fortune du patron. A Rochdal, en juin 1892, le buste de Leclaire fut placé sur la tribune du Congrès où étaient représentés les douze cent mille chefs de famille de coopération anglaise ; et, au mois d'août suivant, avait lieu, au Cristal Palace, le Festival annuel des coopérateurs anglais (34 000 entrées) ; le représentant de la maison Leclaire y fut assis à la place d'honneur, à la droite du président. Aujourd'hui enfin (1892), on compte en France cent vingt-cinq sociétés pratiquant la participation aux bénéfices. Quelle belle vengeance pour moi si mes anciens collègues pouvaient lire ces chiffres, et quel honneur pour le Prince qui avait compris qu'une des conditions de la paix sociale était là !

le monde officiel ne s'occupait pas et qu'il était bon d'encourager par quelques-unes de ces paroles dont l'écho s'entend au loin. Le travail librement associé au capital et l'harmonie établie entre les trois grands agents de la production : l'intelligence, le capital et le salaire, enfin associés ou confondus sous les mille formes que cette association peut recevoir de la libre et loyale adhésion des contractants, voilà le problème que l'avenir devra résoudre. Déjà le Gouvernement impérial avait annoncé au Sénat la présentation prochaine d'une loi sur le travail des enfants et des femmes dans les manufactures; et puisque cette question est aujourd'hui à l'ordre du jour dans tous les pays industriels, il me sera permis de citer les paroles prononcées par moi, le 25 juin 1867, à Lyon [1] : « Si les dures nécessités de la vie obligent d'envoyer la femme et l'enfant à l'usine, que ce soit le plus tard possible. Chercher à faire de la femme une bonne ouvrière, c'est bien ; mais donner à son mari des habitudes et un salaire qui la dispenseraient de vivre au dehors, ce serait mieux encore. Elle est la providence intérieure; qu'elle travaille au foyer domestique; qu'elle se livre aux soins du ménage et des enfants; qu'elle prépare à celui qui peine et fatigue pour tous, un joyeux retour : voilà la tâche que Dieu lui a faite. L'enfant est l'espoir de la famille et de la patrie; mais la femme est la famille même. Soutenons leur faiblesse, ménageons leurs forces et ne laissons pas l'industrie, pour s'enrichir plus vite, lever une dîme funeste sur la santé de l'un et la moralité de l'autre.

« Puisse ce vœu être entendu des représentants de l'Uni-

---

1. Voyez au volume de Delalain.

vers industriel, rassemblés en ce moment à Paris pour constater toutes les victoires de l'esprit sur la matière. S'ils unissaient leurs efforts pour provoquer une convention sainte qui, égalisant les conditions du travail entre les nations, comme on égalise entre elles les conditions du trafic, ferait limiter, en tout pays, les efforts demandés à l'enfant et à celles qui doivent être des mères, ils ajouteraient une gloire nouvelle à notre Exposition.

« Puis, après que les princes et les empereurs seraient partis avec les multitudes accourues sur leurs pas; quand les royales magnificences auraient cessé, à la place du colossal monument on pourrait élever l'image d'une femme et d'un enfant tendant à l'industrie leurs mains reconnaissantes [1]. »

Cette préoccupation bienveillante pour ceux à qui la vie est dure, était un héritage des premières années de l'Empereur Napoléon, lorsque dans son discours pour le concours de Lyon, il écrivait à propos des vérités qu'il importe d'inculquer aux hommes pour leur bonheur : « Les deux bouts de la chaîne sociale sont connus. Qu'au premier rang, l'homme soit riche, j'y consens; mais qu'au dernier ne soit pas le misérable. Que ce soit le petit propriétaire, ou le petit marchand, ou l'habile artisan qui puisse avec un travail modéré nourrir, habiller, loger sa famille..... Vous recommanderez donc au législateur de ne pas consacrer une loi civile où peu pourraient posséder. Il faut qu'il résolve son problème politique de manière que le moindre ait quelque chose. »

____

1. Sur cette question d'humanité, la France avait donc précédé de vingt-trois ans la conférence de Berlin qui vient de faire tant de bruit et si peu de besogne. (Note de 1890.)

III

Pour la politique intérieure, l'Empereur, bien que retenu encore par les origines de son pouvoir, était plus libéral que ses conseillers attitrés. En ne parlant que des mesures prises dans les quatre années antérieures à mon entrée au Ministère, je note les actes suivants : le 17 août 1859, suppression des avertissements donnés, jusqu'à cette date, aux journaux; après la réforme économique du 15 janvier 1860, très libérale pour l'industrie et le commerce, un décret du 24 novembre rétablit, au Sénat et au Corps législatif, le droit de présenter des amendements. Le 31 mai 1861, adoucissement au régime de la presse; le 14 novembre, augmentation du droit de contrôle au Corps législatif et suppression des crédits supplémentaires ouverts par décret dans l'intervalle des sessions. Le Gouvernement impérial avançait donc pas à pas « vers le couronnement de l'édifice ». Je m'en félicitais et, tant que je suis resté près du Prince, j'ai cherché à l'entraîner dans cette voie.

Aussi, à l'exemple de ce qui finissait les agapes ministérielles en Angleterre, je terminais habituellement les banquets, célébrés à l'hôtel de la rue de Grenelle, par un toast à l'Empereur. Je retrouve une de ces allocutions recueillies par un de mes secrétaires; je la copie volontiers ici, à titre de souvenir :

« Messieurs,

« Je porte la santé de l'Empereur, de l'Impératrice et du Prince Impérial, la force et la grâce du présent, l'espérance de l'avenir.

« Messieurs, c'est un usage touchant celui qui veut que, dans une réunion comme la nôtre, les causeries familières, les épanchements intimes, la discussion d'intérêts que j'appellerai domestiques, s'arrêtent un moment pour que la pensée se reporte sur le chef de la grande famille.

« C'est que le Prince représente le Pays et qu'en prononçant son nom, nous évoquons au milieu de nous l'image de la Patrie elle-même.

« Dans quel temps, en effet, s'est-il vu un accord plus complet entre le peuple et le souverain?

« La Restauration n'entendait gouverner qu'au profit d'une minorité qui, en plein xixe siècle, rêvait encore du moyen âge et de l'ancien régime.

« Si le Gouvernement de Juillet, moins exclusif, allait jusqu'à la bourgeoisie, il l'enfermait dans ce pays légal où l'on entrait, non pas au nom de la dignité de l'homme libre, de l'intelligence du savant, ou des droits du citoyen, mais en montrant une quittance de percepteur et par la vertu de l'argent qu'on lui avait mis dans la main. Aussi le mot d'ordre était alors : « Enrichissez-vous! »

« Le gouvernement impérial est allé au peuple entier. L'Empereur s'est imposé comme une tâche personnelle le soin de travailler sans relâche à améliorer la condition matérielle et morale du plus grand nombre; et le mot d'ordre qu'il donne à l'administration tout entière est celui-ci : « Fortifions le corps et élevons l'âme de la nation ». Par ces deux formules, jugez la différence des temps et des politiques; je voudrais pouvoir dire aussi la différence des sociétés.

« Dernièrement, à Plombières, l'Empereur se promenait seul par les chemins; il est croisé par une voiture de cultivateur. L'homme qui la conduisait, reconnaissant Napoléon III, se lève et dit, gravement, sans éclat, mais avec force : « Longue vie au Protecteur des classes laborieuses. « dans les champs comme dans les villes. »

« Ce n'est pas que Napoléon III veuille être le prince des ouvriers, pas plus que Napoléon Ier ne voulait être celui des soldats. Les ouvriers, les paysans sont les pauvres, les faibles, les déshérités. C'est pour cela que l'Empereur montre une telle sollicitude à l'égard de ceux qui n'ont ni le capital, ni l'expérience, et dont l'esprit est encore enveloppé des ténèbres de l'ignorance.

« Ceux qui ont l'aisance ou la fortune n'ont besoin que d'ordre et de justice. L'Empereur leur assure ces deux biens, et, pour eux, développe, en sollicitant leur initiative, l'industrie, le commerce, l'agriculture et la science, comme il développe, pour ceux qui sont en bas de l'échelle sociale, les écoles, les institutions de bienfaisance et de crédit, afin de les aider à en gravir les premiers échelons, qui sont toujours si rudes à monter. Voilà comment le progrès général s'accomplit au sein de la société française.

« Aussi, dirons-nous, Messieurs, comme le paysan de Plombières : « Longue vie au Protecteur des classes labo- « rieuses ! »

Je n'étais pas depuis un mois au Ministère, que j'écrivais au Prince (23 juillet 1863) :

« Sire,

« Je confessais l'autre jour à Votre Majesté un de mes défauts ; j'en ai un autre, une disposition générale à voir en beau, plutôt qu'en laid, les hommes et les choses. J'ai donc à me garder encore de ce côté-là. Mais la disposition contraire a aussi ses inconvénients. Hier, au Conseil, j'entendais traiter d'ennemis ceux qui ne pensent pas tout à fait comme nous, et de factieux certains journalistes qui ne sont probablement que des impatients. Dans l'agitation polonaise qui se produit chez nous, plusieurs ne voulaient voir qu'une seule des deux choses qui y sont, les partis, et on oubliait volontiers l'autre : le sentiment généreux et respectable que Votre Majesté a si bien reconnu et auquel sa note répondait dignement.

« Depuis quatorze mois, disait-on, nous descendons une pente qu'il faut remonter ; la presse est détestable. » A quoi je répondais timidement : « Dans l'état général des sociétés « modernes, pouvez-vous supprimer la presse? — Non. « — Arrangez-vous donc pour vivre avec elle. — Oui, mais « il faut la museler. Nous avons gouverné dix ans ainsi ; « revenons aux Avertissements. »

« Je n'ai pas osé répondre tout haut, mais je disais tout bas : « Vous voulez penser et agir pour tous. Ce sera très bien tant que l'Empereur nous restera. Mais cette dictature morale, son fils pourra-t-il l'exercer, et, en soi, est-ce bon pour l'avenir du pays?

« Nous, les Ministres, qui sommes au milieu des choses, nous ne demandons naturellement que compression et silence ; c'est bien plus commode pour travailler. Mais l'Empereur est dans une sphère plus haute. Il voit de quel côté marche le monde, et ce n'est pas vers le tsarisme qu'il s'avance. Faut-il se mettre en travers de ce mouvement? L'empereur a dit lui-même mille fois le contraire. »

Lettre du 7 décembre 1863.

« Sire,

« Un député de l'opposition, Jules Simon, me disait hier : « Je ne comprends pas que l'Empereur laisse subsis- « ter une puissance telle que celle des trois journaux « réunis, le *Siècle*, la *Presse*, et l'*Opinion Nationale*. » Il appelait très irrévérencieusement Havin une bête, E. de Girardin un polichinelle qui fait des tours, et Guéroult un assembleur de nuages. « Voilà, disait-il, les trois hommes « qui gouvernent Paris »; et il me contait que lui et ses amis ayant voulu, aux dernières élections, constituer un comité, avoir une action en dehors de ces trois journaux, ils n'avaient pu y réussir. Il ne trouvait d'autre moyen de briser cette omnipotence que de laisser les journaux se *multiplier*, selon le vieil adage : *divide et impera*.

« Autre observation de sa part que je crois très fondée : « Nos élections n'ont pas été faites contre l'Empereur. » Je supplie l'Empereur de faire attention à ce mot. Ce pays a l'habitude de malmener les ministres; ils lui semblent faits pour cela, et il ne se trompe pas absolument, car une partie de notre fonction consiste à jouer le rôle de tampons qui amortissent les chocs entre la locomotive qui conduit tout et les wagons qui portent tout. Aussi je m'afflige de voir quelques-uns de mes collègues déclarer que la situa- tion devient très grave, par cela seul que la presse n'est point pour nous suffisamment révérencieuse et docile. On compte les abonnés des journaux opposants et on dit : « Nous avons tant d'ennemis. » D'abord, je crois que le calcul n'est point juste; ensuite, je ne pense pas que la Restauration et le Gouvernement de Juillet aient beaucoup gagné à traiter *en ennemis* ceux qui n'étaient que des adversaires; en adversaires, ceux qui étaient des amis indépendants. »

J'ai toujours conservé ces idées. Quatre ans plus tard, j'écrivais à l'Empereur : « Dans les questions générales, Sire, votre ferme esprit voit bien, parce que vous regardez de haut et de loin; mais dans les questions d'affaires, votre jugement peut être égaré par l'insuffisance des informations, le parti pris des bureaux, ou l'erreur d'un ministre. Pourquoi, en ces choses, les ministres auraient-ils plus d'esprit que ce personnage qui en a plus que Voltaire, et que Luther appelait M. Tout le Monde, *Herr Omnes.*

« Hier encore, au Conseil, je voyais cette disposition à désirer qu'il ne se trouvât dans la Chambre que des valets ou des ennemis, et j'entendais prononcer, en fait de réformes, le *Consommatum est*, comme si un peuple n'était pas une collection d'individus et d'intérêts qui, se renouvelant sans cesse, ont sans cesse aussi des besoins nouveaux, auxquels le gouvernement, organe vital de la société, est tenu, pour qu'elle vive calme et forte, de donner satisfaction.

« Je suis, Sire, etc. »

Lettre du 30 octobre 1867.

« Sire,

« J'ai été bien heureux d'entendre ce matin l'Empereur dire cette grande vérité : « Si la presse est libre en Europe, « comment pourrait-elle ne pas l'être en France? » On a contesté le fait pour la Prusse; je place sous les yeux de Sa Majesté un bref résumé de l'état de la législation relative à la presse. L'Empereur verra à quel rang on voudrait nous faire descendre.

« Chaque grande époque de l'humanité a son caractère propre ; au moment du siècle où nous sommes, le monde marche partout vers la liberté. Il y aurait péril à vouloir remonter ce courant. Mais, pour une démocratie, liberté veut dire aussi gouvernement fort, et un gouvernement ne peut l'être, dans la vie ordinaire, que par la loi.

« De l'Empereur, etc. »

Les avertissements aux journaux ne semblaient pas à l'Empereur une arme bien sûre. Il me laissa lui dire un jour : « Malgré toute votre puissance, je défie Votre Majesté de supprimer *les Débats* qui ont déjà reçu deux *avertissements* et que, légalement, le troisième tuerait. » Les subtiles distinctions touchant les comptes-rendus, fidèles ou perfides, des discussions parlementaires, lui paraissaient une nouvelle scolastique. Mais les *communiqués* lui plaisaient, et avec raison, car ils portaient la défense là où avait eu lieu l'attaque.

Pendant quelque temps, je laissai la presse opposante me faire la vie dure. Le 7 septembre 1865, j'écrivis encore au Ministre de l'Intérieur :

« Mon cher collègue,

« Vous voulez bien m'adresser deux articles de la *Gazette* et de l'*Époque.* Ce sont des insultes personnelles, je n'y réponds que par mépris ; les honnêtes gens et ma conduite me vengeront.

« Je n'entre pas moins tout à fait dans votre pensée pour les erreurs matérielles, les attaques passionnées ou les interprétations fausses et malveillantes des actes ministériels. Là, défendons-nous vigoureusement, parce que c'est du gouvernement qu'il s'agit. Il faut que le bourgeois et l'ouvrier qui ne croient plus à leur bréviaire, mais qui croient à leur journal, sachent qu'on les trompe souvent. Je vous demande donc de laisser passer les deux articles que vous m'envoyez, mais comptez à l'occasion sur des *communiqués.*

« Les légitimistes ne peuvent me pardonner d'avoir introduit l'histoire contemporaine dans l'enseignement et de pousser les jeunes gens comme le public à une appréciation plus vraie de nos sociétés actuelles, ce qui peut amener des comparaisons déplaisantes pour eux.

« D'autre part, les cléricaux sentent que je leur dispute énergiquement la jeunesse, et c'est dans les écoles qu'ils cherchent leur revanche. En attendant, ils la prennent sur mon dos ; laissez-les faire. »

Mais quand la bataille s'échauffa, un mot de l'Empereur me décida à faire tête aux assaillants. L'évêque d'Orléans m'avait pris à partie. Chaque matin, un de ses journaux contenait une vive et quelquefois une éloquente diatribe contre le Ministre de l'Instruction publique. « Pourquoi ne vous défendez-vous pas ? me dit l'Empereur. — « Sire, désirant ne pas être un embarras pour la politique générale du Cabinet, je ne voulais rien faire avant d'avoir obtenu l'autorisation que Votre Majesté vient de me donner. » En trois ou quatre semaines, dix-sept *communiqués* éteignirent le feu du bouillant évêque dont la soutane cachait le naturel et le talent d'un admirable pamphlétaire.

Au sujet de cette très difficile question de la presse, j'étais pour le régime anglais, contrairement au nôtre. « Pas de prison, Sire, elle fait des martyrs dangereux, mais

de bonnes amendes qui frappent le vrai coupable, l'*instru-
mentum delicti.* » On persévéra dans l'ancien et inutile système, tout en l'adoucissant par la loi de 1868 qui supprima
le pouvoir discrétionnaire du Gouvernement. Ce fut à cette
occasion que, pour la première et la dernière fois, la question fut *mise aux voix dans le Conseil.* Quand l'Empereur
déclara qu'il acceptait cette diminution de son autorité, je
m'écriai fort irrévérencieusement : « Bravo, Sire! » J'étais
toujours un indiscipliné.

Cette façon de voter ne devait pas surprendre l'Empereur.
Dès le 14 octobre 1863, trois mois après mon arrivée au
Ministère, je lui avais écrit :

« Sire,

« Nous sommes au lendemain d'élections générales et à
la veille de l'ouverture d'une Chambre nouvelle. Le
moment est grave. Dans tous les esprits se pose cette question : l'Empereur continuera-t-il à marcher dans le sens
des besoins généraux qui se révèlent, ou vaut-il mieux,
comme je l'ai entendu dire dans un des Conseils de Saint-
Cloud, remonter la pente que le Gouvernement a descendue
depuis deux ans, serrer le frein, museler la Presse; en un
mot, retourner à 1852? Mais l'Empereur n'y trouverait plus
à côté de lui le Clergé; et bon nombre de ceux que la peur
des *Rouges* mettait à ses pieds sont redevenus braves depuis
qu'ils n'ont plus peur. La France n'a pas d'aristocratie. Le
Sénat peut être un rouage utile ou gênant, suivant les
circonstances; il n'est pas une force. Cette force existe
dans le peuple, et, à un moindre degré, dans la bourgeoisie,
dont le nombre et l'influence s'accroissent par les progrès
mêmes de l'aisance générale.

« Que veut le peuple? Ce que l'Empereur lui donne largement : du bien-être, de l'égalité et de l'honneur. Que veut la bourgeoisie? Non pas le bien-être, puisqu'elle sait se l'assurer elle-même, mais le droit de regarder dans les affaires du pays et d'y mettre la main, comme elle met la main à ses propres affaires; en un mot, elle veut, dans la vie publique, cette liberté dont elle a pris le goût et l'habitude dans la vie privée.

« Cette disposition d'esprit ne créera pas un danger pour l'Empereur; mais elle est contagieuse, et, à un moment donné, elle créera certainement un péril pour le Prince Impérial.

« Un pas en avant dans la voie où marche le monde, une pierre ajoutée au couronnement de l'édifice me semblent donc une nécessité. Après avoir fait la gloire de celui qui a écrit : « Marchez avec les idées de votre siècle », cette politique libérale fera la sécurité de sa dynastie.

« Les faibles ou les violents, ce qui est la même chose, résistent aux adversaires qu'ils appellent des ennemis et se perdent : tels furent Charles I\ :er, Jacques II, Louis XVI, Charles X, Louis-Philippe et le tzar Nicolas. Les forts cèdent à temps et sauvent leur race et leur pays, comme Henri IV et Guillaume III. Si le Paris d'il y a trois siècles valait bien une messe, la France d'aujourd'hui vaut bien une liberté de plus.

« L'Empereur peut tout, mais qu'il songe à son fils, et à cette parole de Napoléon I\ :er sur le roi de Rome : « Le rôle de roi constitutionnel lui conviendra. »

A en croire certains hommes, qui depuis n'ont que trop parlé, toutes les bouches étaient muselées, de sorte que les esprits étouffaient dans une atmosphère pesante et obscure. Cependant les écrivains n'étaient gênés par aucune loi pour insérer dans leurs livres les protestations les plus énergiques; et, au parlement, les députés avaient une liberté de langage dont ils ne se faisaient pas faute d'user.

Si la Chambre laissait les *Cinq* dans leur isolement, c'était la faute des électeurs qui n'envoyaient pas à ceux-ci de recrues. De leur côté, les ministres n'usaient-ils pas d'une force dangereuse, la candidature officielle, pour se donner une majorité complaisante? Que les partis fassent de la propagande en faveur de leurs candidats, c'est très légitime et le jeu même des institutions libres; mais lorsque la nation vote sous la pression administrative, tout le monde est trompé, à commencer par le Gouvernement qui ne sait plus de quel côté marche le pays. Aussi n'ai-je jamais écrit une ligne ou dit un mot qui pût avoir de l'influence sur une élection. J'avais un autre moyen de faire une propagande efficace : c'était de bien gérer ma charge et, à cela, je me donnais tout entier. Sous quelque gouvernement que ce soit, la meilleure des politiques et la plus utile à ceux qui la font, c'est la bonne gestion des intérêts du pays. J'avais ouvert plus de mille conférences libres à ceux qui se proposaient d'étudier des matières d'enseignement, mais c'est de politique qu'on voulait parler. Est-on bien satisfait aujourd'hui de tous les excès de langage commis dans les réunions publiques et dans les journaux? J'en doute, puisqu'on a récemment proposé une nouvelle loi sur la Presse. Depuis 1819, on cherche le remède de tous les côtés et on ne le trouve pas. Il faut se résigner, si l'on est ministre, à recevoir beaucoup de coups sans les rendre. Je n'admettrais, maintenant comme il y a vingt-cinq ans, qu'un système, les *communiqués*, à la condition qu'ils ne fussent que le redressement très précis, mais toujours courtois, d'un *fait faux*, et j'en ai usé sans « remplir un journal de ma prose, et sans l'injurier ou le calomnier à ses frais [1] ». C'est par ces derniers mots que M. Jules Simon juge les communiqués. Mais cette définition ne m'a jamais été applicable.

M. Pinard voulut inaugurer son Ministère de l'Intérieur par des procédés nouveaux qui eussent fait de lui pour la presse ce que le Ministre des Finances était justement, pour les crédits budgétaires : le contrôleur de ses collègues. Contre cette prétention, j'écrivis à l'Empereur, le 8 décembre 1867 :

« Sire,

« Au dernier Conseil, M. le Ministre de l'Intérieur a voulu faire accepter la règle qu'il n'enverrait de *communiqués* aux journaux qu'autant qu'ils seraient fort courts et que de longs communiqués seraient remplacés par des articles dans les journaux du Gouvernement. J'ai déjà répondu hier à cette thèse; je demande à l'Empereur la permission d'y revenir, car la mesure proposée me paraît désastreuse.

« L'arme la plus efficace que l'Empereur possède contre la presse, c'est le *communiqué*. A l'aide du communiqué, nous portons la guerre en pays ennemi et nous nous établissons au centre des positions de l'adversaire. Le communiqué, en effet, parle aux lecteurs mêmes de l'opposant, dans son propre journal, et la réponse va droit à

1. Jules Simon, *Annuaire de la Presse française* pour 1890.

ceux qui ont besoin de la recevoir. Qu'importe aux abonnés de l'*Univers* un article du *Constitutionnel* ou de la *Patrie*; ils ne le lisent pas, et ceux qui lisent ces deux journaux n'ont pas besoin d'être édifiés sur la valeur d'une assertion de l'*Univers*.

« Que le communiqué soit court, c'est à souhaiter; mais doit-on décider *à priori* qu'il n'aura que quatre ou cinq lignes. Ces mots : « jamais » ou « toujours » sont terribles, parce qu'ils empêchent de se plier aux circonstances. La loi accorde à tout particulier nommé dans un journal le droit de répondre en un nombre de lignes double de celui où se trouve l'attaque. Le gouvernement ne va jamais jusqu'au bout de son droit.

« Mais qui sera juge de l'étendue du communiqué? Le Ministre intéressé et qui est responsable devant Votre Majesté de la bonne gestion de ses affaires. Si l'Intérieur prétend couper et réduire à son gré, c'est un ministre arrivé de la veille qui, contrairement à la Constitution et à votre volonté expresse, intervient dans les affaires les plus intimes d'un de ses collègues. C'est lui qui l'arme ou le désarme devant le public. En un mot, c'est le Ministre de l'Intérieur maître de la bonne renommée et des intérêts les plus graves de ses collègues.

« L'Empereur ne veut pas cela. Je supplie Sa Majesté de persévérer dans cette volonté et de ne pas admettre la règle de M. Pinard. Avec cette règle, M. Haussmann n'aurait pas éteint, comme il l'a fait souvent, le feu de ses adversaires, et comme nous venons de le faire dans l'incident Dupanloup.

« L'Empereur a prescrit l'organisation de la défense dans chaque ministère; voilà encore une vérité utile et pratique, à la condition que nous ne regardions pas comme suffisant de faire rédiger des articles pour la presse semi-officielle.

« Les journaux opposants sont de toutes les couleurs et se détestent entre eux; on peut donc toujours en trouver quelques-uns qui acceptent avec empressement ce qui est désagréable à leur voisin.

« Quant à la petite presse, sans lui rien demander, il suffirait d'avoir, de temps à autre, de l'esprit pour elle; elle prêterait momentanément sa publicité en échange. Pendant la récente campagne contre M. Dupanloup, quelques articles jetés dans la boîte du *Figaro* et du *Charivari* ont passé.

« Dans la guerre que nous soutenons, nous n'avons que de la grosse cavalerie et des troupes de ligne : il nous faudrait des fourrageurs.

« Le rire, en France, est une arme très sérieuse et le Gouvernement ne sait pas rire.

« M. Baroche se récrie contre l'immoralité d'un pareil procédé. Je ne vois pas pourquoi une honnête femme ne serait pas en même temps une femme d'esprit.

« Notre devoir est de faire les affaires du pays; mais, pour y réussir, nous avons besoin d'éclairer l'opinion en l'allant chercher, selon les besoins et les circonstances, dans tous les lieux suspects qu'elle hante parfois. »

Il est certain que l'inutile coup d'État de 1851, la dictature qui le suivit et le principe mal compris de l'autorité avaient fait entrer le Gouvernement impérial dans une voie dangereuse. Si revenir à Louis XIV en plein XIXe siècle était une erreur partagée par beaucoup d'esprits, après les malheureux événements de 1848, il était prudent de s'affranchir le plus tôt possible des suites de cette transformation. L'Empereur avait bien dit qu'un jour la liberté couronnerait l'édifice. Mais il y avait des impatients qui ne voulaient pas attendre et des officieux dont le régime autoritaire faisait la fortune. La lutte entre eux prolongea ce régime et les concessions successives faites par le Gouvernement ne firent pas oublier ses origines. J'étais de ceux qui désiraient que l'Empereur persévérât dans la voie ouverte. Mon premier discours à la Sorbonne se terminait par ces mots :

« L'homme le plus véritablement libéral de l'Empire, c'est l'Empereur. »

Ils firent scandale dans la presse opposante qui, chaque jour, parlait de pouvoir absolu. De sa part c'était naturel. Mais je m'étais exprimé ainsi, d'abord parce que je croyais dire une vérité qu'autorisaient mes très libres entretiens avec le Prince ; ensuite parce que je voulais que cette parole, connue de l'Empereur avant qu'elle fût prononcée et dont il ne m'avait pas demandé la suppression, l'engageât lui-même dans cette voie et y entraînât son gouvernement.

On a vu dans ces Notes que j'avais, plus d'une fois, insisté auprès de lui sur la nécessité de continuer l'évolution libérale. Malgré mon intention bien arrêtée de ne pas mettre les pieds sur le terrain de chasse de mes collègues, plusieurs d'entre eux avaient le sentiment que je n'étais pas des leurs, et ils ne le cachaient pas. Au dehors, on le comprenait aussi. Ernest Picard, un des *Cinq*, me dit un jour : « Pourquoi n'êtes-vous pas avec nous ? Vous êtes le meilleur soutien de ce gouvernement. » Je répondis, comme

je le devais, à cette étrange ouverture, qu'en tout je faisais
mon devoir et jamais d'intrigues.

IV

La politique étrangère a tué le premier Napoléon ; elle a
été aussi fatale à son neveu. Je n'ai point de révélation à
faire sur cette politique, car je n'en ai connu que les effets,
tout se décidant sur ces questions entre l'Empereur et
deux ou trois de ses ministres. Je parlerai seulement du
peu que j'ai pu voir ou entendre.

Il ne m'appartient pas de rien dire de la guerre de
Crimée, que nous avons expiée en 1870 par la politique
prussienne du tzar, ni de la guerre d'Italie, qui a créé à nos
portes un royaume dont on ne pouvait soupçonner l'ingra-
titude. J'étais en ce temps-là parmi les spectateurs et je ne
fus pas plus instruit, au sujet de ces grandes tragédies,
que le commun du public. Mais j'avoue avoir vu avec
plaisir l'expédition de 1859, qui était la continuation de la
politique traditionnelle de la France. L'idée de faire des
États italiens une fédération se trouve déjà dans les *Mémoires* de Sully, dans les projets de Richelieu en 1631, dans
ceux des ministres Chauvelin en 1735 et d'Argenson en
1746[1]. Tout promoteur qu'il fût de l'alliance autrichienne,
Choiseul arrêta une armée impériale qui marchait sur
Gênes, et écrivit au prince de Kaunitz : « Mieux vaudrait
que la France perdît deux provinces, plutôt que d'essuyer

---

1. Voyez Flassan, *Histoire de la Diplomatie*, 2e édition, t. **V**, p. 315 ;
Mémoires de d'Argenson, t. **IV** ; les deux volumes de *Maurice de Saxe* et
le marquis d'Argenson, par le duc de Broglie, 1891.

un manque de considération. » De nos jours, sous Louis-
Philippe, Casimir Perier occupa Ancône pour arrêter les
Autrichiens dans la Romagne. En 1849, semblable question
se présenta. Louis-Napoléon donna suite à l'expédition de
Rome préparée par le général Cavaignac, afin d'empêcher
le même ennemi de s'établir dans l'Italie centrale. Mécon-
naissant les origines de cette expédition, on accuse le
Prince Président d'avoir inauguré la politique de protec-
torat du pape qui, en se prolongeant, nous a été fatale. On
oublie qu'elle lui était imposée par la Chambre et par tout
son ministère, où siégeait M. de Falloux, le représentant de
nos catholiques les plus ardents. Durant trois siècles, nous
avions de ce côté combattu les Allemands et les Espagnols
pour sauver l'Italie et nous-mêmes de leurs mains. Nous
ne pouvions pas plus, en 1859, abandonner nos alliés de la
Crimée et permettre aux Autrichiens d'entrer à Turin, ce
qu'ils eussent fait sans peine, si nous ne les avions arrêtés
court en nous plaçant sur leur flanc gauche à Alexandrie.
Et, après Solférino, l'Empereur n'eut-il pas le devoir impérieux de signer le traité de Villafranca, quand la Prusse
agitait l'Allemagne pour la précipiter sur notre frontière
du Nord-Est dégarnie[1], et que l'Angleterre, afin de conserver contre la France « sa maréchaussée d'Autriche »,
faisait de grands préparatifs maritimes? On lui reproche
d'avoir créé une Italie unitaire; il voulait en faire, sous
la présidence du pape, aux termes mêmes du traité de
Zurich, une confédération qui serait restée l'utile alliée de

---

1. Malgré « l'humiliation d'Olmütz », qui avait laissé au cœur des Prussiens une haine profonde contre l'Autriche, ceux-ci furent, en 1859, sur
le point de l'aider contre la France. De Moltke, alors aide de camp du
prince Frédéric-Guillaume, fut chargé de rédiger un plan d'opérations
pour une armée prussienne qui interviendrait en Italie.

la France [1]. Fut-il en son pouvoir d'arrêter la plus légitime des révolutions, celle qui, de Palerme à Modène, balaya tous les trônes, moins un? En 1867, son organe au Corps législatif, M. Rouher, dit encore : « Les Italiens n'iront jamais à Rome ». Ce mot *jamais*, qui n'appartient ni à la langue des diplomates, ni à celle des politiques, était imprudent, mais nécessaire pour nos catholiques. D'ailleurs Napoléon III est-il le seul souverain dont une conception, bonne dans son principe, ait eu de fâcheuses conséquences [2]?

La conduite des Italiens depuis 1870 oblige aujourd'hui la France d'entretenir une armée au pied des Alpes contre nos alliés de Solférino. Mais la politique de l'avenir sera-t-elle celle du roi Humbert? et n'y aura-t-il pas alors à juger diversement la résurrection de l'Italie par la France?

Quand j'arrivai au Conseil, ces événements étaient déjà lointains, mais l'expédition du Mexique était en cours d'exécution depuis près de deux années. Une pensée juste aussi, en théorie, l'avait fait entreprendre : obtenir le redressement de sérieux griefs, soutenir au Nouveau-Monde les

---

1. La convention du 15 septembre 1864, imposée par la France à l'Italie, garantit encore au pape un tiers des États pontificaux et Rome, qui restait la capitale d'honneur des Italiens dont Florence serait la capitale politique.

2. L'Empereur avait écrit à Victor-Emmanuel quel était son plan politique pour l'Italie : fédération italienne sous la présidence d'honneur du pape; retour de quelques-uns des princes dépossédés, qui introduiraient une Constitution dans leurs États, et élection par les souverains, sur une liste dressée par les Chambres, des membres du Conseil de la fédération qui siégerait à Rome. Il promettait au roi de Sardaigne, au nom de la France, outre la Lombardie, Parme et Plaisance, la déclaration de Mantoue et de Peschiera comme forteresses fédérales et l'entrée de la Vénétie dans la Confédération. Ce projet eût donné satisfaction à tous les intérêts, surtout à ceux de la France.

races latines pour arrêter de ce côté l'expansion des
Yankees, peut-être acquérir, d'une manière ou d'une autre,
l'isthme de Tehuantepec que l'Empereur avait autrefois
étudié et où passerait, s'il était coupé, une partie du commerce du monde. Mais à y regarder de près, il était d'une
politique détestable d'engager une de nos mains dans ces
régions lointaines, quand nous avions déjà l'autre prise, à
Rome, dans un engrenage d'où l'Empereur était forcé par
nos catholiques de ne la point retirer. L'abandon de l'Espagne et de l'Angleterre qui, d'abord, avaient marché de
concert avec nous, fit retomber toute la charge sur nos
épaules. Je ne crois pas qu'il se soit trouvé dans le Conseil,
du moins dans celui que j'ai connu, un partisan convaincu
de cette aventure, et après que le Ministre d'État eut
commis la faute de déclarer à la tribune qu'on ne traiterait
jamais avec le président Juarez, c'est-à-dire avec le gouvernement mexicain, nous ne pouvions trouver la paix
qu'après avoir conquis le pays tout entier. C'était donc
une grande guerre que nous commencions à deux mille
lieues de nos frontières, sous les yeux irrités des Anglo-
Américains qui, à la fin de leur lutte contre les États escla-
vagistes, ne manqueraient pas d'intervenir contre nous,
au nom de leur doctrine Monroë. C'était aussi donner à
l'opposition, dans le Corps législatif, l'occasion de prononc-
cer ces paroles violentes qui commençaient en France la
désaffection pour l'Empereur et soutenaient, au Mexique,
le courage de nos ennemis[1].

1. Le lieutenant-colonel Loisillon, qui était alors au siège de Plevna,
raconte que, le lendemain du jour où nous avions perdu trois cent
cinquante-cinq hommes dans un assaut, « les Mexicains avaient rempli
la plaine et les abords des camps français d'exemplaires d'un discours
de Jules Favre ». *Lettres sur l'expédition du Mexique*, p. 70.

Pour diminuer nos embarras, l'Empereur offrit la couronne du Mexique à l'archiduc Maximilien. La reconstitution d'une monarchie dans cette ancienne colonie espagnole n'était pas irréalisable. Dès l'année 1840, on l'avait eue à Mexico; Santa Anna l'avait reprise en 1854; cinq ans plus tard, Miramon avait demandé aux cours de Paris, de Londres, de Vienne et de Madrid, de choisir un prince européen pour occuper le trône rétabli; et les quatre élections présidentielles du plus habile lieutenant de Juarez, Porfirio Diaz, montrent qu'il y avait chez ce peuple un vieux fond monarchique, prêt à faciliter une restauration. Mais cette révolution ne pouvait s'accomplir par l'invasion et la conquête; ce fut l'erreur où le Gouvernement français tomba.

A une soirée des Tuileries, je vis le Prince désigné par nous, sans voir derrière lui l'assistance effective de l'Autriche. Maximilien était calme et plutôt résigné qu'enthousiaste; mais l'archiduchesse Charlotte me parut fort animée, plus peut-être qu'il ne convenait en circonstances si dangereuses. On sait comment finit cette malheureuse entreprise qui, cependant, n'eut pas, comme on le dit encore, des conséquences funestes pour nos forces militaires. A aucun moment, il n'y eut au Mexique plus de trente-cinq mille de nos soldats et de soixante-quatre canons sur les dix mille que contenaient nos arsenaux. On n'a donc pas le droit de faire dater de cette époque l'épuisement de nos régiments et de notre matériel de guerre; mais l'effet moral fut immense. C'était notre premier échec militaire; et la tragédie de Queretaro, la folie où tomba l'archiduchesse, les tripotages financiers de gens qui pensaient, comme certain empereur romain, que l'argent sent toujours bon en quel-

que lieu qu'on le ramasse, mirent dans cette triste affaire
de la douleur, de la boue et du sang.

Un jour nous fut soumise la question de la Cochinchine.
Fallait-il y rester ou en sortir? La discussion fut assez
longue et je n'emportai pas du Conseil la certitude que
tous les doutes eussent été éclaircis. De retour chez moi,
je rédigeai en quelques heures, sur les différents systèmes
de colonisation des puissances européennes, un mémoire
pour l'Empereur dont la conclusion était que nos nouvelles
provinces ne seraient jamais une colonie de peuplement et
qu'il ne fallait compter, pour l'exploitation de ce riche
pays, que sur les capitaux et l'intelligence agricole ou
industrielle qu'un petit nombre de Français y apporte-
raient. Mais j'insistai sur l'excellence de la position militaire et commerciale de Saïgon, à l'extrémité du continent
indochinois qui plonge, par cette pointe, au milieu du
Pacifique. « Avant quarante ou cinquante ans, disais-je,
cette mer, devenue le rendez-vous de toutes les flottes
marchandes du globe, jouera en Orient le rôle rempli
en Occident par la Méditerranée, dans l'antiquité et aux
temps modernes. » L'Empereur communiqua ce mémoire
à Billault, qui me pria de le lui rendre, si l'occasion se
présentait de s'en servir à la tribune. Le Ministre d'État
n'oubliait pas qu'il était l'avocat du Gouvernement. Je ne
prétends pas avoir sauvé Saïgon, qui avait d'autres défenseurs que le pacifique Ministre de l'Instruction publique ;
du moins, venais-je de montrer une fois de plus la nécessité pour nous de garder aux mains de la France la clef
d'un des principaux passages vers les pays du Soleil
levant.

Lorsque commença la guerre du Schleswig-Holstein, je pressai l'Empereur de soutenir notre vieil allié le Danemark. « Mais les Anglais, me dit-il, ne veulent pas lier partie avec nous. » — « Envoyez, Sire, votre flotte à Copenhague, les vaisseaux de la Reine la suivront. » — « Oui, mais dans ce cas, il faut que j'envoie aussi deux cent mille hommes sur le Rhin, ce qui serait le meilleur moyen de créer l'unité allemande. » L'Empereur avait raison et j'avais tort. Pour reconnaître l'appui que la Prusse lui avait donné contre la France, l'Angleterre et l'Autriche, dans les récentes affaires de Pologne, la Russie encourageait les ambitions de la cour de Berlin, jusqu'à renoncer aux droits éventuels des Romanof sur les duchés. La France se serait donc trouvée en face d'une guerre formidable et les Polonais auraient pu répéter leur cri de détresse : « La France est trop loin ». Nous ne fîmes rien, en effet, et l'iniquité s'accomplit. L'Autriche et la Prusse se partagèrent les deux duchés qui, après Sadowa, revinrent l'un et l'autre à la Prusse. Cette puissance eut dès lors avec Kiel, et elle aura bientôt, par le canal qu'elle y creuse entre la Baltique et la mer du Nord, une position formidable que l'abandon d'Heligoland par l'Angleterre, à quinze lieues du Weser, vient encore d'augmenter.

Le Gouvernement français se contenta d'une protestation adressée par M. Drouyn de Lhuys à nos agents diplomatiques « contre cet abus de la force » ; et la Russie doit se repentir aujourd'hui de sa générosité, car Kiel pourra devenir une poutre dans l'œil de Cronstadt.

Dans mon *Voyage* à Bukarest, écrit en 1860 et publié l'année suivante, j'avais proposé la politique des tampons [1].

1. Voir ci-dessus, p. 102-103.

Ce rêve de voir se constituer, dans la péninsule des Balkans, les États-Unis de l'Europe orientale, est encore réalisable et il rendrait aux travaux de la paix douze ou treize millions de soldats et quatre ou cinq milliards annuels de dépenses militaires.

Un autre moyen d'arriver au même but eût été d'établir un congrès d'arbitrage pour toutes les querelles des nations. Le jour où cette proposition de l'Empereur parut au *Journal officiel*, la rente recula; j'écrivis à Sa Majesté : « Sire, la rente baisse, mais votre honneur monte. » Hélas! il n'en fut rien. Le Prince et son ministre de l'Instruction publique étaient deux utopistes; pendant que s'agitaient aux bords de la Seine des désirs de paix générale, Bismarck préparait au centre de l'Europe cette immense machine de guerre qui est une menace pour tous les peuples.

Peu de temps après avoir proposé la création d'un tribunal d'arbitrage entre les nations, l'Empereur offrit (avril 1864) son concours au comité de Genève pour préparer la convention de la Croix Rouge, une des plus nobles conquêtes de l'esprit moderne[1]. Napoléon III a donc contribué à diminuer quelques-unes des horreurs de la guerre.

L'heure où toutes disparaîtront viendra-t-elle? Je n'ose l'espérer; cependant, je sais que la France a vu, durant des siècles, ses provinces incessamment dévastées par des guerres privées portant partout le meurtre, l'incendie et le pillage. Aujourd'hui, de l'une de ses frontières à l'autre, règnent la paix et la loi. Pourquoi l'Europe, après avoir supprimé dans tous les États les luttes intérieures, ne

---

1. Blumtschli, *Droit international codifié*, p. 305.

deviendrait-elle pas une grande association de paix et de travail où le seul ennemi à combattre serait l'ignorance et le vice, où les seules conquêtes à faire seraient les forces naturelles soumises à notre puissance?

On a dit qu'en 1851 l'occupation de la Belgique fut décidée, puis arrêtée par un prote d'imprimerie[1]. Je n'en crois rien, malgré les affirmations récentes d'un ministre belge, M. Frère-Orban, qui prétend que, du commencement à la fin du règne, la conquête de la Belgique a été la constante préoccupation du gouvernement français et de son chef. L'Empereur ne pouvait, à cette date, songer à déchaîner une grande guerre où il aurait eu contre lui toute l'Europe, y compris l'Angleterre, alors que l'effectif de notre armée était au chiffre le plus bas qu'il ait atteint depuis 1848. Il est vrai que la question fut prise au sérieux, en 1865, par quelques personnes, après une visite de Bismarck à Biarritz, où se trouvait l'Empereur. Deux ministres, un surtout, La Valette, alors titulaire du portefeuille de l'Intérieur, m'en parurent très préoccupés. Un jour, le Prince me permit de lui demander si, à Biarritz, Bismarck lui avait véritablement fait cette ouverture. Il me répondit que le comte s'était tenu dans les termes vagues d'une conversation d'où il n'y avait rien à tirer. C'était une variante du procédé dont usa cet homme si habile à coudre la peau du renard à celle du loup, lorsqu'il fit écrire, *sous sa dictée,*

---

1. M. de Falloux, fort hostile à Napoléon III, quoiqu'il eût fait partie de son premier ministère, a inséré dans ses *Mémoires d'un royaliste*, t. II, p. 168, au cours de l'année 1851, ces étranges paroles : « Il écrivit sur son bureau un décret annexant la Belgique...; mais le désespoir patriotique du rédacteur en chef du *Moniteur* suffit pour le toucher et l'arrêter. Le décret fut anéanti dans la même nuit qui l'avait vu naître. » Je ne comprends pas comment un pareil conte a pu être accueilli par un homme sérieux.

par notre ambassadeur à Berlin, un projet d'occupation de
la Belgique, qu'il présenta ensuite à l'Europe comme une
résolution formelle de la France. « Il y a trente-trois ans,
dis-je à l'Empereur, la Belgique était facile à prendre,
parce qu'alors elle n'existait pas comme nation. Ce pays
avait eu, durant des siècles, des cités libres, des comtés,
des provinces, jamais de peuple. Aujourd'hui un peuple
s'y trouve, une nationalité s'y est formée; et ces gens,
après avoir appartenu si longtemps à tout le monde, aux
seigneurs féodaux et aux bourgeois des villes, puis à la
Bourgogne, à l'Autriche, à l'Espagne, enfin aux Français
et aux Hollandais, ne veulent plus appartenir à personne.
Puisqu'ils sont assez riches pour se donner le luxe d'un
gouvernement particulier, quel profit aurions-nous à
envoyer un préfet à Bruxelles? Les prendre de force, ce
serait, Sire, la honte de votre règne et l'autorisation
donnée aux Prussiens d'occuper la Hollande. Ce qu'il nous
faut, c'est un bon traité de commerce avec nos voisins du
Nord-Est. » Les choses en restèrent là. Je n'ai, d'ailleurs, pas
la pensée d'avoir déterminé, par mes paroles, une conduite
prudente que des imaginations surchauffées condamnaient.

Plus tard, au lendemain de Sadowa, quand Bismarck,
encore en Bohème, craignait une intervention armée de la
France en faveur de l'Autriche, il renouvela en termes plus
précis à notre chargé d'affaires, M. Lefèvre de Béhaine,
l'invitation à Napoléon III de saisir la Belgique. Mais, dans
le même temps, un ministre Anglais, lord Stanley, disait
à notre ambassadeur à Londres que l'entrée des Français
en Belgique serait pour l'Angleterre un *casus belli*. L'Empereur n'avait pas besoin de cette menace pour repousser
la mauvaise tentation du chancelier allemand.

On a cité une conversation du prince Napoléon avec Bismarck, où celui-ci aurait renouvelé la proposition qu'il prétendit avoir faite à l'Empereur, après Sadowa, de prendre la Belgique. Napoléon III, ajoutait le comte, lui aurait répondu en parlant « de son amour pour la paix, de la justice, des droits des peuples », toutes choses que le chancelier appelait « des niaiseries ». Je ne sais si cette conversation est authentique, mais elle est bien dans le caractère des deux personnages. Elle est d'ailleurs confirmée par une lettre de l'Empereur à son ministre des Affaires étrangères, le duc de Gramont, datée de Metz, le 28 juillet 1870 :

« Mon cher duc,

« En partant ce matin, j'ai oublié de vous dire qu'il serait bien important de faire le plus tôt possible une dépêche à Lavalette, afin de rejeter sur qui de droit l'initiative et la responsabilité du prétendu traité.

« Voici ce que m'a rappelé mon cousin Napoléon et ce qui est d'accord avec mes souvenirs : M. de Bismarck a dit au prince Napoléon, à Berlin : « Vous cherchez une chose « impossible : vous voulez prendre les provinces du Rhin « qui sont allemandes et qui veulent le rester. Pourquoi « ne pas vous adjoindre la Belgique où existe un peuple « qui a la même origine, la même religion et parle la même « langue? J'ai déjà fait dire cela à l'Empereur; s'il entrait « dans ces vues, nous l'aiderions à prendre la Belgique; « quant à moi, si j'étais le maître et que je ne fusse pas « gêné par l'entêtement du roi, ce serait déjà fait ».

« Ceci est authentique, car Goltz[1] me l'avait déjà dit.

____

1. Le comte de Goltz, ambassadeur de Prusse en France.

Aussi, à l'époque de l'exposition, le roi des Belges parla
à Napoléon de ses inquiétudes sur mes intentions; mon
cousin lui répondit : « Vous devriez être reconnaissant à
« l'Empereur, car Bismarck lui a offert la Belgique et il l'a
« refusée. En un mot, c'est la Prusse qui a fait l'offre, et
« c'est nous qui avons éludé de répondre.

« NAPOLÉON. »

Dans les papiers saisis aux Tuileries, après le 4 septembre, on a cru trouver une note qui aurait été dictée
par l'Empereur à son secrétaire, le sénateur Conti, sur un
projet d'annexion de la Belgique à la France (*Papiers de la
famille impériale*, t. I, p. 14). Les éditeurs de ces papiers
ont reconnu loyalement (même volume, p. 469) qu'ils
s'étaient trompés sur cette attribution.

L'Empereur avait, contre l'Autriche, une haine de famille,
qui se doublait d'une haine politique contre les oppresseurs
de l'Italie. Ces sentiments l'avaient de bonne heure rappro-
ché de la Prusse dont l'ambition germanique lui semblait
aussi légitime que l'ambition italienne du Piémont; il ne
manquait même pas à Berlin d'hommes sensés qui, entre-
voyant une rupture entre Napoléon III et François-Joseph,
préparaient une évolution de la politique prussienne vers
la France. C'était aller au-devant des désirs de l'Empereur
qui, en 1856, avait fait admettre la Prusse au congrès de
Paris; en 1857, avait négocié la paix entre Berlin et Berne,
à propos de Neufchâtel, qui, plus tard enfin, avait favorisé
l'élection d'un Hohenzollern au trône hospodaral de la
Roumanie.

Tenu, comme les autres ministres non politiques, à l'écart
des affaires extérieures, je ne pouvais entrer dans ces

savantes combinaisons, qu'on eût applaudies si elles avaient réussi. Le principe des nationalités nous a perdus ; il contenait cependant, au fond, une idée de justice qui aurait fait l'honneur du prince dont la diplomatie et les armes en auraient assuré le triomphe.

En 1866, j'étais avec Drouyn de Lhuys et le maréchal Randon pour l'alliance autrichienne contre la Prusse, comme le prouve la lettre suivante, du 7 avril de cette année 1866 :

« Sire,

« Que l'Empereur me permette un mot de géographie politique.

« On a dit que Votre Majesté ne s'était arrêtée au Mincio que pour laisser un poignard dans le flanc de l'Italie et la tenir ainsi à sa discrétion. L'Empereur avait assez fait en faveur de l'Italie pour songer à la France. Mais si la guerre qui s'annonce éclate, n'y trouverait-on pas le moyen d'achever, Sire, votre grande œuvre au delà des Alpes.

« L'Italie ne sera ni assurée ni tranquille tant que lui manqueront la cité des Doges et la patrie de Virgile.

« L'Autriche, de son côté, ne peut, sous peine de mort, laisser une frontière ennemie s'approcher de Trieste et du chemin de fer qui, seul, fait d'elle une puissance maritime. Mais, entre Venise et Trieste, s'étend une province qui n'a jamais été ni italienne, ni allemande, le Frioul ; qu'on y place la commune frontière, le long de la Piave ou de la Livenza, entre les montagnes et la mer, et tous les intérêts véritables seront sauvegardés.

« L'Autriche, menacée aujourd'hui en Allemagne par la

Prusse, son éternelle ennemie, peut faire sans honte cette concession à la France, en échange de cinquante mille hommes seulement, placés à Metz en observation.

« Or, du jour où les Autrichiens auront quitté Vérone, je ne vois pas dans le monde d'alliance plus profitable à la France que celle de l'Autriche; car, avec elle, nous couvrons Constantinople contre les Russes, et l'Allemagne contre les Prussiens. »

Quelque temps après Sadowa, je répétai cette parole au prince de Metternich, ambassadeur d'Autriche à Paris : « Tant que vous êtes restés à Venise et à Milan, en marche sur Turin et sur notre frontière des Alpes, j'ai été, autant que le peut être un citoyen obscur, votre adversaire. A présent que vous avez quitté le quadrilatère, je suis un de vos meilleurs amis. »

Mais le Corps législatif ne voulait rien voir de ce qui se passait au delà de nos frontières et, en ce moment, où nous aurions eu besoin d'accroître nos forces militaires, opposition et majorité demandaient, pour notre armée, une diminution d'effectif.

L'unité de l'Italie avait pour conséquence l'unité de l'Allemagne, car le nouveau principe de la nationalité était aussi applicable au nord qu'au sud des Alpes. Mais, faite par les Autrichiens, cette révolution aurait mis quatre-vingts millions d'hommes à nos portes; faite par la Prusse, ce n'était plus que quarante millions d'Allemands contre quarante millions de Français : la partie était égale. Malheureusement, l'Empereur se souvenait qu'en 1863 François-Joseph avait essayé, à Francfort, de transformer la constitution fédérale de manière à mettre l'Allemagne dans sa dépendance. Cet effort pour réaliser le rêve de

Charles-Quint et de tous les Habsbourg, n'avait pas plus de chances de succès en 1866 qu'au temps de la guerre de Trente Ans. L'union par l'Autriche, puissance catholique aux trois quarts slave ou madgyare, était impossible; elle ne l'était pas pour la Prusse, état protestant qui avait joué le principal rôle dans la résistance à Napoléon Ier. Aux Tuileries, on penchait pour elle; le traité d'alliance entre l'Italie et la Prusse fut préparé sous les auspices de la France, ou au moins avec son assentiment tacite. Quelques jours auparavant, 31 mars, M. Drouyn de Lhuys écrivait encore à notre ambassadeur en Prusse, que notre résolution était d'observer la neutralité dans le conflit qui se préparait. A quoi l'on répondait de Vienne que cette neutralité « était bien plus favorable à la Prusse qu'à l'Autriche ».

M. Drouyn de Lhuys parlait en ministre des Affaires étrangères qui ne pouvait pas dire à Berlin ce qui se trouvait au fond de sa pensée. Mes conversations avec lui m'autorisent à affirmer qu'il craignait la Prusse et non l'Autriche. Nous avons même, au moment de Sadowa, parlé ensemble d'un projet qui aurait réparé la faute commise par Talleyrand[1] en écartant, aux traités de Vienne, la Prusse de la France, par le don de la Saxe aux vainqueurs de Kœniggrœtz et le transfert du roi saxon, qui était catholique, dans les provinces rhénanes dont les habitants sont de la même confession religieuse. Un souvenir du moyen âge m'avait permis de lui rappeler qu'il y avait eu autrefois

---

1. Au nom de la légitimité, qui était le mot d'ordre du moment, et sur les instructions de Louis XVIII, proche parent du roi de Saxe, Talleyrand avait combattu le projet d'échanger les États de ce prince contre la Westphalie. En 1866, au contraire, notre ministre des Affaires étrangères aurait voulu éloigner la Prusse de la France.

un duché de Saxe s'étendant jusqu'au Rhin, et qu'on n'aurait qu'à changer son titre en royaume pour augmenter le nombre des petits États qui formeraient une zone neutre entre nous et les ambitions prussiennes.

A la veille de Sadowa, le « jeu du monde » était dans les mains de la France. Un inspecteur primaire, en Alsace, que j'avais chargé de regarder autour de lui, m'envoya un rapport que je communiquai au Gouvernement. « Dans les provinces rhénanes, me disait-il, il ne reste que deux régiments prussiens qu'on fait voyager incessamment par les chemins de fer, en changeant les numéros de leurs casques, afin de donner à croire qu'il se trouve dans cette région une force militaire considérable. » En même temps, l'ambassadeur de Prusse à Paris, M. de Goltz, demandait à l'Empereur, en mars 1866, quels agrandissements il désirait, et, le 2 juin, Bismarck disait au général italien Govone que, pour lui, il nous céderait volontiers le pays entre le Rhin et la Moselle. Il est vrai qu'il tenait en réserve un refus du roi[1]. La victoire de Sadowa, gagnée le 3 juillet, causa une grande émotion en France. Cet écrasement de l'Autriche donnait raison à ceux des membres du Cabinet qui avaient proposé l'alliance autrichienne. Dès le 5, M. Drouyn de Luys demanda la convocation immédiate des Chambres pour obtenir d'elles les subsides nécessaires à la mobilisation de l'armée. L'Empereur y consentit et il fut décidé que le décret paraîtrait le lendemain au *Moniteur*. Mais, dans la soirée, deux ministres, Rouher et La Valette, ainsi que le prince Napoléon, intervinrent en sens opposé, et l'*Officiel* resta muet : ce fut une grande faute. On pré-

---

1. Voyez *Mém. du maréchal Randon*, t. II, p. 144.

tendit plus tard que le Ministre de la Guerre avait formellement déclaré à l'Empereur son impuissance à réunir une armée sur le Rhin. Le maréchal Randon s'était au contraire engagé à rassembler en un mois quatre cent cinquante mille hommes et à mettre immédiatement en marche quatre-vingt mille soldats éprouvés. J'ai vu ce projet de mobilisation et, plus tard, j'ai recueilli cette parole prononcée par Bismarck au Reichstag, le 16 janvier 1874 : « L'addition d'un corps français aux nombreuses troupes de l'Allemagne du Sud nous aurait aussitôt forcés de couvrir Berlin et de renoncer à tous nos succès en Autriche [1]. »

V

L'année 1867 fut encore celle des « angoisses patriotiques » ; la question du Luxembourg faillit amener la guerre avec la Prusse. Aussi songea-t-on à augmenter nos forces militaires et à donner à nos soldats l'armement qui leur manquait. Depuis vingt ans, les Prussiens avaient le fusil à aiguille, et j'ai vu, en 1865, une lettre d'un gros industriel allemand qui offrait au Gouvernement français de lui vendre le secret de la fabrication d'un fusil perfectionné. Mais, pour cette transformation de notre outillage militaire, il aurait fallu supprimer l'esprit de routine du comité d'artillerie, dont le président était le général Le Bœuf, entreprendre des essais qui eussent exigé beaucoup de temps, et demander au Corps législatif des millions qu'il n'aurait point donnés. Ce ne fut qu'après Sadowa qu'il accorda

1. Voyez aux *Mémoires du maréchal Randon*, t. II, p. 148, une lettre du général de Miribel, alors capitaine d'artillerie, qui travailla au plan de mobilisation du maréchal.

cent cinquante millions pour le nouvel armement, et dans le courant de 1867 que nous eûmes les premiers chassepots. Trois ans après, au siège de Paris, il n'y en avait pas encore assez pour en donner à ceux qui devaient garder le rempart.

Puisque nous n'avions pas de fusils, il fallait au moins avoir des canons capables de tenir tête à l'artillerie allemande. Un jour je dis au maréchal Niel, alors ministre de la Guerre : « Monsieur le maréchal, notre armée possède « à peine un canon et demi par mille hommes [1] et les Prus- « siens en ont trois. » — « On ne tire que trop de coups de « canon, me répondit-il. Pour approvisionner les pièces, il « faudrait d'innombrables voitures et ces *impedimenta* em - « pêcheraient de marcher. » — « Leurs canons, repris-je, « se chargent par la culasse, ce qui leur permet de tirer « plus vite et mieux. » — « Bah! ce sont des mouvements « d'horlogerie qui se détraquent. » Mon fils Albert m'a raconté qu'à la bataille de Beaumont, il se trouva, avec son bataillon de turcos postés comme soutiens, en arrière d'une batterie française dont les boulets ne pouvaient atteindre la ligne prussienne. Le commandant, impatienté d'avoir de si mauvais instruments entre les mains, avança ses pièces de cinq cents mètres. Un quart d'heure après, elles étaient toutes démontées.

Pour le recrutement de l'armée, un projet de loi fut préparé au Conseil d'État.

---

1. Le chiffre réglementaire était de deux bouches à feu par mille hommes.

Lettre du 7 février 1867.

« Sire,

« Le projet du Conseil d'État renferme deux choses très impopulaires : la prolongation du service jusqu'à trente ans, l'impossibilité pour un homme du contingent de se marier avant cet âge, à moins d'une autorisation que les bureaux peuvent bien refuser. Il importe de ne pas blesser à ce point l'opinion du pays.

« Dans un état conçu abstractivement, le principe juste et démocratique, c'est que tout le monde paye la dette du service militaire. Aussi, en théorie, j'aurais parfaitement accepté que tout le contingent passât deux ou trois ans sous les drapeaux, même les dispensés universitaires ; et aussi les dispensés ecclésiastiques, car le clergé n'aurait pas les idées qui le dominent, si ses recrues, au lieu d'être élevées à part, soigneusement séquestrées du reste du peuple, étaient pour un temps plongées dans la vie nationale et trempées de patriotisme.

« Mais la position géographique de la France, les principes qu'elle représente dans le monde, les rancunes, les envies qui l'entourent, les partis qui la divisent, tout oblige à prendre au principe posé, non ce qui satisfait la théorie, mais ce qui répond aux besoins.

« Il faut à la France une armée fortement constituée et puissante ; la conscription la donne, et, si Votre Majesté insiste, elle forcera bien les administrateurs à abréger leurs formalités et à trouver les moyens de faire partir les conscrits le 1er janvier, en les faisant tirer trois mois auparavant. La raison qu'on nous a donnée, que dans l'intervalle ils grandissent, est puérile. D'ailleurs on pourrait reculer d'une année l'âge du tirage, ce qui donnerait des hommes plus forts.

« Si, d'un autre côté, l'Empereur ne libère qu'au 31 décembre de la sixième année, il aura absolument les mêmes forces qu'aujourd'hui, avec ce bénéfice vis-à-vis de l'opinion de paraître diminuer, et de diminuer en effet, d'une année la servitude militaire.

« Reste la garde nationale mobile, dans laquelle l'Empereur propose si judicieusement de verser les hommes dont on voulait former une réserve. Vous pouvez, Sire, lui demander hardiment neuf ans de service. Personne n'en murmurera parce que ce service, commandé pour la sécurité nationale, se réduit à des réunions et à des exercices qui ne mettent aucune profession en péril. Vous aurez ainsi les avantages du système prussien, la Landwehr provinciale, sans ses inconvénients, puisque en cas de danger public, la garde mobile sera répartie dans les dépôts de l'armée active. Mais n'interdisez, Sire, le mariage à aucun homme de cette réserve.

« On nous a dit qu'un soldat marié est un soldat perdu. C'est une erreur; témoin les gendarmes qui, au besoin, se font tuer bravement. Si tous les règlements militaires répugnent à appeler un homme marié sous les drapeaux, c'est que l'intérêt social s'oppose à ce que la famille nouvellement fondée soit privée de son chef, à temps ou à toujours. Mais cet intérêt aura satisfaction si Votre Majesté décide que la société, qui bénéficiera du dévoûment de ces hommes, viendra en aide aux familles nécessiteuses pendant la durée de la guerre, qui ne peut plus être bien longue, et que, s'ils succombent, elle recueillera leurs enfants. C'est une loi de Solon et d'Athènes. Elle n'est pas moins bonne pour venir de si loin.

« On dira de cette proposition qu'elle est une prime au mariage. Tant mieux, Sire, puisque les mariages nous font défaut.

« Il est encore une grosse question, celle de l'exonération.

« L'exonération a pour conséquence de faire une armée de prolétaires, puisque quiconque peut disposer de deux mille trois cents francs s'exempte de servir.

« Un jour, j'ai proposé à l'Empereur de proportionner le chiffre de l'exonération au taux de la fortune. Ce serait dans l'exécution bien difficile. Mais qu'au moins, si l'on peut se racheter de la caserne et de la discipline du régiment, on ne puisse pas, en cas de péril national, payer avec des écus la dette du sang. En conséquence, les *exonérés* devraient faire partie de la garde mobile, comme le voulait la loi de 1831 (art. 150).

« Que l'Empereur me permette encore de placer sous ses yeux quelques mots de cette loi du 22 mars 1831 sur la garde nationale : « Elle est instituée pour..... maintenir « l'obéissance aux lois, seconder l'armée de ligne dans la « défense des frontières et des côtes, *assurer l'indépendance* « *de la France et l'intégrité de son territoire.* » Or, l'indépendance de la France et l'intégrité de son territoire pouvant être conquises au delà des frontières, ce texte remplacerait avantageusement celui qui est proposé pour borner, au temps de la guerre, le service de la garde mobile à l'occupation de nos places fortes. »

« De l'Empereur, etc. »

Autre lettre du 20 avril 1867.

« Sire,

« En 1861, j'ai publié un livre où je disais :

« L'unité de l'Italie est faite et nous ne devons en con- « cevoir aucun souci [1]. Celle de l'Allemagne se fera peut-être, « mais contre celle-ci nous aurons des précautions à « prendre, parce que les traités de 1815 ont ébréché notre « frontière et semé devant nous, de Strasbourg à Mézières, « des menaces et des périls. »

« Ainsi, l'an dernier, je proposais de demander à l'Autriche la Vénétie pour les Italiens, et de mettre en échange cinquante mille hommes, pour l'Autriche, en observation à Metz.

« Aujourd'hui l'union est faite en Allemagne, ou peu s'en faut. Nous sommes en présence d'un État jeune, ambitieux, qui veut être une grande puissance continentale et une grande puissance maritime, qui, sans la Russie et l'Angleterre, serait bientôt à Copenhague; qui, sans la France, irait bien vite au Texel; qui, enfin, ne sera assuré de garder ce qu'il tient, de prendre ce qu'il désire, qu'après avoir humilié la France comme il a humilié l'Autriche. Pour une époque plus ou moins rapprochée, la guerre est inévitable; non pas que je prétende que les Prussiens attaqueront Strasbourg et Metz; mais leur remuante ambition les jettera dans quelque entreprise où ils nous trouveront nécessairement devant eux.

« L'Empereur se souvient de l'agitation faite il y a

1. A la date de cette lettre, je pouvais parler ainsi. Bismarck n'avait pas encore enlacé l'Italie dans ses filets et constitué cette « ligue de la paix », plus meurtrière qu'une grande guerre pour les populations de l'Europe et leurs finances.

quelques années en faveur de la flotte allemande. Elle fut aussi vive et bruyante que l'agitation d'aujourd'hui pour l'unité germanique. Le public en France a compris ce danger; et bien qu'on ne sache pas le mot de Frédéric-Guillaume : « Il faut que j'aille à Paris faire sauter le pont d'Iéna », on a deviné d'instinct tout ce qu'il y a d'envie et de haine contre nous à Berlin.

« On a dit ce matin le contraire à Votre Majesté. L'Empereur doit savoir par le Préfet de police ce que pensent les ouvriers de Paris des rodomontades de la Prusse et, par les préfets des départements, quelles sont les dispositions des esprits, surtout dans l'Est. Pour le moment, l'antagonisme s'établit au sujet du Luxembourg. La cession ou l'abandon de cette petite province ne suffira pas pour calmer l'agitation; il nous faudrait, au moins, avec Luxembourg, les autres places de Louis XIV, Sarrelouis, Landau et leur territoire. Ces villes, en redevenant françaises, couvriraient notre vraie ligne de défense, et les forteresses du Rhin allemand perdraient leur caractère offensif en perdant leurs postes avancés contre nous.

« Mais la question entre l'Allemagne et nous ayant été, pour le moment, posée à Luxembourg, elle devra y être résolue. Que ce soit dans quinze jours ou dans six mois, c'est l'affaire des diplomates, mais ce qu'il faut, c'est que les Prussiens sortent de cette place où ils restent contre tout droit. La France ne peut les y tolérer. Nous essayons d'arriver à l'évacuation par des négociations séparées; soit. Un congrès m'inspirerait des craintes.

« Si l'Autriche est intéressée à ce que nous affaiblissions la Prusse, la Russie n'est peut-être plus disposée, comme en 1827, à nous laisser prendre Mayence en échange de

Constantinople, que nous n'avons pas envie de lui donner, et il y a lieu de craindre qu'elle ne fasse plutôt, avec la Prusse, quelque marché analogue.

« L'Angleterre désire la paix, mais elle ne nous soutiendra dans aucun projet qui tendrait à nous donner le Rhin. Nous pouvons espérer son appui pour finir pacifiquement la question du Luxembourg, et il ne lui déplaira pas que nous y trouvions peu d'honneur; nous l'aurions contre nous à coup sûr, si nous voulions prendre pour frontière le grand fleuve, de Strasbourg à Cologne, car la Belgique serait alors bien près de nous appartenir, et l'Angleterre ne consentira jamais à nous voir dans Anvers, à moins que d'immenses succès ne nous en ouvrent la porte.

« Je sais que, depuis six mois, on dit à l'Empereur : « Prenez la Belgique ». On peut terminer une grande guerre à Bruxelles; il serait très périlleux de la commencer là.

« Par toutes ces raisons, je ne pense pas que nous devions nous prêter à un congrès où nous courons le risque de nous trouver deux contre trois, à moins d'être assurés d'avance des résolutions qu'on y prendra. L'Empereur, en effet, ne pourrait rester sous le coup d'une décision, fût-elle de l'Europe entière, qui maintiendrait les Prussiens dans la forteresse.

« La révélation faite par M. de Moustier de la circulaire confidentielle qui représente les Prussiens comme montant la garde à Luxembourg au nom de l'Europe, pour servir de menottes à la France, est la résurrection en 1867 de ces traités de 1815 que le pays croyait morts, et une insulte qu'il ne supportera avec patience que dans la pensée que Votre Majesté en prépare sûrement la réparation.

« En résumé, si un avis m'était demandé, je dirais :
« Faire traîner les négociations en longueur, puisqu'il
nous faut gagner du temps; mais nous y engager le moins
possible et éviter de leur donner la tournure d'un congrès.
Si les Prussiens évacuent la forteresse, laisser le roi de
Hollande en faire ce que bon lui semblera, même s'entendre avec le roi des Belges s'il peut en venir à bout;
mais ne pas accepter les deux mauvaises places dont on
parle, qu'il faudrait payer 11 millions, et qui ne nous ser-
viraient à rien, les grands dangers n'étant point par là.
A raison même de cette acquisition misérable, nous devien-
drions partie intéressée au traité et nous aurions les mains
liées légalement pour l'avenir. Il serait plus digne de
l'Empereur et de la France de dire, quand même on ne
voudrait pas aller plus loin : « Les Prussiens étaient contre
« le droit au Luxembourg, je les en ai fait sortir; cela me
« suffit. Je n'ai pas besoin de deux bicoques pour rançon
« de l'unité allemande. »

« Dans le cas où ils refuseraient l'évacuation, contrairement à l'avis des puissances, négocier avec l'Autriche en
lui promettant la Silésie; avec la Hollande, en renouant
l'alliance de Henri IV et de Richelieu;

« Avec le Danemark, en lui promettant le Schleswig et
Alsen;

« Avec la Russie en lui offrant Posen, ce qui serait un
dernier service rendu à la Pologne.

« En un mot renouveler les alliances de 1756.

« J'ajoute, pour les financiers, que c'en est fait de la
puissance commerciale, jusqu'au jour où la France aura
obtenu des satisfactions qui lui donnent pleine sécurité
pour l'avenir. A ce compte, le Palatinat, la vallée de la

Saare et le Luxembourg suffisent, car à Mayence, à Coblentz et à Cologne, la France serait une menace pour l'Allemagne et pour la Hollande, comme les Prussiens à Landau, à Sarrelouis et à Luxembourg sont une menace pour la France et pour les Pays-Bas.

« Or, entre deux grands pays, ces positions offensives et menaçantes sont toujours une cause de guerre, et c'est à la paix, à une paix durable, que l'Empereur et le monde veulent aller.

« Il me reste à supplier Votre Majesté de me pardonner cette longue lettre.

« De l'Empereur, etc. »

L'affaire du Luxembourg s'arrangea à peu près. Nous n'entrâmes pas dans la forteresse, mais les Prussiens en sortirent et ses murs furent démolis.

Les trois années suivantes furent employées par les Allemands à préparer leur guerre contre la France, et, par nous, à fabriquer des chassepots et des mitrailleuses qui devaient renouveler, pensait-on, les merveilles du canon rayé pendant la campagne d'Italie. Surtout, on discuta, dans les Chambres et dans la presse, les moyens de faire passer le pouvoir aux mains du tiers-parti. Appelé, en mars ou avril 1869, dans la commission du budget qui venait de lire au *Moniteur* une lettre de l'Empereur pour la célébration du centenaire de Napoléon Ier, j'y trouvai plusieurs membres, entre autres Segris et Louvet[1] qui, l'œil irrité, la voix haute, marchaient à grands pas et

1. M. Louvet était ce maire de Saumur qui, en 1855, avait offert à l'Empereur, pour les couches de l'Impératrice, une ceinture de la Vierge, relique de l'église du Puy-Notre-Dame, près de Saumur.

disaient, de manière à ce que je pusse les entendre : « C'en est trop, il faut lui lier les mains ». Il s'agissait de donner aux médaillés de Sainte-Hélène, français et étrangers, une pension de 250 francs et, comme ils étaient encore très nombreux, la dépense allait être considérable [1]. Ce jour-là, les chefs du tiers-parti décidèrent de passer à l'action, et, trois mois plus tard, l'Empereur se remettait entre les mains « des hommes sans prestige » qui se donnèrent aux yeux de l'Europe le tort de provoquer la guerre, qui ne surent pas la préparer et qui la conduisirent si mal.

Le 6 juillet 1869, cent seize députés se déclarèrent prêts à soutenir de leur vote ou de leur parole une interpellation dont le but était de forcer la main du Gouvernement sur plusieurs questions parlementaires. Le lendemain, au Conseil, la discussion fut orageuse et il fut émis des propositions qui sentaient la poudre. Rentré au Ministère, j'envoyai à l'Empereur la lettre suivante (7 juillet) :

« Sire,

« Dans les circonstances où nous sommes, tous vos serviteurs, même le moins autorisé, vous doivent leur opinion nettement établie.

« Voici celle que je me suis formée, à la suite de la discussion d'aujourd'hui, mais que la délibération de vendredi pourra modifier.

« 1° Il me semble mauvais de renvoyer la Chambre avant qu'elle ait achevé l'œuvre pour laquelle Votre Majesté l'a appelée, la vérification des pouvoirs ;

---

1. C'était une dépense annuelle de onze à douze millions qui ne devait diminuer que lentement. Aujourd'hui, en 1892, plusieurs de ces pensions sont encore payées.

« 2° Il me semble mauvais que trente ou quarante députés restent six mois sans titre ni mandat, et autant de collèges électoraux sans représentants légitimes;

« 3° Surtout, il me semble très fâcheux qu'une Chambre qui compte au moins deux cent dix députés dévoués à la dynastie soit, dès sa première session, renvoyée divisée, mécontente, à la suite d'un dissentiment avec le Gouvernement, et sans avoir eu l'occasion de montrer une seule fois ses véritables sentiments.

« Mais, comment sortir de la situation où la majorité s'est mise?

« En acceptant bravement, au lieu de le fuir, le débat qu'on n'évitera point. M. Thiers a fait son discours et il le placera à n'importe quel moment, sans que personne puisse l'en empêcher. Ne l'a-t-il pas prononcé déjà, le jour où il a réclamé « les libertés nécessaires »?

« L'Empereur a demandé à la Chambre d'exprimer ses vœux.

« Elle répond en indiquant un désir qui ne peut être satisfait que par une modification à la Constitution.

« Si elle avait inséré dans un projet de loi un amendement de ce caractère, ce serait inconstitutionnel. Mais le vœu, présenté à l'Empereur, d'étudier une modification à introduire dans une constitution qui a été déclarée perfectible, paraîtra difficilement un acte contraire à la Constitution, surtout quand ce vœu a été, dans une certaine mesure, provoqué à l'ouverture de la session par les paroles du Ministre d'État qui ont entraîné l'adhésion de tant d'amis personnels de l'Empereur (28 juin .

« En conséquence, je serais d'avis :

« 1° Que l'interpellation fût reçue, à condition qu'elle

serait discutée après la vérification de toutes les élections, pour qu'aucun député ne fût privé de son droit dans ce grand débat;

« 2° Que les ministres démontrassent hautement que la première demande nécessiterait un plébiscite qui renouvellerait l'agitation dans le pays et dont les auteurs de l'interpellation ne veulent même pas;

« 3° Qu'on déclarât en même temps que le Gouvernement est disposé à chercher, dans les vœux présentés et dans ses propres méditations, ce qui paraîtra réalisable;

« 4° Que le Sénat sera saisi, dans l'intervalle des deux sessions, des propositions qu'un examen attentif aura fait considérer comme nécessaires.

« Je pense que cette double déclaration serait le pont proposé par Sa Majesté l'Impératrice, pour faire revenir au Gouvernement un grand nombre de signataires qui se trouveraient ainsi désintéressés honorablement.

« Si, au contraire, la majorité restait acquise à l'interpellation, telle qu'elle est en ce moment formulée, les ministres donneraient leur démission et l'Empereur reconstituerait, avec des éléments nouveaux, un cabinet composé de manière à désintéresser la Chambre, ou résolu à provoquer le plébiscite qui condamnera la majorité.

« Si j'avais à opter pour l'un des deux partis, je voterais pour le premier, car je préfère la méthode des Anglais, qui interprètent leur vieille constitution sans y toucher jamais, à la méthode française qui consiste à faire tous les dix ans une constitution nouvelle.

« En un mot, à la stratégie silencieuse dont le Sénat serait le théâtre, je préfère une bataille vaillamment soutenue, là même où elle doit être gagnée, au Corps législatif;

bataille véritable et qu'il vaut mieux livrer dès le début de la législature, pour déblayer le terrain et avec l'espoir fondé d'y conquérir la majorité. »

L'Empereur était fataliste; arrivé au pouvoir après les saturnales de 1848, il croyait en son nom et à sa mission pour rétablir l'ordre si profondément troublé, mais il acceptait aussi les leçons de la vie. Malgré son peu de goût pour le gouvernement de la France par les assemblées, il avait trop de lumière dans l'esprit pour ne pas penser qu'un temps viendrait où il faudrait faire la part de la liberté, et il s'approcha pas à pas du moment où cette nécessité se manifesterait. Il la crut arrivée en 1869. Le 12 juillet, un message impérial annonça la présentation d'un projet de sénatus-consulte conforme aux demandes du tiers-parti. Ce jour-là se tint le dernier Conseil de Gouvernement auquel j'assistai. L'Empereur demanda leur démission aux trois membres politiques, Rouher, Baroche et Vuitry : le premier, qui allait être dédommagé par la présidence du Sénat; le second, qui fut très irrité de ce renvoi; le troisième, qui le désirait depuis longtemps. C'était l'abdication du Prince, car il ajouta ces mots significatifs : « J'accepte tout homme, toute idée; je me réserve seulement pour combattre la révolution! » Ce sont les dernières paroles officielles que j'entendis sortir de sa bouche. Atteint d'une maladie incurable et fatigué de l'opposition que lui faisait le tiers-parti, il lui abandonnait tout. La pensée de sa mort prochaine, prévue dès 1867 par Bismarck[1], se mêlait à celle de sa fin politique. Le 7 octo-

---

1. Durant les négociations relatives au Luxembourg, Bismarck avait déjà fait entrer dans ses combinaisons politiques la mort prochaine de l'Empereur, laquelle amènerait selon lui, en France, des dissensions intestines qui faciliteraient tous ses projets contre nous.

bre 1869, il fit remettre au président du Sénat une enveloppe cachetée d'un double sceau, avec cette suscription d'une écriture pénible et peu lisible : *Lettres patentes nommant le Conseil de régence*. Deux mois après, il confirmait son abdication politique, par la lettre du 27 décembre, où il écrivait à Émile Ollivier, en lui offrant la présidence du Conseil, de choisir les personnes qui pourraient former avec lui un cabinet représentant fidèlement la majorité du Corps législatif.

Après le Conseil du 12 juillet, les ministres en exercice qui avaient, suivant l'usage, donné leur démission, furent chargés de pourvoir à l'administration des affaires jusqu'à l'arrivée de leurs successeurs. C'est à ce titre que, le 17 juillet, j'adressai à l'Empereur, avec la lettre suivante, un projet de décret depuis longtemps étudié :

« Sire,

« Le Conseil impérial vient d'adopter à l'unanimité, moins M. Delangle, le projet d'organisation, à Paris d'abord, demain, si Votre Majesté le veut, dans toutes les grandes villes industrielles, d'un large système d'enseignement des sciences administratives et économiques.

« Je supplie l'Empereur de vouloir bien signer le renvoi de ce projet de décret au Conseil d'État.

« J'espère avoir, par là, servi l'Empereur et le pays, jusqu'à la dernière minute de ma vie ministérielle, car votre Gouvernement, Sire, peut à présent exécuter ce que, depuis quatre-vingts ans, personne n'a su accomplir, bien que tout le monde le demandât! Dieu accorde de longs jours à Votre Majesté.

« De l'Empereur, etc. »

Le même jour, 17 juillet, je faisais mes adieux au Conseil impérial. M. Charles Robert, secrétaire général du Ministère, présent à cette séance, en a rédigé le procès-verbal que je copie :

« Messieurs,

« C'est la dernière fois que j'ai l'honneur de vous présider (*mouvement dans l'assemblée*), et je veux vous exprimer les sentiments avec lesquels je me sépare de vous. Lorsqu'il y a six ans, je venais, obscur et inconnu, prendre possession du Ministère auquel l'Empereur m'appelait, j'ai reçu de vous, Messieurs, qui occupiez dans l'État de hautes situations et dont les noms étaient entourés d'une notoriété acquise par d'éclatants services, un accueil que je n'oublierai jamais. Vous m'avez tendu la main et accordé votre concours. Avec vous, pendant ces soixante-treize mois d'une administration laborieuse, j'ai cherché à servir les véritables intérêts du pays; du moins, toutes mes pensées, tous mes efforts ont été dirigés vers le bien public, et j'espère avoir votre estime (*Oui, oui! bien plus que de l'estime!!*). Messieurs, nous avons profondément labouré le champ scolaire et nous y avons jeté des semences qui fructifieront. Peu importe maintenant quel sera le moissonneur! Tout à l'heure encore, vuos avez introduit un nouvel ordre d'études dans l'Enseignement supérieur, dans les Facultés de droit, la section des sciences administratives et économiques, et vous m'avez procuré ainsi le bonheur d'avoir pu, jusqu'à la dernière minute de ma vie ministérielle, travailler avec vous à de grandes choses. Je vous en remercie du fond du cœur, heureux de mêler ma reconnaissance à mes adieux. »

« Ces paroles ont été écoutées par le Conseil avec beaucoup d'émotion. Dès les premiers mots du Ministre, tout le monde s'était levé pour l'entendre. Des bravos et des applaudissements éclatèrent à la fin. M. le Premier Président de Royer, qui siégeait à côté du Ministre, voulut se faire l'interprète des sentiments du Conseil impérial : « Monsieur le Ministre, dit-il, malgré vos adieux, nous voulons croire encore que vous ne quittez pas le poste où, depuis six ans, vous vous consacrez au service de l'Empereur et du pays. Mais s'il devait en être ainsi, le Conseil impérial, au moment de votre départ, vous dirait par ma bouche les sympathies dont il entoure votre œuvre et votre personne. Les réformes que vous avez entreprises, l'impulsion si vive donnée à l'instruction primaire, le caractère populaire et universel du mouvement que l'Université a provoqué et qu'elle dirige, les efforts communs du Ministre et du Conseil impérial pour élever les études, pour répondre aux besoins nouveaux qui se manifestent, pour suivre la cause du progrès dans tous les ordres d'enseignement, tous ces travaux, auxquels nous avons été associés, se présentent en ce moment à notre pensée. Laissez-nous croire que nous les continuerons avec vous, et, si notre attente devait être trompée, soyez sûr, Monsieur le Ministre, que vous emporteriez, non pas seulement cette haute estime que le Conseil impérial a toujours ressentie pour votre caractère, mais ses vœux pour le développement des institutions que vous avez fondées et le témoignage de sa gratitude pour les services éminents que vous avez rendus à l'instruction populaire, à l'Université, à l'Empereur et au pays! »

« Les membres du Conseil se sont portés alors autour du

Ministre et lui ont serré la main avec une émotion que plusieurs ne pouvaient dissimuler. MM. de Royer, J.-B. Dumas, Michel Chevalier lui exprimaient leurs regrets avec une effusion toute particulière. Les membres du Conseil s'éloignèrent avec une tristesse qui n'avait rien d'artificiel, elle venait du sentiment vrai des conséquences graves que peut faire pressentir, à l'époque actuelle, le départ inattendu et inexplicable de M. Duruy.

Signé : « Charles ROBERT. »

17 juillet 1869.

Je partis aussitôt pour ma maisonnette de Villeneuve-Saint-Georges [1] où, le soir, je reçus de l'Empereur la lettre suivante :

Palais des Tuileries, le 17 juillet 1869.

« Mon cher Monsieur Duruy,

« C'est un des mauvais côtés de la situation actuelle que d'être obligé de me séparer d'un ministre qui avait ma confiance et qui avait rendu de grands services à l'Instruction publique.

« Si la politique n'a pas d'entrailles, le souverain en a et il tient à vous exprimer ses regrets. J'ai chargé M. Bourbeau, député, de vous remplacer. J'espère vous voir un de ces jours, afin que vous me disiez ce que je peux faire pour vous témoigner ma sincère amitié.

« NAPOLÉON. »

1. Voyez, dans le livre de M. Ernest Lavisse : *Un Ministre, Victor Duruy*, les pages 160 et suiv., où ce retour à Villeneuve-Saint-Georges est narré par le témoin le plus autorisé. (Note de l'éditeur.)

Je répondis aussitôt :

Villeneuve-Saint-Georges, 18 juillet 1869.

« Sire,

« Hier soir, j'ai reçu la lettre par laquelle Votre Majesté me faisait l'honneur de m'annoncer Elle-même qu'Elle m'a donné un successeur et qu'Elle désirait savoir ce que j'avais l'intention de lui demander comme témoignage de son auguste amitié.

« Je me disposais à répondre à l'Empereur que je ne désire rien; car, si j'ai beaucoup d'ambition pour mes idées, au triomphe desquelles j'ai consacré un travail de jour et de nuit pendant plus de six ans, je n'en ai aucune pour ma personne.

« Cependant, comme je ne me reconnais pas le droit de mettre, par une fausse fierté, mes enfants dans la misère, et qu'il faut que je fasse une dot, si petite qu'elle soit, à ma fille qui a douze ans, je comptais prier Votre Majesté de me rendre les deux fonctions que j'occupais avant mon entrée au Ministère. Rien n'est plus facile, puisque je suis resté *titulaire* d'une chaire à l'École Polytechnique et que des nécessités de service, depuis longtemps prévues et décidées, peuvent faire dès demain un vide parmi les inspecteurs généraux.

« Mais, ce matin, j'apprends, par le *Journal officiel*, que je suis mis à la retraite, et sur ma demande.

« Je n'ai pas fait cette demande qui, aux yeux de la France entière, me range au nombre des invalides, et je n'avais pas le droit de la faire, puisque je ne remplis pas les conditions légales d'âge ou d'infirmités.

« Mais cette déclaration officielle, qu'il n'est pas possible à présent de retirer, ne me permet plus de reprendre mon poste d'Inspecteur général sur lequel je comptais pour l'avenir de ma fille, ni mes fonctions de professeur à l'École Polytechnique, seul legs que je puisse espérer faire un jour à mon fils, ancien élève de l'École Normale et qui s'est fermé toute autre carrière pour venir travailler auprès de moi.

« Après tout, ce n'est pas payer trop cher l'honneur que Votre Majesté m'a fait en m'appelant à servir le pays selon mes forces et avec des idées dont le succès, c'est là l'important, ne m'inspire aucune inquiétude.

« Il ne me reste donc qu'à demander à Votre Majesté de vouloir bien croire toujours au reconnaissant souvenir de celui qui demeure son très respectueux et dévoué serviteur.

Signé : « V. Duruy ».

Quelques jours après, sur les instances du nouveau Garde des Sceaux, M. Duvergier, jurisconsulte éminent dont je respectais la science et le caractère, j'acceptai un siège au Sénat que l'Empereur voulait bien m'offrir. Ma carrière publique était finie.

Suivant l'usage usité pour les morts politiques, je reçus de nombreuses lettres de condoléances; je n'en rappellerai que deux. La plus charmante fut un billet de la reine des Pays-Bas dont je crus ne pouvoir mieux reconnaître la gracieuse attention qu'en allant porter moi-même la réponse à la Haye. La reine, toute française de cœur et grande amie de l'Empereur Napoléon III, était un esprit très élevé. Au courant de toute la politique européenne, elle redoutait déjà pour son pays les ambitions prussiennes et les machinations de Bismarck.

Un autre témoignage d'estime m'arriva de plus loin encore. M. Vidal-Lablache, inspecteur d'académie à Toulouse, m'écrivit en novembre 1869 : « Il y a deux mois qu'à Damas Abd-el-Kader avait un long entretien avec mon fils; et le vieil émir ne cessait de déplorer la perte que faisait l'Empereur en se privant de vos services. » Le glorieux soldat qui nous avait si longtemps disputé l'Algérie, aimait la France; mais, du fond de la Syrie, il ne pouvait pas voir qu'afin de parfaire le nombre de ministres exigés par ceux qui étaient en ce moment les maîtres au Corps législatif, le portefeuille de l'Instruction publique leur avait été nécessaire.

Je profitai des vacances qui m'étaient données pour faire un voyage en Orient. Je vis l'Égypte, Smyrne, Constantinople et Athènes. A Constantinople, je visitai le lycée de Galata-Seraï, que je trouvai en pleine prospérité[1]. Dans une soirée que notre ambassadeur[2] voulut bien donner en mon honneur, je rencontrai le général et la comtesse Ignatieff. Celle-ci, très belle personne, me dit avec la grâce des grandes dames slaves : « Je vous présente, Monsieur, une de vos élèves »; et elle me conta qu'elle avait fait, à Saint-Pétersbourg, avec mes livres, son instruction historique. Je lui en garde un souvenir reconnaissant.

A Athènes j'eus la plus vive impression architecturale que j'aie ressentie dans tous mes voyages. Du haut d'un roc, qu'on a quelquefois appelé la tribune de Démosthène, je voyais à gauche la mer fuir, en scintillant, vers les rivages sonores de Salamine et du Péloponnèse que dominait, dans

1. Voyez tome I. p. 271 et suiv.
2. M. Bourée.

le lointain, la haute colline de l'Acrocorinthe. A mes pieds était le temple de Thésée ; à droite, le Parthénon ; et dans les entrecolonnements de son portique, majestueux quoique mutilé, passaient tous les grands hommes du siècle de Périclès qui représentaient la plus haute expression du génie humain.

Naples me charma avec son golfe, Rome avec ses ruines colossales, Venise avec son église de Saint-Marc et les souvenirs de sa puissance perdue. C'étaient des réserves que je me préparais pour l'âge où les jambes ne marchent plus, mais où l'esprit vagabonde encore.

De retour à Paris, je pris au sérieux mes fonctions de sénateur et je présentai à la haute assemblée les deux projets de loi qui étaient comme l'achèvement de ma vie ministérielle [1].

VI

Cependant les événements politiques se précipitaient. Une nouvelle constitution, votée par le Sénat, supprimait le pouvoir constituant de cette assemblée, concession considérable, puisque, en brisant l'arme qui aurait pu servir au Prince à reprendre une partie de ses anciennes prérogatives, elle doublait l'abdication politique du 12 juillet 1869. Sanctionnée par le plébiscite du 8 mai 1870, cette constitution remettait décidément la France aux mains du tiers-parti et l'Empereur acceptait si bien cette condition de prince parlementaire qui règne et ne gouverne plus que, pour se mieux effacer, il évitait

1. Voyez au chapitre xiv, ci-dessus. tome II, p. 42 et suivantes.

de correspondre trop souvent avec ses ambassadeurs [1]. C'était conforme aux aspirations des esprits libéraux; mais pendant cette révolution intérieure, on n'organisait rien pour la sécurité des frontières, et les jours néfastes arrivaient.

La guerre de 1870 pouvait-elle être évitée? Sans doute, malgré l'astuce de Bismarck; mais à la condition qu'il y eût, dans le Gouvernement et au Corps législatif, de la sagesse au lieu d'emportement, et cette modération était d'autant plus nécessaire que la transmission des pouvoirs de l'Empereur à son fils était rendue plus difficile par l'augmentation du nombre des républicains.

La candidature d'un prince prussien au trône d'Espagne était certainement une provocation pour la France qui, si un Hohenzollern avait régné à Madrid, se serait trouvée entre deux ennemis, l'un au nord, l'autre au sud; depuis deux cents ans, même sous le roi Louis-Philippe, notre politique avait écarté ce danger. Mais, en 1870, la France eut le triple tort de déclarer la guerre, ce qui nous aliéna les neutres, et de ne l'avoir préparée ni par des alliances effectives, ni par des soldats. L'Autriche, il faut bien le dire, n'avait pris vis-à-vis de nous aucun engagement formel. Une dépêche du comte de Beust au prince de Metternich, en date du 11 juillet 1870, le prouve nettement, et notre occupation de Rome nous aliénait les Italiens.

A l'intérieur, nos préparatifs ne furent pas plus sérieux. Déjà, en 1868, la Chambre avait réduit d'un tiers la somme demandée par le maréchal Niel pour la fabrication de

---

1. Voyez. dans la publication de la *Commission des papiers secrets*, t. I, p. 116, la lettre confidentielle du baron de Verdière, aide de camp du général Fleury, alors ambassadeur à Saint-Pétersbourg.

1 800 000 fusils à tir rapide, malgré ces paroles du Ministre :
« Puissiez-vous, Messieurs, n'avoir pas à vous repentir, d'ici
à quatre ou cinq ans, de votre imprévoyance. » Pour les
places fortes, il fallait cent dix millions, on en accordait
trente-six; pour l'artillerie, treize, on en donnait deux
et demi ; nous avions trente-six escadrons de moins
qu'en 1867 et la Commission du budget voulait qu'on en
supprimât quatre encore. On n'organisait même pas la
garde mobile. Le gouvernement demandait pour elle
vingt-cinq millions que l'on réduisait à trois, avec cette
condition que, pour les exercices, on n'imposerait pas à
ces jeunes gens un déplacement de plus de douze heures,
afin qu'ils ne fussent point obligés de passer la nuit hors de
leurs villages [1]; précaution sans doute très morale et fort
édifiante, mais qui ne tendait pas à faire des soldats
rompus à la marche et aux fatigues. « Vous voulez, disait
Jules Favre au Gouvernement, faire de la France une
caserne? » A quoi le maréchal Niel répondait : « Prenez
garde d'en faire un cimetière. »

Comme beaucoup de ses compatriotes des bords de la
Garonne, Niel était un homme d'esprit et un grand parleur. Sur toutes les questions, même les plus étrangères à
son métier, il avait une opinion bien arrêtée, fût-elle celle
du moment. Moi qui trouvais déjà très difficile de mettre
de la logique et de la lumière dans des projets longuement
médités, je m'étonnais de ce savoir universel et impertur-
bable. Cette fois, il avait cent fois raison au Corps législatif; mais je ne crois pas qu'il nous eût sauvé en 1870,

---

1. Dans la discussion de la loi militaire, le maréchal Niel reproche
à la Commission du Corps législatif de « ne vouloir pas admettre, pour
la garde mobile, un déplacement de plus de douze heures ».

bien que très supérieur à celui qui le remplaça. Le maréchal Le Bœuf n'eut pas plus de succès à la Chambre, et, à la guerre, il aurait été probablement ce que Niel fut à Solférino, à la tête du IVe corps, l'homme des attaques décousues et « des petits paquets ». Les généraux d'armes spéciales n'ont presque jamais réussi dans le poste de commandant en chef.

Lorsque le maréchal Le Bœuf déclara aux députés qu'il faudrait pour la garde mobile trente-cinq ou quarante millions, la Chambre lui en accorda deux ; et, durant la discussion du projet qui portait à un million deux cent mille hommes nos forces militaires (1868), la gauche déposa sur l'article 1er un amendement pour la suppression absolue de l'armée permanente, proposition qui fut renouvelée encore plus tard. On remplaçait l'armée active par des gardes nationaux, astreints à faire l'exercice le premier et le troisième dimanche de chaque mois. Jules Simon, qui défendit l'amendement, prononça ces mots significatifs : « Nous voulons une armée qui n'en soit pas une ». Dans la séance du 17 juillet 1868, il dit encore : « L'armée ! Puisqu'on dit qu'il en faut une.... », doute qui justifiait aux yeux de ces doctrinaires tous les refus de concours militaire. Ce n'est pas que la gauche manquât d'intelligence ou de patriotisme et qu'elle ne comprît pas la portée de telles paroles ; mais elle ne songeait qu'à désarmer l'Empire, pour le mieux renverser. Si elle était bien loin de souhaiter une défaite de la France, elle redoutait certainement une victoire de l'Empereur, ne voyant pas que, depuis le 12 juillet 1869 [1], plus de la moitié de ses espérances étaient réalisées.

1. Voyez ci-dessus p. 141.

Durant le siège de Paris, j'eus la révélation des effets de cette politique détestable qui met les théories des temps paisibles au-dessus des nécessités présentes. Un jour, je me trouvais de faction sur le rempart à côté d'un gros canon qui, de l'endroit où il était placé, aurait battu, à deux cents mètres du glacis, un groupe de maisons abandonnées, et non la route ouverte tout de son long à l'ennemi. J'en fis la remarque au soldat qui gardait cette pièce. Il me répondit qu'il n'entendait rien à ces questions : « Vous « n'êtes donc pas artilleur? Votre pantalon porte cepen- « dant les deux bandes rouges du corps. » — « Oui, on « m'a donné ce costume, mais, de mon état, je suis sabo- « tier et avant d'entrer à Paris je n'avais pas vu un canon. »

En 1870, plusieurs lettres furent échangées entre Napoléon III, Francois-Joseph, qui n'avait pas oublié Sadowa, et le roi d'Italie, dont la fortune n'était pas encore liée à celle de Berlin. Mais l'occupation de Rome par les troupiers français effaçait dans l'esprit des Italiens le souvenir de Solférino. Pour l'Autriche, elle ne voulait s'unir à la France que si nous lui apportions un traité avec le nouveau royaume, qui lui donnerait toute sécurité sur sa frontière méridionale, pendant qu'au nord elle tiendrait tête aux Prussiens. C'était la leçon que lui enseignaient les événements de 1866, alors qu'obligée de combattre des deux mains, elle avait été victorieuse à Custozza avec son meilleur général, l'archiduc Albert, mais écrasée en Bohême où elle n'avait pu envoyer qu'une partie de ses forces. Le général Türr, Hongrois au service de l'Italie, mais Français de cœur, écrivait, le 27 juillet, à notre ministre des Affaires étrangères : « L'Italie ne fera rien si la France n'abandonne pas Rome »; et le duc de Gramont lui répondait : « Il nous est impossible de rien faire pour Rome. Si l'Italie ne veut pas marcher, qu'elle reste. » C'est la question romaine qui nous a perdus.

Je ne connus pas, avant qu'elle fût publique, l'imprudente décision qui parut donner à l'Allemagne le droit de se dire attaquée par nous. C'était le prétexte que Bismarck attendait depuis longtemps et qu'il avait habilement provoqué en supposant, dans un télégramme envoyé le 13 juillet à tous les agents prussiens dans les cours étrangères, que le roi de Prusse aurait eu un procédé insultant pour notre ambassadeur.

La France eut le tort, ayant reçu le désistement du prince de Hohenzollern au trône d'Espagne, d'exiger du roi Guillaume l'assurance qu'il ne permettrait jamais le renouvellement de pareille candidature. Mais, après la falsification de la dépêche d'Ems par Bismark, nous ne pouvions rester sous le coup d'une imputation calomnieuse qui était une véritable déclaration de guerre. Elle fut acceptée le lendemain dans le Conseil des Ministres du 14 juillet au soir, sur cette parole de Le Bœuf que, pour la faire, nous étions mieux préparés que nous ne l'avions jamais été. L'Impératrice, entraînée par le sentiment maternel, a-t-elle dit : « Cette guerre est la mienne »? On répète ce mot, mais je ne l'ai jamais entendu, ce qui ne prouve point qu'il n'ait pas été prononcé[1]. Les lois de la nature l'y autorisaient, mais celles de la politique y étaient contraires; car, selon toutes les probabilités humaines, l'Empereur n'aurait pas

---

1. Sans ménagement pour la plus grande infortune des temps modernes, Bismarck accusa, en décembre 1874, devant le Reichstag prussien, l'Impératrice Eugénie d'avoir, en 1870, poussé à la guerre. Mais Bismarck est-il une autorité historique?

eu le temps de raffermir les marches ébranlées de son trône pour y faire monter sûrement le Prince Impérial, encore beaucoup trop jeune. Et lui-même, pourrait-il seulement s'asseoir à un conseil de guerre et y arrêter un plan de campagne[1]? Devenu, depuis le 12 juillet 1869 et le 2 janvier 1870, prince constitutionnel, il suivit son ministère, la majorité de la Chambre et ce qui paraissait être, en dehors du parti républicain, le vœu de Paris, d'une partie de la France et celui de l'armée. La déclaration du 19 juillet, qui nous mit en état de guerre avec la Prusse, fut accueillie par les applaudissements du Corps législatif, où, seule, l'opposition, fidèle à ses discours et à ses votes, garda le silence. Les vrais coupables ont été ceux qui firent, sans le savoir, le jeu du chancelier allemand, en jetant la France désarmée dans la plus terrible lutte qui nous coûta, en six mois, deux cent mille hommes et deux provinces.

L'Allemagne était prête et nous ne l'étions pas[2]. Le Gouvernement avait même proposé une diminution de dix mille hommes sur le contingent annuel et de treize millions au budget de la guerre. Autre imprudence, le vote de l'armée, autorisé pour le plébiscite du 8 mai, venait de révéler à la Prusse que notre effectif ne dépassait pas deux cent cinquante mille hommes en comptant les non-valeurs habituelles[3].

Un jour, je rencontrai à Saint-Cloud le prince de Metternich et Nigra. « Eh bien! leur dis-je, voilà le moment

---

1. Voyez ci-dessous, p. 159.

2. Dès le 2 août les Prussiens abordaient notre frontière.

3. A ce moment cent dix mille hommes étaient en congé, le Corps législatif ayant imposé au Ministre de la Guerre, par mesure d'économie, de renvoyer ces soldats dans leurs foyers.

de tenir vos promesses. » L'ambassadeur d'Autriche me répondit : « Laissez tirer le premier coup de canon et vous verrez. » De son côté l'ambassadeur d'Italie ajouta : « Le roi ne demande qu'un mois pour changer son ministère et arriver avec cent mille hommes. » Je sus, en effet, quelques jours après, par le comte Vimercati, attaché militaire d'Italie auprès du gouvernement français, qu'il avait été envoyé à Vienne pour combiner, le cas échéant, l'action des trois armées d'Autriche, d'Italie et de France quand elles seraient réunies. Mais, au fond, les paroles des deux diplomates signifiaient : « Nous attendrons que la première action décide de quel côté passera la victoire; alors nous irons avec elle. »

Ce fut cependant dans le vague espoir d'être soutenus par ces deux puissances que nous eûmes des troupes dans le sud-est, à Lyon, pour y recevoir les Italiens, s'ils descendaient des Alpes [1], et le VII⁰ corps à Belfort et à Huningue pour tendre la main aux Autrichiens à travers l'Allemagne du Midi; de sorte que notre ligne de défense s'étendit de Thionville à Lyon, sur un espace de quatre cents kilomètres, tandis que les Allemands se massaient dans le Palatinat : quatre cent vingt mille hommes concentrés contre deux cent cinquante mille dispersés [2].

Il est probable que la Prusse avait des raisons de ne pas

1. La France avait alors six grands commandements militaires, dont le plus considérable était celui de Lyon, où le général de Palikao avait sous ses ordres trois divisions actives, une division de cavalerie et, pour territoire de recrutement, vingt-quatre départements. Il demanda, le 15 juillet 1870, un commandement actif à l'armée. L'Empereur lui répondit lui-même, le 18 : « Votre présence à Lyon sera plus utile que sur les champs de bataille; Lyon aura une grande importance pendant la guerre. »

2. Le VII⁰ corps, celui du général Félix Douay, ne pouvait être réuni avant le 15 août, et le VI⁰ était encore en formation à Châlons.

craindre une attaque de l'Autriche, puisqu'elle ne prit aucune mesure de défense le long de la Bohême et qu'elle se lança contre nous avec toutes ses forces. La dépêche du comte de Beust au prince de Metternich, en date du 11 juillet, change cette probabilité en certitude [1], et la lettre du duc de Gramont au général Türr prouve que nous n'avions non plus rien à attendre de l'Italie. Cependant, de notre côté l'illusion était si profonde que, durant le mois de juillet, les musiques de certains régiments apprirent les airs nationaux de l'Allemagne du Sud, afin de charmer les populations par cette attention musicale.

L'Autriche nous rendit même un très mauvais service, tout en croyant nous faire une révélation fort utile. Lorsque notre attaché militaire en Prusse, le colonel Stoffel, fut renvoyé de Berlin par Bismarck, il accourut au Ministère de la Guerre et dit au maréchal Le Bœuf qu'avant peu de temps les Allemands seraient en France. Le Ministre se récria et conduisit le colonel Stoffel à Saint-Cloud, où il rencontra la même incrédulité. Stoffel insistant, l'Empereur ouvrit un tiroir de son bureau et en tira un mémoire où la marche de l'armée prussienne était marquée jour par jour jusqu'à notre frontière. C'était un travail de l'archiduc Albert ; selon ce prince la mobilisation des armées allemandes demandait un mois entier. En réalité, elle se fit en onze jours et, jusqu'aux grandes batailles autour de Metz, nous n'eûmes que des corps très faibles à opposer à des masses énormes.

Le 14 juillet, au matin, le Ministère français hésitait encore sur la question de la guerre ; l'Empereur croyait

1. *Mémoires du comte de Beust*, t. II, p. 331.

même à ce moment qu'il était possible de confier à un congrès la solution du différend avec la Prusse et il regrettait la mobilisation des réserves que le maréchal Le Bœuf voulait convoquer. Mais, dans la soirée, fut connu le télégramme de Bismarck sur l'insulte prétendue infligée par le roi de Prusse à notre ambassadeur, et le parti de la guerre l'emporta.

Lorsqu'on hésitait encore, Le Bœuf, entré dans une violente colère, avait jeté son portefeuille à terre, comme protestation suprême contre une indigne faiblesse. Mais comptant trop sur notre vieux renom militaire, il n'avait pas mis la France sur pied, comme l'Allemagne l'était tout entière. L'insuffisance de nos préparatifs était très grande, malgré le mot du Ministre de la Guerre : « Nous sommes prêts jusqu'au dernier bouton de guêtre »; et celui que ma femme entendit prononcer par le général Frossard, dans un salon des Tuileries : « Notre artillerie est en avance de deux ans sur celle des Prussiens. » Combien d'autres m'ont répété : « Nous irons à Berlin la canne à la main [1] ». Et n'est-ce pas la Chambre et les ministres qui ont voulu la guerre, des députés qui ont imposé au Gouvernement Bazaine comme généralissime [2]? Faites donc la part de chacun dans le commun désastre.

---

1. Le 31 mars 1871, j'écrivais à une personne de l'ancienne cour : « Le Bœuf a invité un de mes amis au bal qu'il donnerait le 15 août à Berlin. »

2. J'ai vu à Compiègne, en 1868, Bazaine délaissé de tout le monde officiel et réduit à se promener solitaire devant le château. Étranger à ce qui se passait dans les sous-sols de la politique militaire, je ne comprenais pas cet isolement d'un maréchal de France, et j'allai à sa rencontre pour lui tenir quelques instants compagnie. Cependant le 15 octobre 1869, il obtenait le commandement de la garde impériale et, l'année suivante, 9 août, l'Empereur remettait entre ses mains presque tout son pouvoir militaire.

L'Empereur lui-même, dans quel état de santé était-il? Une maladie cruelle minait ses forces et affaiblissait sa volonté. Très brave contre les dangers du dehors, il était très faible contre la douleur physique, tout en la supportant avec stoïcisme. Un de ses médecins, le baron Larrey, m'a raconté qu'il fut un jour à Châlons, appelé près de lui dès six heures du matin, après une nuit où le prince avait eu d'abominables souffrances. Le docteur reconnut des coliques néphrétiques et parla de faire un sondage, probablement une opération. L'Empereur repoussa bien loin cette proposition et lui enjoignit de garder un silence absolu sur ce qu'il venait d'apprendre. Vers le temps de la bataille de Sadowa, de vives douleurs, en diminuant l'énergie du prince, expliquent qu'il ait alors reculé devant une résolution qui aurait mis l'Europe en feu. Le 2 juillet 1870, il y eut une consultation médicale dont la conclusion, semblable à celle du docteur de Châlons, ne fut pas mieux acceptée. Quand l'Empereur partit pour la guerre franco-prussienne, il ne pouvait se tenir à cheval. Lorsqu'il s'agit d'un chef d'État, il y a lieu de compter avec ces questions de santé ou de maladie. En 1870, les circonstances forçaient l'Empereur de se rendre à l'armée dont il était le chef officiel, et il allait n'y être qu'une cause d'embarras pour les généraux.

Frossard, président du comité du Génie, allait tous les ans inspecter nos forteresses de l'Est et, au moment de la guerre, elles se trouvèrent dans un état lamentable. Le Bœuf, ancien président du comité de l'artillerie, n'avait pas fait mieux pour son arme. Un télégramme du général Ducrot au Ministre de la Guerre, daté du 20 juillet, porte : « Demain, il y aura à peine cinquante hommes pour garder la place de Neuf-Brisach ; et Fort-Mortier, Schlestadt, la Petite-Pierre et Lichtenberg sont dans le même état. » Le lendemain, le commandant du IIe corps écrit de Saint-Avold : « Nous n'avons pas une carte de la frontière de France. » Le 24 juillet, le major-général reçoit de Thionville la dépêche suivante : « Le IVe corps n'a encore ni cantines, ni ambulances, ni voitures d'équipages. Tout est complètement dégarni ». Le même jour, l'Intendant du IIIe corps se plaint à la Guerre, « de n'avoir ni infirmiers, ni ouvriers d'administration, ni caissons d'ambulances, ni fours de campagne, ni train, ni instruments de pesage ; et à la 4e division et à la division de cavalerie, je n'ai pas même un fonctionnaire. » Mêmes réclamations à Metz, le 27, de la part de l'Intendant du Ier corps, etc, etc. Pour la suite de ces révélations lamentables, voir les télégrammes saisis, après le 4 septembre, au Ministère de la Guerre. Je citerai encore une lettre du 10 août, écrite par un général au comte de Palikao, le nouveau Ministre de la Guerre, et qui montre à quel point tout nous manquait :

« .... Dès mon arrivée à Strasbourg, il y a environ douze jours, j'ai été frappé de l'insuffisance de l'administration et de l'artillerie.

« Dans les magasins, pas de bidons, gamelles ou marmites ; pas de cantines d'ambulance ni de bâts ; pas d'ambulances enfin, ni pour les divisions ni pour les corps d'armée. Jusqu'au 7, il était presque impossible de se procurer un cacolet pour transporter un blessé ; le 7, des milliers de blessés seront restés entre les mains de l'ennemi, rien n'étant préparé pour les transporter.

« Depuis mon arrivée à Strasbourg, je n'ai jamais vu un jour de distributions régulières pour les hommes ou pour

les chevaux. Depuis le 7, on manque absolument de tout,
ce qui fait que notre retraite ressemble à une vraie
déroute.

« Je ne puis pas affirmer que l'organisation de l'intendance soit mauvaise, que son esprit soit vicieux, que le
contrôle de l'administration ne soit pas efficace; mais ce
corps est absolument insuffisant pour les besoins d'une
armée en campagne.

« Si nos soldats ne vivent depuis quatre jours que des
aumônes des habitants, si nos routes sont semées de traî-
nards mourant de faim, c'est à l'intendance qu'il faut en
faire remonter la responsabilité.

« Vous aurez peine à croire qu'à Strasbourg, dans ce
grand arsenal de l'Est, il a été impossible de trouver des
aiguilles, des *rondelles* et des *têtes mobiles* de rechange pour
nos fusils !

« La première chose que nous disaient les commandants
de batteries de mitrailleuses, c'est qu'il faudrait ménager
les munitions parce qu'il n'y en avait pas.

« En effet, à la bataille du 7, les batteries de mitrailleuses, et d'autres aussi, ont quitté le champ de bataille
pendant longtemps pour aller chercher de nouvelles pro-
visons au parc de réserve, lequel était lui-même assez
pauvre, dit-on.

« Le 6, l'ordre ayant été donné de faire sauter un pont,
il ne s'est pas trouvé de poudre de mine dans tout le corps
d'armée, ni au génie, ni à l'artillerie!

« Enfin, et c'est ici le plus grave, notre artillerie est
dans une infériorité déplorable vis-à-vis de celle des Prussiens, tant sous le rapport du calibre que sous celui du
nombre.

« Nos pièces de 4, jolis joujous dans une exposition, n'ont pu tenir un instant nulle part devant les batteries de 12 des Prussiens ; portée, justesse, rapidité du tir, tout est *sans comparaison* à l'avantage de nos ennemis.

« Tandis que notre artillerie n'a tenu nulle part, celle des Prussiens n'a jamais quitté ses positions que pour se porter en avant, semblant ne recevoir de la nôtre aucune atteinte, et se conduisant avec le même sang-froid et la même précision qu'au polygone.

« De plus, je crois me rappeler que la proportion de l'artillerie est en Prusse de cinq batteries par division, tandis qu'en France elle n'est que de trois.

« Que l'on double nos petites batteries de 4 des batteries de 12 qui doivent se trouver encore dans les arsenaux, qu'on assure leurs approvisionnements de manière à n'être pas forcés d'interrompre le feu pendant la bataille, il restera encore à notre artillerie le désavantage de ne pas se charger par la culasse ; mais déjà, comme calibre et comme nombre, nous nous trouverons dans des conditions meilleures.

« Les seules armes qui aient été vraiment au niveau et au-dessus des circonstances, sont celles qui ne passent pas pour savantes.

« Quand on a dit à la cavalerie de charger, deux brigades de cuirassiers sont allées bravement s'engloutir au milieu de l'infanterie ennemie, où elles ont été anéanties.

« Quant à l'infanterie, sa conduite a été héroïque : tout le monde l'a dit le jour même, et on ne saura jamais assez le proclamer.

« Au nombre de trente mille contre cent quarante mille, dit-on, elle a défendu ses positions depuis sept heures du matin jusqu'à une heure de l'après-midi, sans reculer d'une semelle, chargeant plusieurs fois l'ennemi pour le repousser quand il se portait en avant, et avec une énergie dont vous aurez une idée par le chiffre de ses pertes : la moyenne des pertes en officiers est de quarante sur soixante-quatre ; celle des soldats de douze cents sur deux mille deux cents : il y a des régiments qui ont perdu moins ; il y en a qui ont perdu plus ; la moyenne que je vous donne est vraie, vous le verrez en recevant les situations.

« Cette infanterie n'aurait pas reculé encore, si elle n'eût été tournée, enveloppée de toutes parts, si le canon et la fusillade de l'ennemi ne se fussent fait entendre sur sa ligne de retraite : n'est-ce pas vraiment sublime !

« Que l'on fasse *de suite*, *de suite*, de grosses promotions pour récompenser et encourager ceux qui ont subi de si graves épreuves et si vaillamment fait leur devoir.

« Et maintenant, mon général, pourquoi, quand l'on a deux cent mille hommes sous la main, faciles à concentrer, chaque petit corps va-t-il successivement se briser contre les masses des ennemis ? En nombre à peu près égal, malgré les défauts que je viens de vous signaler, ce sont des victoires que nous aurions enregistrées au lieu de défaites !

« Pourquoi accepter la bataille, quand on *sait* que l'on se battra *un* contre *quatre* ou *cinq* ?

« Pourquoi, quand on voit la bataille perdue, ne pas profiter du reste d'énergie des troupes pour donner en temps opportun les ordres nécessaires pour opérer une retraite honorable, pour sauver les bagages, les réserves d'artillerie, la caisse de l'armée ?

« Pourquoi mettre cette masse d'hommes et de chevaux

en retraite sur une seule route, où elle ne peut se mouvoir ni vivre régulièrement, tandis qu'en lui indiquant au loin en arrière un point de concentration, chaque commandant de division s'y fût rendu plus vite, plus facilement, en nourrissant sa troupe, sans épuiser les localités?

« En résumé, ce qu'il faut au plus vite, c'est la rapide concentration de toutes nos forces sur un point, l'augmentation de l'artillerie; un meilleur service des vivres et des ambulances, si c'est possible [1]. »

Et un autre général écrivait après Forbach : « Le grand malheur a été la dissémination des troupes en corps d'armée de vingt-cinq mille hommes, qui ne peuvent tenir isolément contre des armées de cent mille hommes et plus [2]. »

Notre armée de l'Est était admirable et, bien commandée, elle aurait changé les conditions de la guerre. Si, à Wissembourg, Abel Douay s'était éclairé, au lieu de faire sur la grande route une promenade militaire, ses six mille hommes n'auraient pas été surpris et écrasés par quarante mille ennemis qui se tenaient près de là, en silence et à couvert sous la forêt de Bienwald [3]. Si, à Wœrth, Mac-Mahon avait pu appeler plus vite à lui, du sud, le corps entier de Félix Douay, et, du nord, celui de de Failly qui entendit, à

1. Général Cousin de Montauban, comte de Palikao, *Un Ministère de vingt-quatre jours, du 10 août au 4 septembre 1870*, p. 57-63.

2. *Ibid.*, p. 67. Les Allemands eurent neuf cent soixante-cinq mille hommes et mille cinq cent trente-huit canons, c'est-à-dire bien près d'un million d'hommes contre moins de trois cent mille Français. — Sur l'insuffisance de nos préparatifs, voir les Mémoires posthumes du général Thoumas, *Paris, Tours, Bordeaux*; 1893.

3. Mon fils Albert, engagé dans le 1er régiment de tirailleurs algériens pour la campagne, se battit à Wissembourg, à Wœrth et dans toutes les affaires qui eurent lieu jusqu'à Sedan. Par lui j'ai pu avoir des renseignements certains sur ce qu'il avait vu.

quatre lieues de distance, le canon de Frœschwiller et n'y
marcha point, ce n'est pas avec trente-cinq mille hommes
qu'il aurait combattu contre plus de cent mille[1]. Le jour
où commença sa retraite désastreuse, qui ne s'arrêta qu'à
Châlons, laissant tous les chemins d'invasion ouverts derrière elle, le général Frossard envoyait demander l'appui de
deux divisions qui le suivaient. Le chef de l'une était cou-
ché, l'autre sans ordre; tous deux refusèrent de marcher
et la bataille de Forbach fut perdue[2]. Le 9 août, le protégé
de Thiers et de l'opposition, celui que Jules Favre appelait
« notre glorieux Bazaine », fut nommé général en chef de
l'armée du Rhin; les choses n'en allèrent pas mieux.
Bazaine refusa de suivre l'Empereur à Verdun et dans les
plaines de la Champagne, où les Prussiens avaient trouvé,
en 1792, « les Thermopyles de la France ». Il aurait pu
transformer les combats heureux de Borny (14 août), de
Rezonville (16) et de Saint-Privat (18), en brillantes victoires; il ne l'osa pas, « pour ne pas s'éloigner de Metz »,
disent les écrivains prussiens, où deux mois après, il capi-
tula avec une armée de cent cinquante et un mille hommes[3].
A Saint-Privat, Canrobert, avec le VI⁰ corps, détruit une
partie de la garde royale de Prusse; pour achever ce
succès, il réclame en vain l'assistance de la garde impériale

1. Par excès de bravoure le maréchal fit une trop longue résistance
à Frœschwiller, de sorte qu'il n'eut ni le temps ni les moyens d'organiser la retraite et de s'établir dans les Vosges.
2. Ce fait m'a été raconté par l'aide de camp, aujourd'hui colonel,
qui fut chargé du message de Frossard auprès des deux divisionnaires.
3. Le rapport du prince Frédéric-Charles porte le nombre des Français qui, à Metz, déposèrent les armes devant lui, à cent soixante-treize
mille. Graliolet, *Souvenirs d'un artilleur de l'armée du Rhin*, p. 209.
Voyez dans le même ouvrage, p. 18-20, une citation de la *Gazette de
Cologne* qui montre les suites fatales qu'aurait pu avoir pour l'armée
prussienne la réunion des forces françaises en Champagne.

de France rangée à Plappeville, en arrière de ses troupes;
Bazaine refuse, et le prince Frédéric-Charles a le temps de
réunir 200 canons contre le maréchal qui n'en a que 62!
A Beaumont, le général de Failly se laisse surprendre
à son bivouac par l'artillerie prussienne. Le prince royal
fait une pointe téméraire sur Paris; Palikao, alors Ministre
de la Guerre, en profite pour lancer l'armée constituée à
Châlons sur la route de Metz, où Bazaine est enfermé avec
cent cinquante mille hommes : « Je donnai au maréchal
de Mac-Mahon, me dit-il, soixante-douze heures d'avance
sur le prince royal[1]. » Mais celui-ci, averti par nos journaux

1. Dans une dépêche à l'Empereur du 27 août, 11 heures du soir,
Palikao disait encore que l'armée de Mac-Mahon avait, à cette date,
trente-six, peut-être même quarante-huit heures d'avance sur le prince
royal de Prusse. Le lendemain il répète à Mac-Mahon : « Vous avez
trente heures d'avance sur le prince royal ». Le 31 août, il lui écrit
encore : « Je suis surpris du peu de renseignements que vous me
donnez.... Votre dépêche de ce matin ne m'explique pas la cause de
votre marche en arrière, qui va causer la plus vive émotion. Vous
avez donc éprouvé un revers? » Le duc de Broglie me dit que le maréchal déclara dans ses *Mémoires* que ces malheureux changements de
direction lui furent imposés par le Ministre de la Guerre. C'est difficile
à admettre, après les paroles que le comte de Palikao m'a dites et
après les chiffres donnés par ses trois lettres des 27, 28 et 31 août.
Je sais bien que pendant le séjour de Rouher à Reims, la question du
retour de l'Empereur à Paris, ou de la continuation de son séjour à
l'armée suscita de vives discussions; mais dès que le maréchal sortit
de Reims, il fut maître de ses mouvements, avec le droit de renoncer
à son commandement, s'il désapprouvait la marche qu'on lui imposait. — Dans le livre du général Vinoy sur le *siège de Paris*, l'auteur
écrit à la page 19 : « Le maréchal de Mac-Mahon commença son mouvement vers Metz le 21 août; il n'arriva que le 26 sur l'Aisne, marche
indécise qui produisit un retard terriblement fatal, et qui aurait été
évité s'il eût suivi une route plus directe. » — Dès le 23, une lettre
interceptée d'un officier supérieur de l'armée de Metz avertit le roi
Guillaume de la marche de Mac-Mahon. Un télégramme du même jour,
parti de Paris et venu par Londres, révéla, le 25, le même dessein, que
confirmèrent nos journaux arrivés à l'état-major prussien et les discours de nos députés signalant la honte réservée à la France, si Bazaine
n'était pas secouru.

de ce qui se prépare sur sa droite, s'arrête, puis retourne en arrière, tandis qu'au delà de Reims nous tenons des conseils au lieu de marcher. Mon fils m'écrivait de Voncq : « Nous faisons un mouvement tournant qui aura des conséquences mémorables. » Deux jours après, nouvelle lettre datée du même endroit : « Je n'y comprends plus rien ; nous piétinons sur place. » En six jours, du 22 au 28 août, le maréchal changea trois ou quatre fois de direction et donna ainsi le temps aux quatre cent mille Prussiens qui nous attendaient ou nous suivaient, de préparer les deux puissantes tenailles qui, le 1er septembre, se fermèrent sur lui. J'ignore si la marche sur Metz était la meilleure opération à tenter ; mais je sais qu'à la guerre, une entreprise hardie veut être audacieusement exécutée. Chercher à délivrer Bazaine, c'était jouer la partie sur une seule carte, et, pour la gagner, il fallait courir à Metz. Les soldats de Napoléon disaient : « L'Empereur remporte des victoires avec nos jambes » ; mais l'armée de Châlons n'en avait pas. Au bout de ces hésitations, était Sedan ; tout s'y effondra.

Les généraux prussiens se sont-ils montrés grands stratégistes, ou leur victoire n'a-t-elle pas été simplement la solution heureuse d'un problème élémentaire de mécanique : la masse multipliée par la vitesse[1]. L'armée française, qui, en trente jours, livra dix batailles, a été, par son

---

[1]. « Qui pourrait nier qu'avec toute notre science, notre bravoure, notre discipline, nous avons eu aussi un bonheur insolent ? Les généraux français semblaient pour la plupart frappés d'un aveuglement sans pareil dans l'histoire de la guerre, et la masse des fautes commises par eux surpasse de beaucoup le nombre de nos succès et de nos combinaisons heureuses. » (Schreider, secrétaire du roi de Prusse : *Aus meinem Leben*, 1872.)

courage, digne des plus beaux temps de notre gloire militaire. Mais les défenses de Metz et de Strasbourg étaient aussi négligées qu'en pleine paix[1]. Nous avions des mitrailleuses sorties la veille des ateliers de Meudon, dont l'armée, par conséquent, connaissait mal l'usage, et qui, d'ailleurs, ne pouvaient tenir contre les canons ennemis dont la portée était plus grande et le tir plus juste. Nos adversaires avaient pris à leur usage les règlements que Napoléon Ier avait établis pour la formidable cavalerie de Murat, de Lasalle et de Monbrun; la nôtre, en 1870, les avait oubliés et ne sut pas nous éclairer : de là tant de surprises fatales. Un général, envoyé à Lunéville pour y prendre le commandement d'une brigade de cavalerie, fut obligé d'acheter de ses deniers une foule de choses indispensables au campement de ses hommes. Ces régiments, placés à la frontière, ne devaient pas être dans une situation exceptionnelle; leur dénuement montra l'impéritie de l'administration de la Guerre et la hâte funeste de ceux qui firent déclarer les hostilités. Ajoutez que le plan général de la résistance a été très défectueux, de sorte que l'héroïsme de quelques lieutenants ne prévalut pas sur l'insuffisance du commandement supérieur, l'éparpillement de nos forces et l'insuffisance de nos préparatifs.

Par crainte d'une révolution à Paris, le Gouvernement avait décidé que l'Empereur suivrait l'armée. Mais Napoléon III n'avait pas les qualités militaires de son oncle. Aussi n'exerça-t-il pas, dans cette campagne, un comman-

---

1. Les forts de Queuleu, de Saint-Quentin, de Plappeville et de Saint-Julien étaient inachevés, ou n'avaient pas encore, le 3 août, les armements de siège. *Souvenirs d'un lancier de la garde*, par M. de Baillehache, qui arriva à Metz ce jour-là. Voyez aussi la lettre relative à Strasbourg, citée ci-dessus, p. 160 et suivantes.

dement plus effectif que ne fut son rôle politique depuis le 12 juillet 1869. Le prince Napoléon, un des acteurs de la scène qui se passa le soir de la bataille de Forbach, dans le salon impérial, m'a raconté que l'Empereur, refusant de prendre une décision, se retira, laissant au malheureux Le Bœuf, très brave soldat, mais ministre et général incapable, le soin de réparer, s'il était possible, l'échec de cette journée. L'état de santé du prince et la difficulté où il se trouva de choisir, pour conduire cette guerre, un généralissime autre que l'aventurier du Mexique, eussent été une raison pour ne pas faire le jeu de Bismarck et pour rester en paix. Est-on sûr que le Ministère, la majorité de la Chambre et Paris affolé y auraient consenti[1]? A Sedan, il chercha la mort et ne réussit pas à la trouver[2].

Le 4 septembre fut un jour de fête pour cette partie de la population parisienne qui, ne tenant plus compte des années glorieuses et prospères, ni des concessions libérales faites depuis dix ans, ne voyait que l'épouvantable désastre où des ministres et des généraux incapables avaient conduit la France. Des hommes intelligents, mais violemment pas-

1. Voyez, dans l'ouvrage intitulé *La vérité sur la campagne de 1870*, les très nombreux extraits de journaux de toutes nuances assemblés par M. Giraudeau, durant le mois de juillet 1870, et, à la page 57 du même ouvrage, la dépêche n° 60 de l'ambassadeur anglais, lord Lyons, au comte de Granville.

2. La lettre de Napoléon III au roi de Prusse portait ces seuls mots : « N'ayant pu mourir au milieu de mes troupes, il ne me reste plus qu'à remettre mon épée entre les mains de Votre Majesté. » Et, dans sa *Lettre sur la bataille et la Capitulation de Sedan*, le général Pajol, qui était de service auprès de l'Empereur le 1er septembre, comme aide de camp, écrit : « Le terrain occupé par l'Empereur et son état-major était labouré à chaque instant par les obus.... Pendant cinq heures il se trouva au plus fort de l'action sous le feu croisé de la mitraille... Il est extraordinaire qu'il n'ait pas été tué. »

sionnés, avaient, durant la guerre, fêté, en des banquets arrosés de champagne, les victoires des Allemands, et un homme considérable par son talent et sa position sociale, M. Vitet, s'oublia jusqu'à oser écrire, dans la *Revue des Deux Mondes*, durant la discussion du traité de Francfort, que la chute de l'Empire n'était pas payée trop cher par la perte de deux provinces. En apprenant la funèbre nouvelle, j'ai pleuré sur le prince que j'ai servi et aimé, et maintenant encore je pleure sur la France que tant de compétiteurs se disputent, au lieu de s'unir pour la sauver, quand viendra le jour des résolutions suprêmes. Je ne crois pas au rétablissement d'une monarchie, et il y a bien longtemps que j'ai dit en haut lieu : « On ne revient pas de Sedan ». Ces sentiments expliquent la conduite que j'ai tenue depuis vingt ans, loin de tous les partis, même de celui que l'on supposait devoir être le mien.

Comme la lumière des hommes d'État est courte! La guerre de Crimée, qui nous donna un moment de grandeur, nous valut, par l'hostilité persévérante de la Russie, les désastres de l'année terrible; et la noble politique qui nous mena à Solférino a fait de l'Italie l'ennemie de la France. La Russie dépense cent mille soldats pour arriver aux portes de Constantinople, et elle est jouée dans un congrès où Bismarck remplace le traité victorieux de San Stefano par la conférence de Berlin, qui équivaut pour le tzar à une défaite. Mais le courtier de tant de marchandages croit par cette duplicité consolider à jamais l'hégémonie de l'Allemagne, et aujourd'hui il voit la France réconciliée avec la Russie : alliance qui, fondée cette fois sur des intérêts permanents, rendra peut-être à l'Europe l'équilibre qu'avait renversé le pied pesant de la Prusse. L'ancien chancelier d'Autriche, comte de Beust, regrette, dans ses *Mémoires* [1], la suppression de la confédération germanique « qui, durant cinquante années, avait assuré à l'Allemagne la paix intérieure, même préservé l'Europe de la guerre ». Depuis vingt-deux ans, tous les peuples, de l'est à l'ouest et du nord au sud, y compris les vainqueurs de Sedan, vivent sous la menace des plus terribles bouleversements ; et que de haines semées entre les nations par cette guerre abominable que la France eut la sottise d'accepter. Après avoir traité une population comme un troupeau dont on dispose (Alsace-Lorraine), on espéra nous épuiser pour longtemps en exigeant une indemnité de cinq milliards. Mais qui fera le compte des centaines de millions extorqués sous prétexte de contributions de guerre ; les réquisitions imposées aux communes et des rançons levées sur les particuliers ; des vols de meubles, d'argenterie, de livres, d'objets d'art et de science expédiés au delà du Rhin ; des destructions de maisons et de châteaux, de fermes et de villages entiers, sans nécessité de défense ; des meurtres de sang-froid ou contre le droit des gens ; des rapines sous tous les prétextes ; des violences sous tous les noms ; des outrages sous toutes les formes, dont l'Allemagne, dans sa haine invétérée contre la France, s'est rendue coupable durant cette guerre de six mois, qui a rappelé par ses dévastations méthodiques les plus mauvais jours des anciennes guerres ?

Était-ce une lutte loyale celle où, après leur avoir fait creuser leur tombe, on fusillait des maires, des curés, des instituteurs qui avaient essayé un instant de défendre leurs villages ; celle où l'on cherchait à introduire dans nos

1. Tome II, p. 35.

places fortes des bestiaux atteints de la peste bovine pour porter la contagion parmi les nôtres [1] ; celle encore où l'on forçait les notables de nos villes occupées par les Allemands à monter sur les locomotives pour qu'ils fussent les premières victimes en cas de déraillement et d'attaques de nos francs-tireurs [2] ?

Ah ! que revienne la paix, que l'Alsace et la Lorraine rentrent dans la famille d'où on les a arrachées, et que la science puisse continuer sa lutte contre les mystères que la nature nous cache encore ; voilà le vrai combat pour lequel il n'y aura de tous côtés que des chants de triomphe !

---

1. Télégramme du comte d'Ormesson, en date du 19 septembre 1870.
2. Affiche placardée à Wissembourg par le major bavarois Scherdlin. La mesure fut générale.

CHAPITRE XVI

L'IMPÉRATRICE

L'Impératrice était un noble cœur et d'une grande dignité morale. Elle avait pris pour sa part de royauté le ministère de la bienfaisance, et chaque semaine elle portait, sans se faire connaître, ses charités dans les plus misérables demeures. Un jour même, bravant la mort sous son aspect le plus répugnant, elle visita les hôpitaux de cholériques pour relever le courage et l'espérance des malheureux décimés par le fléau. Mais elle était Espagnole et catholique, par conséquent ardente en sa foi. On l'a accusée d'avoir exercé une influence funeste sur le Gouvernement dans les affaires de Rome et au sujet de la guerre de 1870. Si j'ai pu le craindre, je n'en ai jamais eu la preuve. Que l'Empereur ait considéré la guerre avec la Prusse comme inévitable et qu'il ait préféré qu'elle se fît de son vivant plutôt que sous le règne de son fils, c'est vraisemblable; mais la responsabilité de la déclaration de guerre appartient bien certainement au Ministère et au Corps législatif. Quant à la politique relative au Vatican, elle était commandée par la nécessité de ménager le parti catholique de France qui, déjà, le 31 mars 1849, trois ans avant le mariage impérial, avait imposé l'expédition de Rome, première faute que l'on continua jusqu'en 1870.

Je crois que l'Empereur était, au fond, aussi sceptique que la plupart de ses ministres. Cependant il n'a jamais fait « la guerre religieuse », parce que, chef de l'État, il ne pouvait violenter la conscience de trente millions de Français qui étaient ou se croyaient catholiques. On ne commet pas de ces fautes lorsqu'on se sent responsable de la paix publique et qu'on reste fidèle à la plus précieuse des conquêtes de 1789, l'esprit de tolérance. Ce n'est donc pas l'Impératrice qui a fait commencer cette politique et je l'ai toujours trouvée très gracieuse à mon égard bien qu'elle connût mes sentiments sur cette question. Un jour, en présence de mes collègues : « Vous êtes protestant, monsieur Duruy. »? me dit-elle — « Non, madame, mieux que cela », répondis-je. Une autre fois, dans la chapelle de Saint-Cloud, elle m'offre de l'eau bénite. « Pardon, Madame, je n'en use pas. » Ces deux réponses eussent été inconvenantes, si je n'avais voulu enlever tout masque de ma figure; et l'Impératrice, au lieu de s'en montrer blessée, continua de me témoigner la même confiance : jamais je n'ai reçu d'elle une plainte, même détournée, une seule fois exceptée. Un ophtalmologiste allemand venait d'opérer de la cataracte la comtesse de Montijo. En reconnaissance du service rendu à sa mère, l'Impératrice aurait voulu que je créasse pour l'opérateur, à la Faculté de Paris, une chaire nouvelle, dont j'aurais eu à ce titre la nomination sans présentation de l'École. Cette invasion tudesque me déplaisait et tout autant à la Faculté qui repoussait avec raison les cliniques spéciales, afin de conserver à son enseignement le caractère général qu'il devait avoir. Par cette porte ouverte, quelques hommes de science particulière, mais surtout des rêveurs et des charlatans, se seraient précipités sur l'École, où l'obtention d'une chaire équivalait à une augmentation de trente à quarante mille francs pour les honoraires à payer au médecin par la clientèle.

Je provoquai à ce sujet une délibération de la Faculté; l'Impératrice l'apprit, et un jour, à Compiègne, quand tous les convives du déjeuner étaient réunis dans le grand salon, elle se plaça devant la cheminée et, m'appelant près d'elle, me reprocha vivement ce qu'elle appelait ma trahison. Tout le monde regardait et écoutait, certain d'assister à un congédiement : c'était une vengeance de femme plutôt que de souveraine. Quand j'eus le sens de cette exécution publique, je dis à l'Impératrice : « Vous désirez, Madame, une explication; vous serez mieux pour l'entendre dans la pièce voisine »; comme si j'en eusse reçu l'ordre, j'y passai et je dis à l'Impératrice : « Vous avez voulu, « Madame, me donner les étrivières devant témoins, je les « ai reçues et vous devez être satisfaite. Il ne me reste plus « qu'à vous présenter mes très humbles hommages »; et je me retirai. Un de mes collègues, à qui je racontai ce qui venait de se passer, me gourmanda pour cette incartade. Mais comme j'avais agi, sinon en courtisan, du moins en fidèle ministre qui évite une faute à son prince, je m'en retournai à Paris la conscience tranquille, tandis que les badauds de la résidence impériale disaient sans doute : « En voilà encore un de coulé. »

Remarquez que l'Empereur ne se mêla point de cette affaire. Singulier prince absolu qui laissait son ministre invoquer la loi, sans vouloir la faire fléchir en faveur d'un protégé de la famille impériale.

Du reste l'Impératrice elle-même ne me garda pas rancune. Dans un des conseils qu'elle présida (14 février 1865) comme régente, durant le voyage de l'Empereur en Algérie, il s'éleva, je ne sais plus à quel sujet, une discussion où elle parla avec une vivacité éloquente. Il paraît que j'avais été assez malmené par quelques-uns de mes collègues au sujet de mes opinions religieuses, car j'ai encore le chiffon de papier que Sa Majesté me passa et où elle venait d'écrire : « Entre confrères, on a la liberté de discussion. » Enfin, lorsque j'organisai à la Sorbonne l'enseignement secondaire des jeunes filles, loin de se laisser effrayer par les anathèmes de l'évêque d'Orléans, elle donna à cette institution un éclatant témoignage d'approbation en envoyant à ces cours ses deux nièces, les filles de la duchesse d'Albe.

Aussi suis-je resté depuis vingt ans, au fond de ma retraite, le plus respectueux de ses serviteurs, et je regrette que mes infirmités croissantes m'empêchent de continuer le pèlerinage que, plusieurs fois, j'ai fait à Chislehurst, puis à Farnborough.

Trouvant dans l'Impératrice une telle bienveillance, j'en profitai pour tenir Sa Majesté au courant de certaines affaires qui pouvaient lui inspirer un intérêt particulier; ce qui me permettait, en outre, de faire arriver à l'Empereur, par les conversations entre les deux époux, des renseignements utiles à mon administration. Ainsi, le 4 avril 1866, j'écrivais :

« Madame,

« Tout Français apporte en naissant une maladie, celle des fonctions publiques. Jusqu'à présent, ce mal n'avait pas gagné les femmes, mais voici qu'il les atteint. Pour mon compte, j'ai dans mon service des déléguées spéciales à l'inspection des salles d'asile et des inspectrices générales avec suppléantes et surnuméraires.

« Une de ces inspectrices, nommée pour l'Algérie, réside à Passy, auprès de sa mère, ce qui est très moral ; mais à cinq cents lieues de ce qu'elle doit inspecter, ce qui est très peu administratif. De son aveu, sa courte visite annuelle en Algérie ne produit aucun résultat. Mise en demeure de se fixer à Alger, elle a refusé. J'ai saisi ce prétexte pour supprimer l'emploi qu'elle ne tenait d'ailleurs que depuis quatre ans. C'était six mille francs ajoutés, sans M. Fould, à mon pauvre budget des écoles.

« Quant aux inspectrices générales qui opèrent dans la métropole, j'avoue ne pas bien comprendre une femme voyageant seule pendant six mois, par monts et par vaux, par le chaud et par le froid, en santé et en maladie.

« Elles le font cependant ou ont l'air de le faire. De quelques-unes je reçois des rapports. Mais de Mme Chevreau-Lemercier, par exemple, je n'ai jamais rien vu. Elle réclame pourtant une grande faveur; elle veut obtenir la survivance de sa charge pour sa fille. Deux années de suite, croyant la mère malade, je l'ai autorisée à se faire aider par elle. On a réclamé contre cette coutume de l'ancien régime. Les déléguées des départements, qui ont les yeux tendus vers l'inspection générale de Paris, seraient désolées, justement, de ce passe-droit, et moi je serais disposé à proposer à Votre Majesté la suppression de la place, si Mme Chevreau y renonçait en prenant sa retraite.

« Par malheur, cette dame a pour neveux deux préfets fort bien en cour qu'elle me jette aux jambes. Ils émargent suffisamment au buget pour que leurs parentes ne viennent pas encore y mordre sans nécessité et contre la justice.

« Je serais heureux que l'Impératrice voulût bien me dire si je dois accorder la *survivance* demandée.

« De Votre Majesté, etc. »

Je ne sais plus si c'est à cette lettre ou à quelque autre analogue que l'Impératrice répondit par le télégraphe :

« J'ai reçu votre lettre, j'applaudis à ce qu'elle contient. »

Autre lettre, du 15 décembre 1867.

« Madame,

« Une demoiselle de Courtcille, maîtresse de pension qui se dit ruinée par M. Haussmann, me fait assaillir d'innombrables sollicitations pour avoir la place de Mme Chevreau-Lemercier. Cela commence par le Nonce et finit par M. Paulin Limayrac. On fait même parler les morts qui, de leur vivant, disaient le contraire. Pour en finir, j'écris à M. Limayrac le billet ci-joint où se trouve le nom de l'Impératrice. J'espère que Votre Majesté me permettra de poser, en son nom, cette règle qui, jusqu'à présent, n'avait pas été suivie pour cet ordre de fonctions : l'enseignement des filles pouvant prendre des développements sérieux, il faut désormais des choix sévères.

« De Votre Majesté, etc. »

Voici le billet à M. Paulin Limayrac :

« Cher Monsieur,

« Mlle de Courteille désire être colonel sans avoir été lieutenant; cela se faisait jadis, mais plus maintenant. Pour devenir déléguée générale, il faudrait avoir au moins rempli la charge de déléguée spéciale. L'Impératrice veut qu'il en soit ainsi et la justice le demande. Vous accepterez comme moi, cher Monsieur, ce que veulent la justice et Sa Majesté, deux grandes souveraines.

« Tous mes compliments,

Signé : « V. DURUY. »

L'Impératrice s'intéressait personnellement aux progrès de l'instruction primaire; je lui écrivis le 16 juillet 1868 :

« Madame,

« J'ai l'honneur de placer sous les yeux de l'Impératrice les résultats de la campagne scolaire de 1867-1868 pour les adultes.

« Sa Majesté y verra que si le nombre des élèves-hommes a diminué, celui des élèves-femmes a *augmenté*. Il est de quatre-vingt-seize mille. C'est un signe que les femmes, en France, sentent, elles aussi, le besoin de sortir de l'ignorance. J'ai constaté qu'en 1866, beaucoup de femmes n'avaient pu *signer*, le jour de leur mariage, au registre de l'état civil. Dans certains départements, la proportion dépassait quatre-vingts pour cent. Ces chiffres justifient la protection que Votre Majesté veut bien accorder à l'instruction des femmes.

« Cette statistique renferme quatre indications importantes :

« 1º Trente-deux mille classes, *volontairement* ouvertes, ont attiré près de huit cent mille élèves.

« 2º Pour faciliter la tenue de ces cours, une somme de un million huit cent cinquante mille francs a été *volontairement* réunie.

« 3º Pour donner à ces classes du soir les bibliothèques qui leur manquent, une autre somme d'environ trois cent cinquante mille francs a été trouvée.

« Total, pour le budget *volontaire* des cours d'adultes, en dehors des subventions de l'État, deux millions deux cent mille francs.

« 4º La proportion des conscrits illettrés a baissé de deux pour cent ; et nos douze départements de l'Est sont arrivés au point où se trouvent les parties de la Suisse et de l'Allemagne les plus avancées pour l'instruction primaire.

« Je suis, etc.

Signé : « V. DURUY. »

J'ai parlé précédemment [1] de l'Enseignement spécial et des motifs de cette création. En septembre 1866, je devais voir Leurs Majestés à Biarritz. J'y portai à l'Empereur le discours d'inauguration que j'avais dessein de prononcer à Mont-de-Marsan [2] et j'écrivis à l'Impératrice la lettre suivante (13 septembre 1866) :

« Madame,

« Lorsque le Corps législatif vota, l'année dernière, à l'unanimité, la loi sur l'Enseignement spécial, on demanda

1. Tome I, chap. x, p. 252 et suivantes.
2. Au lycée, aujourd'hui Lycée Victor Duruy. Cette maison garde un très fidèle souvenir au fondateur de l'Enseignement spécial. M. le Proviseur Vaisson en a donné dernièrement un éclatant témoignage (1901).

à la Chambre et au Conseil d'État que cet enseignement fût séparé de l'Enseignement classique toutes les fois que ce serait possible.

« Conformément à ce vœu, je compte faire du lycée de Mont-de-Marsan la maison modèle de l'Enseignement spécial pour la région sud-ouest de la France.

« Ce projet déplaît à certaines personnes et on use de mauvais moyens pour en entraver l'exécution.

« J'ose demander à Votre Majesté la grâce de témoigner, si l'occasion s'en présente, quelque intérêt à cette création.

« Pour que l'Impératrice comprenne bien le caractère et l'importance de cette question, qu'Elle me permette de placer deux chiffres sous ses yeux.

« Nous avons en France soixante mille enfants qui font du grec et du latin et cinq millions qui apprennent l'ABCD. Entre ces deux groupes, rien ou à peu près. C'est l'abîme que l'Empereur veut combler par l'Enseignement spécial, lequel est destiné à ceux qui se proposent de devenir négociants, industriels ou agriculteurs, comme les études classiques sont faites pour ceux qui se préparent aux carrières libérales.

« L'Impératrice prendra une idée nette de cette réforme si Elle daigne, un jour de pluie, parcourir le volume joint à cette lettre, ou plus rapidement la circulaire qui en résume l'esprit.

« Cette réforme scolaire sera de grande importance pour la prospérité industrielle du pays, comme on peut facilement le prévoir d'après la nature de l'Enseignement, mais elle a aussi un côté politique que montre la lettre ci-jointe d'un député du Gers qui me demande de transformer en collège spécial le collège classique de Lectoure.

Mais, pour opérer cette transformation, je me heurte à deux obstacles, l'esprit de routine de l'Université qui ne veut pas changer ses méthodes, l'esprit de vanité des familles qui veulent pour leurs enfants, même les plus dépourvus d'intelligence ou de fortune, l'éducation que reçoivent les fils des présidents de la Cour de cassation.

« Un système rationnel d'enseignement est une force de conservation; un système illogique, une cause de désordre.

« L'organisation actuelle de nos études est mauvaise, parce que rien n'y est préparé pour former les commerçants, les manufacturiers et les agriculteurs; de là cette plaie des petits employés qui se jettent sur le budget et de ces bacheliers déclassés qui se jettent sur la société.

« Avec les hautes études pour les lettrés et les savants, l'Enseignement spécial pour les classes laborieuses, l'école primaire pour tous, nous rentrons dans la vérité.

« Si l'Empereur me le permet, j'irai, le 15 octobre, inaugurer l'Enseignement spécial à Mont-de-Marsan, et je serais très heureux que l'Impératrice m'approuvât de vouloir faire pousser, au milieu des Landes, de bons fermiers plutôt que de mauvais avocats. »

Lettre du 3 août 1868, relative à l'Enseignement supérieur :

« Madame,

« L'Empereur vient de signer deux décrets que je crois très importants. Ils sont le résultat d'une bien longue étude et ont reçu le meilleur accueil de tous les savants auxquels je les ai communiqués. Votre Majesté porte un trop vif intérêt à la science pour que je ne place pas sous ses yeux, avant toute distribution, le premier exemplaire imprimé : de l'exposé des motifs, des deux décrets et des règlements provisoires d'exécution.

« J'ai déjà pour l'exécution cinquante mille francs au budget ordinaire de 1868 et cent mille à celui de 1869. Nous allons donc pouvoir commencer et multiplier les *laboratoires* de recherches. Ceux de Sainte-Claire-Deville et de Jamin, que l'Impératrice a bien voulu visiter, serviront de modèles. Ces laboratoires, comme les arsenaux, ont leurs périls et, comme les régiments en campagne, leurs blessés : la semaine dernière, Deville a manqué de brûler l'École Normale, et nous avons cru un moment que le meilleur élève et collaborateur de Jamin avait la main coupée : elle ne sera que très endommagée.

« Un homme aussi savant que modeste, M. Decaisne, professeur de culture au Muséum, vient de publier un magnifique volume de botanique dont il a dessiné lui-même les trois mille cinq cents planches. Il n'osait l'offrir à Votre Majesté. Je lui ai dit que l'Impératrice était aussi curieuse de science qu'elle est une artiste habile; que son livre serait lu et que plus d'un de ses dessins entrerait dans les compositions charmantes que l'Impératrice improvise si vite et dont elle est cependant si avare.

« M. Decaisne sera donc ravi que Votre Majesté daigne agréer l'hommage de son livre.

« Je suis en train de combiner avec lui et avec MM. Milne Edwards et Frémy, que l'Impératrice connaît, la création au *Muséum* d'une *École supérieure d'agronomie*, afin :

« 1° De rajeunir et de raviver cette trop vénérable maison qui semble, comme son directeur, M. Chevreul, avoir l'âge de Mathusalem.

« 2° D'utiliser les immenses ressources en hommes et en choses qui s'y trouvent.

« 3° De rentrer dans l'esprit de l'institution (Richelieu et la Convention l'avaient fondée pour cela).

« 4° De donner un centre scientifique à l'agriculture française.

« Les miracles faits depuis soixante ans par l'industrie viennent de son union avec la science; l'agriculture en fera à son tour quand la science, aussi, l'aura fécondée. C'est *hier* que Pasteur a trouvé la cause de la maladie du vin, donné le moyen de transporter, c'est-à-dire de vendre mieux, ceux qui n'étaient pas transportables, et de faire en quelques heures la quantité de vinaigre qu'on ne produisait qu'en huit ou dix jours. C'est *aujourd'hui* qu'il croit avoir saisi une des causes de la maladie des vers à soie. Decaisne me disait qu'au sujet des cidres, le vin du Nord-Ouest, nous sommes dans la plus complète ignorance. Mille autres problèmes restent à résoudre. On est mieux placé au Muséum que nulle part ailleurs pour les étudier, et en donnant un but précis, élevé, patriotique, à l'activité scientifique d'hommes considérables qui, pour le moment, travaillent *sans élèves* et au hasard de leur fantaisie, on obtiendra d'eux sans doute plus qu'ils ne donnent à cette heure.

« Cette *École supérieure d'agronomie* sera, si je sais l'organiser, une institution fort utile, et elle aura un autre avantage inappréciable pour un ministre pauvre, celui de ne coûter rien et de pouvoir s'établir dès demain si l'Empereur le permet.

« Ni la France, ni l'Europe n'ont une école spéciale d'horticulture, c'est-à-dire un lieu d'expérimentation scientifique pour les fruits et légumes, qui constituent, à Paris même, un tiers de l'alimentation générale et, pour la France, la moitié. Il y a donc à opérer, pour améliorer le rendement et la qualité, sur des produits qui représentent des milliards.

« Le *Muséum* possède à Vincennes 15 hectares en friche; nous pourrions y créer cette *École centrale d'horticulture* qui n'existe nulle part. Mais il me faudra cette fois quelque argent, pas beaucoup, que l'Empereur me fera sans doute donner quand je pourrai lui présenter un plan et un programme. Je ne vous cache pas, Madame, que j'en parle d'avance à l'Impératrice pour tâcher de la gagner à ce projet.

« Votre Majesté a vu au Champ de Mars le Bardo ou palais du Bey de Tunis. La Ville de Paris l'a acheté cent vingt mille francs pour le mettre, comme curiosité architecturale, au nouveau parc de Montsouris.

« On voulait en faire une buvette et l'habitation des gardiens. Je l'ai demandé à M. Haussmann pour y loger la météorologie et la physique générale du globe. Il a consenti. Encore un établissement de haute science que possédaient l'Angleterre, la Prusse, la Russie, l'Amérique, et qui nous manquait. Dans quelques mois nous l'aurons et j'espère pouvoir y trouver place pour M. Marié-Davy, qui renoncerait à l'Observatoire, à M. Le Verrier et à l'usage des bûches apportées l'hiver sous son paletot pour mettre un peu de chaleur dans son bureau glacial.

« Je ne demande pas grâce à l'Impératrice pour ces longs détails. Je sais que je réponds à ses plus vifs désirs, comme aux ordres de l'Empereur, en tâchant de donner une forte impulsion à l'Enseignement supérieur.

« Si j'ai tardé à le faire, au risque d'encourir le reproche de ne savoir m'occuper que de petites choses, c'est que j'avais besoin qu'il se créât d'abord un courant d'opinion en faveur des questions d'instruction publique. Pour cela, il fallait commencer par où tout le monde est d'accord : l'instruction populaire, qui est une conséquence forcée de notre constitution politique, et continuer par l'Enseignement spécial qui est une satisfaction donnée aux intérêts économiques. Maintenant nous arrivons à la vraie question scolaire, celle qui domine toutes les autres, la science pure. La faveur publique nous y suit. Le Corps législatif a voté pour elle, sans mot dire, six cent mille francs cette année, et j'espère qu'il fera mieux l'an prochain pour les laboratoires de l'École de médecine et de la Sorbonne.

« Deux jeunes femmes ont encore, cette semaine, été reçues au baccalauréat ès sciences; une d'elles est sage-femme et veut pousser plus loin ses études scientifiques. Ce sera au grand profit de ses clientes, et il serait fort à souhaiter que beaucoup l'imitassent.

« Je joins à cette lettre une image qui commencera peut-être une petite révolution.

« Le choix des animaux et des plantes est fait, ainsi que la légende explicative, par les professeurs du *Muséum*.

« Le dessin et le coloriage, par les artistes de cet établissement.

« Tout est donc très exact.

« On pourrait craindre que le commerce rendît mal les modèles, l'épreuve ci-jointe prouvera à l'Impératrice que le fabricant a suffisamment réussi. Comme je lui donne gratuitement les modèles, il me passera chaque feuille à trente centimes. Pour trois francs, j'aurai un atlas de dix feuilles que j'enverrai à nos trois mille instituteurs doyens.

« Le fabricant est un imagier d'Épinal. Cette industrie, qui répand dans tous les villages des images souvent ridicules, pourra être, si nous réussissons, ranimée et mise dans une voie meilleure.

« De Votre Majesté, etc. »

Je ne pouvais rien pour M. Janssen, qui n'était alors ni membre de l'Institut ni professeur, et qui cependant faisait des travaux honorables pour la science française. Je cherchai à intéresser l'Impératrice au sort de ce savant par la lettre suivante :

« Madame,

« M. Janssen, que j'ai envoyé dans l'Inde l'an dernier pour y observer la grande éclipse du 18 août, et qui a fait, sur la composition de l'atmosphère solaire, des découvertes dont tout le monde savant s'est ému, vient, après un séjour de dix mois dans l'Himalaya, de rentrer en France, la tête pleine d'idées qui ne demandent qu'à se traduire en travaux importants.

« M. Janssen a trouvé, il y a trois ou quatre ans, la cause de la coloration en rouge du soleil et de la lune, au lever et au coucher; l'Empereur a lu ce mémoire avec intérêt. Janssen a découvert de la vapeur d'eau dans Mars, c'est-à-dire une des conditions de la vie à la surface de cette planète.

« Il en a même vu dans quelques étoiles, où l'oxygène et l'hydrogène se combinent et dont la température est, par conséquent, inférieure à deux mille degrés : ce sont des soleils qui s'éteignent pour passer probablement à l'état de notre terre.

« Il a fait dans l'Inde de très curieuses observations sur l'équateur magnétique dont les déplacements sont dus, peut-être, à l'action solaire.

« En un mot, M. Janssen me semble être en ce moment l'homme de France qui peut faire le plus pour la physique céleste, branche nouvelle qu'il est de notre honneur de développer et d'affermir.

« Le Père Secchi à Rome, M. Lockyer en Angleterre, ont à leur disposition toutes les ressources qui manquent à M. Janssen. Ce sont ces ressources que nous devons lui donner.

« Il lui faut :

« 1° Un terrain de mille deux cents à mille cinq cents mètres en pleins champs, peut-être sur le plateau de Fontenay-aux-Roses, où le mètre ne vaut pas trois francs;

« 2° Une maisonnette pour suivre, jour et nuit, la marche des instruments;

« 3° Quelques constructions légères, au ras du sol, pour ses lunettes, thermomètres, etc.;

« 4° Deux élèves dont il fera des maîtres;

« 5° Un traitement dont il puisse vivre, et un fonds de roulement pour travailler.

« Tout cela ne montera pas bien haut et le Corps législatif m'aurait donné à cet effet tout ce que je lui aurais demandé, soixante ou quatre-vingt mille francs, affectés aux constructions, vingt mille ou trente mille pour les instruments.

« Quant au traitement, les douze mille francs de M. Empis sont encore inscrits au budget du Ministère; il n'y a qu'un changement de nom et de chapitre à faire. Le fonds de roulement, l'indemnité aux élèves seront aisément fournis par le budget de l'École des Hautes Études, à laquelle il conviendra de rattacher le nouveau laboratoire.

« J'avais demandé, pour le budget de cette école, cinq cent mille francs. M. Magne m'en a donné cent mille, auxquels j'ai ajouté quatre-vingt mille francs qu'il m'accordait pour fauteuils, tapis et dorures des salons du Ministère, dont je me passerai. Qu'on revienne à mon chiffre et tout devient facile; l'élan donné aux fortes études ira croissant.

« Il est une autre chose que je demanderai à l'Impératrice : c'est de voir elle-même M. Janssen. Il a, pour la science et l'honneur du pays, quitté sa femme et sa fille, bravé bien des périls et gagné une victoire : une audience de Sa Majesté sera pour lui la première et la plus douce récompense.

« De l'Impératrice, etc. »

Pour le moment, mes combinaisons échouèrent, mais j'obtins de la liste civile ce que le Parlement ne me donnait pas. L'Empereur promit à M. Janssen une pension de six mille francs et lui céda, à Saint-Cloud, le pavillon de Breteuil dont il aurait fait son observatoire astronomique. On a fait mieux plus tard, en créant pour lui l'Observatoire de Meudon. Leurs Majestés n'en avaient pas moins, dans cette circonstance comme dans mille autres, servi la science autant qu'il était en leur pouvoir.

Après les laboratoires, les conférences, ainsi que l'attestent les lettres suivantes :

Paris, le 4 février 1866.

« Madame,

« Votre Majesté a bien voulu me permettre de placer sous ses yeux quelques rapports sur les *cours d'adultes*. Je demande la même faveur pour un rapport qui m'arrive sur les *Conférences* faites dans l'Académie de Nancy.

« En daignant le lire, l'Impératrice prendra sur le fait une institution qui, comme tant de choses en ce monde, peut mêler quelque mal à beaucoup de bien. Mais le mal, il est facile de l'éviter avec une surveillance sévère qui ne fait point défaut, comme le prouve ce compte-rendu minutieux, et avec la volonté bien arrêtée de réprimer tous les écarts.

« Quant au bien que produisent les huit cents cours ouverts à cette heure, il est de plusieurs sortes.

« L'Impératrice voudra bien d'abord remarquer qu'en France, il n'y a pas d'enseignement supérieur pour les femmes. Ces causeries du soir, sur les lettres, la science ou l'art, sont pour elles une diversion agréable et utile aux banalités de la vie provinciale, et remplissent dans une certaine mesure, le vide où nous laissons leur esprit.

« Je ne voudrais pas en faire des bas-bleus. Mais l'influence de la mère sur l'éducation du fils et sur la direction de ses idées est trop grande pour qu'on ne s'inquiète pas de voir les femmes rester étrangères à la vie intellectuelle du monde moderne. Une partie de nos embarras viennent de là.

« On demandait un jour à un voyageur ce qu'il venait voir à Sparte ; il répondit : « Des femmes qui savent faire « des hommes ». Les nôtres, trop souvent, ne savent faire que des enfants.

« Ensuite, ces conférences sont données en grande partie par des universitaires. Je ne suis pas insensible au retour d'estime et de confiance qu'elles excitent en faveur de l'Université. Car cette grande institution est la meilleure machine que le Gouvernement ait dans la main pour arrêter, sans violence et par une noble émulation, des envahisse-ments redoutables.

« De l'Impératrice, etc. »

Autre lettre, du 20 janvier 1865.

« Madame,

« J'adresse ce matin à M. le duc de Bassano la liste des hommes les plus distingués de mon département, pour les invitations aux Tuileries.

« Mais, si l'Impératrice désirait que quelques personnes de goût et de savoir vinssent causer devant LL. MM. de questions littéraires ou scientifiques, il y aurait une autre liste à dresser.

« J'ai l'honneur de placer sous les yeux de Sa Majesté la nomenclature des cours qui seront faits à la Sorbonne du 6 février au 31 mars.

« Ces professeurs et bien d'autres, au besoin, s'estime-raient fort heureux et très honorés de porter ces causeries dans un salon des Tuileries, quoique le devoir de parler devant de belles et grandes dames puisse donner à quel-ques-uns beaucoup d'effroi.

« Pour les sujets littéraires, une chaise et une table suffisent.

« Il ne faudrait pas d'autre appareil pour les sujets scien-tifiques, si la noble assistance se contentait d'entendre, et se résignait à ne pas voir. Cependant voir, en pareil cas, c'est comprendre, et mon plus jeune fils, presque de l'âge du Prince Impérial, a pu saisir ainsi par les yeux le sens de choses qui auraient échappé à son esprit.

« A la Sorbonne, j'ai vu des expériences à faire pâlir

tous les thaumaturges du monde. Là, ni adresse, ni ressorts cachés, ni prestidigitation habile, mais des prodiges qui sont expliqués à l'esprit, avant que les yeux les voient, et qui n'en paraissent que plus admirables, parce que ces merveilles sont de la science, c'est-à-dire de la vérité.

« Si l'Impératrice voulait se donner de temps à autre ce noble plaisir, il n'y aurait rien à changer à l'ordre habituel du Château. Quelques appareils seraient apportés par mes soins dans une salle désignée et, comme le disait un de nos savants, les plus brillantes découvertes de la science moderne auraient l'honneur, Madame, de se produire devant vous.

« Que l'Impératrice dise un mot et tout se fera sans bruit.

« Si Sa Majesté daignait indiquer elle-même quelques questions littéraires ou historiques, et l'Empereur quelques sujets de science, j'en ferais proposer l'étude.

« Un sourire de l'Impératrice, un mot de l'Empereur seraient pour tous la meilleure récompense. Je n'ai pas besoin d'ajouter que des hommes qui auraient su plaire à de tels juges, auraient conquis, dans cette redoutable épreuve, des droits à la confiance de l'administration universitaire et aux grâces dont elle dispose.

« J'attendrai en tout les ordres de l'Impératrice pour les exécuter dans la mesure que Sa Majesté daignera fixer.

« De l'Impératrice, etc. »

Les conférences, en effet, pénétrèrent au Château. Fustel de Coulanges, Maspero et d'autres savants furent admis à faire des cours qui se prolongèrent durant des mois devant l'Impératrice et les dames qu'elle voulait bien admettre à ces séances. Il y avait donc place pour les distractions sérieuses, dans cette cour des Tuileries qu'on a représentée comme uniquement livrée à tous les plaisirs mondains.

Un jour, l'Impératrice m'envoya une note où elle disait : « Le meilleur moyen de propager le bien, c'est de le faire connaître, et, de même qu'un malfaiteur que la justice a frappé d'une peine infamante voit son nom, son crime et son châtiment affichés en placards et signalés à la réprobation universelle, de même, le dévouement et le patriotisme doivent avoir leur publicité. Ainsi, je voudrais que le nom d'un simple soldat, mort au champ d'honneur, victime d'un héroïsme souvent ignoré, fût conservé dans son village; une rue ou une place porterait son nom, et, dans la maison d'école, une plaque en marbre transmettrait aux âges futurs, avec son nom, le récit de l'action d'éclat qui lui donne le droit d'avoir son monument. Je ne doute pas que plus d'une jeune tête ne rêvât aussi de gagner l'immortalité parmi ceux qui l'ont vue naître.

« L'enthousiasme s'en va, dit-on ; il faut le réveiller, il faut démocratiser la récompense, faire pour le village ce qu'on a fait pour les villes, et donner à chacun un titre de noblesse qui sera, j'en suis sûre, bien accueilli, car il aura été bien gagné.

Signé : « EUGÉNIE. »

J'y répondis le 14 avril 1867 :

« Madame,

« Votre Majesté a une fort belle idée qui a fait la force et la grandeur de Rome et d'Athènes. Elle veut ouvrir dans toutes nos écoles le Livre d'or de la noblesse populaire, et propose à tous les citoyens, même dans les plus petites communes, l'exemple de ceux qui ont bien servi la patrie ou qui sont tombés pour elle.

« Je suis aux ordres de l'Impératrice, avec mes quarante-cinq mille instituteurs, pour l'exécution de ce beau dessein.

« Je suis, Madame, etc. »

Le travail exigeait, pour la recherche et le choix des noms, beaucoup de temps, et déjà nous n'en avions plus. Sans être abandonné, il traîna en longueur et mes successeurs eurent de bien autres soucis.

L'Impératrice me permettait aussi de la tenir au courant des questions sociales qui s'agitaient et dont quelques-unes venaient retentir dans mon administration. Aux derniers jours de mon ministère (25 juin 1869), je lui écrivais encore :

« Les mesures philanthropiques : crèches, salles d'asile, écoles, hôpitaux, hospices, maisons de convalescence et de retraite, caisses d'épargne, sociétés de secours mutuels, tout cela est un grand bien, mais ne constitue que des palliatifs heureux. Pour changer les idées des ouvriers, pour modifier leurs sentiments de haine et d'envie contre le patron, qui se traduisent en sentiments de colère ou de révolte contre le Gouvernement, considéré comme le chef naturel des patrons, il faut quelque chose de plus. Je sais bien qu'en pareille matière le Gouvernement ne peut rien imposer, il doit du moins ne perdre aucune occasion de montrer les dispositions nouvelles de quelques maîtres; et, dans les journaux, faire plaider cette cause.

« La question sociale, c'est-à-dire la paix ou la guerre au sein de ce monde industriel qui, aujourd'hui, fait la

richesse, la force, l'activité nationale, c'est la grande question de notre temps. »

Un matin, l'Impératrice voulut bien m'inviter à une
séance de son conseil d'administration de la Société du
Prince Impérial. Tout le monde, excepté moi, était, comme
il convenait, en costume de cérémonie. J'envoyai, en
rentrant chez moi, la lettre suivante (16 avril 1866) à la
souveraine :

« Madame,

« Je supplie l'Impératrice de m'excuser de m'être présenté en habit de ville à la réunion d'aujourd'hui. Je
croyais que Votre Majesté ne devait appeler que dix ou
douze personnes pour leur donner ses instructions. En
punition de ma maladresse, j'envoie au trésorier de l'œuvre,
M. Frémy, une souscription de cinq cents francs.

« De Votre Majesté, etc. »

Je reçus cette réponse :

« Mon cher Ministre,

« En rentrant chez moi, j'ai trouvé votre lettre. Je ne
m'étais pas aperçue du détail de toilette, mais au *même
prix*, je consens à exclure tous les habits et les cravates
blanches. Je vous remercie donc de tout cœur pour notre
œuvre, et nous comptons sur vous pour lui donner une
nouvelle impulsion.

« Croyez, mon cher Ministre, à tous mes sentiments.

Signé : « EUGÉNIE. »

Un autre jour, je reçus le billet suivant :

« Mon cher Ministre,

« J'approuve complètement ce que vous me proposez et je vais tout de suite le faire dire à Madame Cornu et à Sandeau. Je vous remercie, mon cher Ministre, de tout le plaisir que je vais leur donner et de celui que je ressens moi-même en leur nom. Croyez à tous mes sentiments.

Signé : « Eugénie. »

Ces lettres n'ont aucune importance, et si elles sont reproduites ici, c'est qu'elles montrent que la Souveraine n'entendait pas s'associer au parti clérical qui faisait si rude guerre au Ministre de l'Instruction publique. On n'a donc pas le droit, comme le faisait encore, en 1890, une revue habituellement plus sérieuse, d'oublier la tragique destinée d'une Impératrice et d'une mère, en lui reprochant « d'avoir fait du gouvernement d'un grand pays, une question de ménage ».

La confiance de l'Impératrice me suivit dans ma retraite. Le 10 août 1866, j'avais eu l'honneur de lui écrire :

« Madame,

« L'an dernier, à la suite d'un examen pour le baccalauréat, fort honorablement passé devant la Faculté de Montpellier, une jeune dame d'excellente conduite me demanda l'autorisation de suivre les cours de l'École de médecine d'Alger. Je m'empressai de l'accorder, dans la pensée que le docteur en cornette pourrait pénétrer sous la tente et dans le harem de l'Arabe, là où le docteur en rabat n'entrera jamais.

« Aujourd'hui, une dame Brès, déjà reçue sage-femme, me demande à se présenter aux examens pour le doctorat en médecine à Paris; je crois répondre aux intentions de Votre Majesté comme aux droits du bon sens et de la justice, en accordant, malgré les résistances qui m'entourent, la nouvelle autorisation demandée. »

A plusieurs reprises, l'Impératrice voulut bien m'entretenir à ce sujet, même après ma sortie du Ministère. Elle était très frappée des services que les femmes-médecins rendraient en Algérie pour nous attacher les Arabes, en Orient pour y étendre notre influence, même en France, si nous donnions à nos sages-femmes une instruction supérieure, et à des sœurs de charité une connaissance plus sûre des médicaments qu'elles distribuent souvent à de pauvres familles. A force de réfléchir à cette question patriotique, un projet prit corps au printemps de 1870, et je m'entendis pour l'exécution avec le directeur de l'Assistance publique, qui me promit tout son appui. Des professeurs de nos hôpitaux dressèrent un programme d'études; ils s'engagèrent à réserver, dans leur service, des cliniques spéciales pour les élèves femmes, et je choisis la maison qui allait devenir le chef-lieu de la nouvelle école. L'Impératrice m'avait promis une somme importante pour les premières dépenses.

Son impatience de nous voir à l'œuvre s'accrut à la lecture d'un journal qui annonçait que la carrière médicale venait d'être ouverte aux femmes en Russie. « Désormais, elles pourront suivre les cours à l'Université de Saint-Pétersbourg, et elles sont autorisées à exercer la médecine; mais elles ne pourront prendre de grades. » En m'envoyant cette nouvelle, Sa Majesté m'écrivait (1870) :

« Mon cher Monsieur Duruy.

« Vous voyez, le temps presse. Avez-vous parlé à M. Milne Edwards? Dans le *Figaro* d'aujourd'hui, j'ai fait la coupure que je vous envoie. Entre *autorisée à exercer* ou laisser prendre des grades, il n'y a que la différence de la tolérance à un droit, mais ceci m'importe peu, et nous allons nous laisser devancer après avoir eu les premiers l'idée; pressez-vous donc et croyez à tous mes sentiments.

Signé : « Eugénie. »

Ma réponse fut l'envoi à l'Impératrice d'une épreuve du document suivant :

FONDATION D'UNE ÉCOLE LIBRE
pour l'instruction médicale des femmes.

« I. — Durant son voyage en Orient, l'Impératrice remarqua que les femmes et les enfants musulmans, chez les riches comme chez les pauvres, manquaient souvent pour leur santé des soins les plus essentiels, à cause de la coutume qui interdit l'entrée des harems aux hommes, même aux médecins. En Algérie, si la femme d'un chef tombe malade et qu'un médecin français se trouve dans le voisinage, celui-ci est peut-être appelé; mais c'est parfois en touchant seulement le pouls de cette cliente voilée dont la main lui est tendue sous la toile de la tente, qu'il est obligé de reconnaître la nature du mal et d'indiquer les remèdes. Il serait donc à souhaiter que, pour ces peuples, il fût organisé un service médical dans des conditions d'exercice qu'ils pussent accepter, et la première de ces conditions serait que, par son sexe, le médecin pût pénétrer partout.

« Des renseignements pris auprès de personnes compétentes autorisent à penser que des femmes qui auraient fait en France de sérieuses études médicales, constatées par des examens publics et dont un diplôme garantirait à la fois le savoir et l'aptitude, trouveraient, en pays musulman, un bienveillant accueil et pourraient y rendre de très grands services.

« Notre civilisation et les idées qu'elle représente pénètrent, à leur insu même, dans l'esprit de ces peuples. Ils voient nos ambassadeurs, nos ministres, nos consuls, nos voyageurs donner aux femmes, dans la vie publique et privée, la place que nos mœurs leur accordent et ils se sont habitués déjà à les respecter. A l'époque des fêtes de l'Isthme de Suez, leur imagination a été singulièrement frappée par les publics hommages dont les princes, venus à ces solennités, les colonies européennes établies dans ces régions, le sultan, le khédive et les chefs musulmans, ont entouré l'Impératrice à Constantinople, à Port-Saïd, à Ismaïlia et dans toute l'Égypte. Au Caire, ce foyer de l'ancien fanatisme arabe, de nombreuses femmes chrétiennes passent l'hiver au milieu d'une population de cinq cent mille âmes qui ne s'étonne plus de leur présence et s'est habituée bien vite à tirer profit de leur séjour.

« Que l'École proposée soit utile aux musulmans; qu'avec leur régime de la séparation des sexes, ils aient un besoin absolu d'une pareille institution qui, cependant, ne peut naître chez eux, c'est de toute évidence. Il est également certain que des femmes placées sous le patronage qui protégera nos élèves, et se présentant avec les garanties les plus sérieuses de savoir et d'expériences pratiques, trouveront, dans cette société, un accueil favorable.

« L'Orient respecte infiniment deux choses : la religion et la science. Dans ce sentiment est le secret de la confiance que leur inspirent nos congrégations enseignantes, nos missionnaires, nos sœurs de charité, nos maîtres laïcs ou congréganistes. On n'a pas oublié l'éclatant succès du lycée de Galata-Seraï, dont les professeurs français ont, en quelques mois, réuni plus de six cents élèves. A Smyrne, à Alexandrie, au Caire, comme à Constantinople, j'ai vu de magnifiques établissements scolaires tenus par nos nationaux ; il s'en trouve à Beyrouth, à Ghazir, à Alep, à Damas, dans vingt autres villes, et le sentiment dont j'ai été le plus frappé, en Orient, est celui de la respectueuse déférence des Turcs pour la science occidentale.

« D'ailleurs, c'est l'islamisme dégénéré qui a fait à la femme la misérable condition où nous la voyons. Des femmes arabes ont été, même de nos jours, honorées à l'égal des marabouts, et dans leurs anciennes légendes on trouve des guerrières et des saintes. Aussi, il suffirait d'un retour à l'islam des premiers siècles pour que la femme retrouvât en Orient la place qui lui est due, et ce retour commence.

« II. — Mais convient-il à la France de prendre cette initiative ? D'abord, toute œuvre de civilisation et de bienfaisance est une œuvre essentiellement française. Nous avons à cet égard des traditions séculaires qu'il ne nous est pas permis d'abandonner, car si la France est, comme l'a dit l'Empereur, le seul pays qui fasse la guerre pour une idée, c'est encore bien plus le seul qui aille faire. le bien à l'étranger, même sans espoir de retour.

« Et n'avons-nous pas en France beaucoup de jeunes femmes qui achèteraient volontiers la garantie de l'avenir au prix de quelques années d'études sévères, et d'un exil temporaire sous la protection de nos consuls? L'intérêt français est donc d'accord avec l'intérêt musulman.

« Sans doute, il serait à souhaiter que la femme n'eût pas d'autre souci que ceux de la maternité, de l'éducation des enfants et de la bonne tenue du ménage. Malheureusement notre société affairée exige l'utile emploi du plus grand nombre de ses membres; et, à cet intérêt égoïste, mais impérieux, elle sacrifie souvent jusqu'à l'enfant lui-même.

« Comme nous ne pouvons détruire cet effet, qui résulte de la concurrence universelle établie dans le monde de l'industrie, appelons d'abord de tous nos vœux la loi qui protégera l'enfant, et, pour la femme, ouvrons-lui, puisqu'il le faut, des carrières honorables, et multiplions les professions qu'elle est apte à remplir.

« Parfois la misère s'abat soudainement sur une famille où régnait l'aisance : c'est une jeune veuve qui perd tout, en perdant le bras où elle s'appuyait; c'est une de ces nombreuses familles de petits fonctionnaires où le traitement du père était la seule ressource. Si, en mourant, il ne laisse que des filles, le danger est grand, car, autour de la pauvre maison rôde quelque chose de plus terrible encore que la misère. On fera donc œuvre de sage prévoyance en multipliant les institutions qui préviennent les chutes et préparent un avenir de travail, d'aisance et d'honneur.

« Cette tendance à chercher pour les femmes un emploi honorable et utile de leurs facultés et du temps dont elles peuvent disposer, est aujourd'hui générale dans le monde. Ce fait nouveau se produit en Russie comme en Amérique,

en Suisse comme en Angleterre. Chez nous, il s'est manifesté depuis quelques années, sous différentes formes, et
l'Impératrice en a favorisé le développement, en accordant
sa sympathie ou son assistance à toute institution qui peut
diminuer les chances de misère ou de péril auxquelles la
jeune fille pauvre est exposée.

« III. — A ceux qui s'étonneraient de voir fonder une
école libre de médecine dont les élèves seraient des
femmes, nous répondrions que le soin des malades a toujours été une des vertus de la femme. Les sœurs de charité, sans parler des grandes dames qui le deviennent à
l'occasion, nos infirmières laïques, nos sages-femmes de
France rendent chaque jour de très grands services dans
les hôpitaux et dans les familles.

« Si l'homme a beaucoup de maladies qui sont le triste
partage de la femme, le sexe féminin en a aussi qui lui
sont particulières ; et ces maladies spéciales, que souvent
on laisse s'aggraver par une hésitation et une réserve qui
se comprennent, lorsqu'il faut s'adresser à un homme,
pourraient être étudiées avec un abandon plus complet de
la part de la malade, avec une expérience souvent personnelle de la part du consultant, si ce consultant était une
femme désignée à la confiance des familles par la sévérité
de ses études.

« Que dire des maladies des enfants ? La mère même
ignorante n'est-elle pas déjà pour son enfant presque un
médecin ?

« C'est par milliers qu'il faut compter les femmes qui,
en France et dans nos colonies, à l'étranger, s'occupent
des malades, soit dans les hôpitaux rattachés à nos
treize mille bureaux de bienfaisance, soit dans un certain

nombre de nos vingt mille communes qui n'ont pas un médecin à demeure. Malgré la loi et les règlements, mais par une force des choses qui est supérieure à la volonté du législateur, beaucoup ne se contentent pas de donner des soins aux malades, quelques-unes leur donnent encore des conseils et parfois des médicaments.

« Au lieu de se plaindre d'un fait très difficile à réprimer et de citer avec complaisance des catastrophes que l'inexpérience a produites, ne vaudrait-il pas mieux s'arranger pour que ces conseils, qu'on n'empêchera jamais ni d'offrir ni de recevoir, soient éclairés ? Serait-ce donc un mal que, pour ce nombreux personnel féminin qui vit auprès des malades, il y eût une école où des femmes pourraient prendre en médecine théorique et pratique de sérieuses connaissances qui les rendraient de bien plus utiles auxiliaires pour les médecins ?

« Parmi les personnes riches qui s'imposent le devoir de visiter les malades, plusieurs sans doute auraient aussi le désir de donner à leur charité une direction plus utile, en acquérant, au prix d'une étude qu'elles pourraient ajouter au nombre de leurs bonnes œuvres, le droit de porter dans les familles qu'elles secourent des conseils plus certains.

« Je sais bien qu'on a dit qu'il ne peut y avoir de demi-médecins, pas plus qu'il n'y a de demi-malades. Cet axiome du « tout ou rien » est aussi juste en hygiène que celui qui a été si longtemps employé contre les « demi-savants » par les adversaires de l'instruction populaire, et qui n'a pas empêché de pousser le peuple entier aux écoles, bien qu'il fût évident que tous ceux à qui on apprendrait à lire ne deviendraient pas des lettrés ou des savants dignes de l'Académie.

« Le plus irrité contre la demi-science sera peut-être le plus empressé, dans un cas urgent, à appeler, en l'absence d'un docteur, le modeste officier de santé, ou même l'infirmière qui a tant vu de malades qu'elle en a pris une expérience qui se trompe rarement.

« La médecine est sans doute une science pleine de mystères que de grands docteurs peuvent seuls pénétrer; elle est aussi un art qui, pour mille cas, a des procédés accessibles à toutes les intelligences.

« Ayons donc le plus que nous pourrons de savants médecins, mais ne dédaignons pas d'avoir en même temps un grand nombre de personnes familiarisées avec les vérités positives de la médecine.

« IV. — Croit-on que les femmes manqueraient d'aptitude et de goût pour ces études? Les cours scientifiques faits à trois cents jeunes filles, à la Sorbonne, dans les trois dernières années, ont révélé en elles une surprenante vocation pour les sciences naturelles, une finesse d'analyse, une fermeté d'observation qui ont étonné les professeurs habitués à trouver, dans les lycées, des résultats souvent moins heureux.

« Les grades de bacheliers ès lettres ou ès sciences, celui de licencié commencent à être recherchés par des femmes. Cette année, la sœur d'un candidat à l'École Polytechnique a fait avec son frère le cours de mathématiques spéciales et, au dire du professeur, était capable d'arriver en tête de liste. Plus récemment encore, une dame a reçu, après un brillant examen passé devant la Faculté de médecine de Paris, le titre de docteur à toutes boules blanches, c'est-à-dire avec la note *bien* sur toutes les questions, et trois autres qui sont en cours d'études à la même Faculté, se sont jusqu'à présent tirées avec succès de toutes les épreuves qu'elles ont subies.

« Dans les arts, dans les lettres, des femmes ont de nos jours pris place au premier rang, comme écrivains, sculpteurs et peintres; on voit par ce qui se passe à la Sorbonne et à la Faculté de médecine qu'elles ne veulent pas déserter l'autre région de la pensée humaine et qu'il y a place aussi pour elles dans la science. Une courageuse femme ne pénétrait-elle pas, dernièrement, jusqu'au centre de l'Afrique où elle périssait assassinée en voulant agrandir le domaine de nos connaissances?

« V. — Quant à des difficultés d'un autre ordre, l'organisation proposée ne permettra pas qu'il s'en produise, grâce au concours que M. le Directeur général de l'Assistance publique veut bien accorder à cette œuvre, en lui donnant pour ainsi dire asile, au sein de la grande et paternelle administration qu'il dirige si bien. D'ailleurs il est bon qu'on sache que la présence dans nos hôpitaux des élèves sages-femmes, des infirmières et des sœurs de charité n'amène point de désordre, et le Ministre de l'Instruction publique n'a pas eu à regretter d'avoir accordé l'autorisation de suivre les cours des écoles de médecine de Paris et d'Alger à de jeunes femmes dont la vie studieuse a été profondément respectée. Il en a été de même pour celles à qui l'administration de l'Assistance publique a permis de prendre part aux cliniques de ses hôpitaux.

« Dans l'état actuel de la législation, le brevet délivré par l'école ne pourra avoir qu'une valeur d'opinion, et les personnes qui l'auraient obtenu seraient sans droit pour exercer en France. Mais, d'abord, cette législation peut changer, car nous manquons de médecins; depuis vingt ans leur nombre va en diminuant, et il faudra trouver quelque moyen de pourvoir à ce déficit. En outre, il est possible que de jeunes femmes, à l'exemple de celles dont il était question plus haut, veuillent conquérir par les voies ordinaires le grade de docteur. Pour celles-là, l'école nouvelle serait la meilleure des préparations.

« Mais, en nous bornant à l'Algérie et à l'Orient, l'École secondaire libre de médecine sera certainement d'une grande utilité pour des femmes de cœur et d'intelligence que n'effrayeraient ni l'aridité de l'étude ni les difficultés de la vie dans des pays lointains. Lorsqu'elles s'y rendront avec un titre honorable et sous le patronage qui les y suivrait, il ne leur sera pas difficile d'y trouver, avec de la persévérance et du courage, le moyen de s'assurer des jours meilleurs tout en accomplissant une tâche de bienfaisance et de civilisation.

« Il y a quelque chose qui vaut mieux que tous les raisonnements, c'est le fait réalisé. Viendra-t-il des élèves à l'école que nous ouvrons? Nous l'ignorons; car des préjugés et des intérêts de toute sorte sont contraires à cette idée. Du moins aurons-nous fait notre devoir en tâchant de donner corps et vie à une inspiration généreuse et patriotique.

« V. Duruy. »

SOCIÉTÉ LIBRE

pour l'instruction médicale des femmes.

« Article Ier. — Une association pour l'instruction médicale des femmes se constitue à Paris, sous le patronage de l'Impératrice, présidente d'honneur de l'Association, et fonde une école libre de médecine.

« Art. II. — L'Association se compose de membres fondateurs ayant versé une souscription de deux cents francs au moins, et de sociétaires dont la souscription annuelle est de vingt francs.

« Les femmes peuvent être membres de la Société.

« Art. III. — L'enseignement de l'école est théorique et pratique.

« Les élèves suivent les cours et exercices indiqués au programme, et de plus :

« Elles assistent à des conférences complémentaires et à des démonstrations destinées au développement des sujets traités par les professeurs ;

« Elles rédigent les leçons ;

« Elles sont fréquemment interrogées sur les matières des cours par les répétiteurs ;

« Elles font des dissections et des manipulations chimiques et pharmaceutiques pour la préparation des médicaments ;

« Elles sont exercées à la pratique de la petite chirurgie.

« Art. IV. — Les élèves fréquentent des hôpitaux déterminés, pour y étudier d'une manière pratique la médecine et se familiariser avec les soins à donner aux malades.

« A l'intérieur des hôpitaux, elles sont placées dans les services des médecins et chirurgiens, professeurs de l'association, et spécialement confiées aux sœurs de charité attachées à ces services, sous la surveillance paternelle des directeurs des établissements.

« Art. V. — Des répétiteurs choisis parmi les docteurs des Facultés ou les internes des hôpitaux font les conférences et démonstrations, interrogent les élèves et corrigent les rédactions.

« Art. VI. — Des examens de fin d'année ont lieu pour autoriser le passage au cours supérieur.

« Art. VII. — Des cours de turc et d'arabe sont faits durant les trois années d'études, pour apprendre à parler l'une ou l'autre de ces langues aux élèves qui se destineront à exercer dans les pays où elles sont en usage.

« Art. VIII. — A la fin du cours normal des études, l'association délivre, s'il y a lieu, après examen public passé devant un jury de professeurs, un diplôme d'études médicales.

« Art. IX. — L'école peut avoir deux sortes d'élèves : des externes et des demi-pensionnaires.

« Les externes suivent les cours théoriques et les cliniques organisés pour les élèves de l'école.

« Les demi-pensionnaires sont reçues de huit heures du matin à cinq heures du soir, dans une maison où se trouvent des salles d'études, des bibliothèques, des collections de pièces anatomiques et des instruments.

« Cette maison est placée sous la direction d'une dame choisie par le Conseil d'administration.

« Les élèves y prennent le repas de midi.

Art. X. — Les affaires de la Société sont dirigées par un conseil d'administration composé des cinq membres du Comité fondateur, auxquels seront adjoints cinq membres élus par l'assemblée des sociétaires.

« Art. XI. — Le Conseil d'administration prononce, après enquête sur leur moralité, l'admission des élèves, qui doivent être âgées de dix-huit ans au moins et avoir subi un examen d'admission constatant un degré d'instruction générale.

Il règle le budget de la Société, désigne les professeurs

et les répartiteurs, accorde les bourses et les demi-bourses dont il dispose, et règle par ses délibérations tout ce qui intéresse l'école.

« Art. XII. — Le Conseil d'administration désigne un ou deux de ses membres pour la haute surveillance de l'école.

« Art. XIII. — L'Association fournit à ses élèves, soit directement, soit par l'intermédiaire d'établissements publics ou privés, tous les moyens d'études nécessaires

« Les frais sont couverts par les droits d'inscription et le montant des pensions que payent les élèves, et par les bourses, demi-bourses et donations que constitueraient des membres de la Société ou des personnes bienfaisantes.

« Art. XIV. — Le Conseil d'administration remplit, vis-à-vis des élèves sorties avec le diplôme, le rôle de comité de patronage.

« Art. XV. — Chaque année le Conseil d'administration rend compte à l'assemblée générale de l'état de l'école et des progrès de l'œuvre.

« Les membres du Comité fondateur :

> MM. Duruy, *ancien ministre et sénateur.*
>
> Husson, *membre de l'Institut, directeur de l'Assistance publique.*
>
> Milne-Edwards, *membre de l'Institut et doyen de la Faculté des sciences.*
>
> Nélaton, *membre de l'Institut et sénateur.*
>
> Pavet de Courteille, *professeur de langue turque au Collège de France.*

ÉCOLE LIBRE DE MÉDECINE POUR LES FEMMES.

Programme des cours provisoires de la 1re année.

« La première année sera principalement consacrée à l'étude des sciences qui sont la base de la médecine : l'histoire naturelle, la chimie, la physique, étudiées dans leurs applications à l'art de guérir, et l'anatomie.

« Pendant le premier semestre, les élèves suivront des cours institués à la Sorbonne pour l'instruction secondaire des jeunes filles et ayant pour objet :

« 1° Des notions élémentaires de physique. — Professeur : M. Jamin, membre de l'Institut.

« 2° Des notions élémentaires de chimie. — Professeur : M. Riche, professeur suppléant à l'École supérieure de pharmacie.

« 3° Des notions élémentaires de botanique. — Professeur : M. Van Tieghem, maître de conférences à l'École Normale supérieure.

« 4° Des notions élémentaires d'anatomie et de physiologie animale. — M. Bert, membre de la Faculté des sciences.

« 5° Des notions élémentaires de mathématiques. — Professeur : M. Philippon, secrétaire de la Faculté des sciences.

« Pendant le second semestre, les élèves suivent :

« 1° Un cours spécial de chimie pharmaceutique et médicale. — Professeur : un pharmacien des hôpitaux.

« 2° Des leçons spéciales d'anatomie et de physiologie humaine, considérées dans leurs rapports avec la médecine et ayant principalement pour objet les fonctions de la digestion, de la respiration, de la circulation et de l'innervation. — Professeur : un chirurgien des hôpitaux.

« 3° Des leçons élémentaires sur la pathologie, spécialement sur les maladies particulières aux enfants, et leçons d'hygiène. — Professeurs : deux médecins des hôpitaux.

« A partir de ce second semestre, les élèves fréquenteront les hôpitaux qui leur seront désignés, et où des cliniques spéciales pour elles seront instituées.

« Des conférences complémentaires et des démonstrations sur les mêmes sujets seront faites par des répétiteurs spéciaux.

« Pendant cette première année et les années suivantes, les élèves qui voudront exercer en pays musulman auront, chaque semaine, trois leçons de turc ou d'arabe. — Professeurs : M. Pavet de Courteille, professeur au Collège de France, et M. (?)

« A la fin de l'année scolaire, examen de passage au cours supérieur [1] ».

J'avais eu soin d'écrire au Ministre de l'Instruction publique, M. Mège, pour l'avertir du but que nous poursuivions et mettre la nouvelle école à l'abri des sévérités administratives, en obtenant pour elle le droit de vivre comme les autres cours autorisés. M. Mège voulut bien me répondre, le 8 juillet 1870, par la lettre suivante :

« Monsieur le Sénateur,

« J'ai reçu la lettre que vous m'avez fait l'honneur de m'adresser pour me demander l'autorisation de fonder une

---

1. S'adresser, pour les demandes de renseignements et d'inscriptions, comme pour les souscriptions, à titre de sociétaires ou de membres fondateurs, à M. Philippon, secrétaire de la Faculté des sciences et de l'Association pour les cours secondaires de jeunes filles, tous les jours de huit à dix heures du matin, et le soir de quatre à six, rue du Cardinal-Lemoine, n° 75.

société et d'ouvrir des cours destinés à l'éducation médicale des femmes. Après avoir consulté les lois et règlements qui concernent cette délicate matière, je me suis assuré qu'il n'y a qu'un seul moyen de vous donner satisfaction sans sortir de la légalité; ce moyen, c'est celui que vous avez indiqué vous-même lorsque, chargé du département de l'Instruction publique, vous vous préoccupiez d'ouvrir un libre champ aux conférences d'enseignement supérieur. La jurisprudence que vous avez établie très justement à ce sujet est toujours en vigueur; il ne me paraît pas possible d'en introduire une autre. C'est donc, conformément à l'article 54 du décret du 17 mars 1808, c'est aussi conformément à la jurisprudence administrative établie par vous en 1865, que l'arrêté relatif à votre demande a été rédigé. Il n'y pouvait être question ni de société, ni de l'enseignement médical des femmes; c'est une autorisation de cours publics avec l'indication des professeurs et des sujets à traiter. Je vous prie de vouloir bien remarquer qu'en autorisant non seulement des *conférences*, mais des *cours*, j'ai donné à votre demande la solution la plus large et la plus favorable : aller plus loin, c'eût été porter atteinte à la loi et devancer cette liberté de l'enseignement supérieur qui est, vous le savez, une des préoccupations les plus sérieuses de mon administration.

« Agréez, Monsieur le Sénateur, l'expression de mes sentiments de haute considération,

« *Le Ministre de l'Instruction publique,*

Signé : « MÈGE. »

Quelques jours auparavant, un homme qui connaissait fort bien l'Algérie, m'avait écrit :

« Monsieur le Sénateur,

« J'ai l'honneur, suivant votre désir, de vous envoyer quelques mots relatifs aux soins que reçoivent, en Algérie, les femmes indigènes lorsqu'elles sont malades.

« Dans ce pays, la loi musulmane qui interdit aux femmes de montrer leur visage en public, est bien moins rigoureusement appliquée qu'en Orient. A l'exception des Mauresques qui résident dans les villes et ne sortent jamais sans être voilées, toutes les autres indigènes — Kabyles et Arabes — vivant, soit dans des habitations fixes, soit sous la tente, sont journellement appelées à l'extérieur par les soins du ménage ou les travaux des champs, et restent ainsi exposées aux regards des étrangers.

« Quelques grands chefs seuls, dont le nombre est fort restreint, donnent à leurs femmes un personnel de négresses suffisant pour leur éviter tout travail et ont de véritables harems comparables à ceux des Turcs : ce sont, en général, les bach-aghas, les aghas, quelques caïds et quelques kadhis.

« A quelque rang qu'elle appartienne, une indigène malade ne reçoit ordinairement de soins d'aucun médecin. Ses voisines et amies, instruites de son état, viennent la visiter et lui conseiller un remède souvent peu efficace, mais toujours simple et facile à appliquer.

« Cependant s'il se trouve dans les environs une de ces femmes célèbres dans l'art de guérir — il n'y en a peut-être pas dix dans la province d'Alger —, elle apporte ses soins à la malade. La science de ces guérisseuses est limitée à la connaissance des propriétés de certaines plantes; composer des breuvages pouvant donner la mort, fabriquer

des préparations propres à déterminer la délivrance anti-
cipée d'une femme coupable, telle est généralement leur
spécialité médicale.

« Si la maladie est causée par une entorse ou la fracture
d'un membre, le médecin arabe, ordinairement très bon
rebouteur, pose fort habilement un appareil. Dans ce cas,
la malade est toujours voilée si elle appartient à une
famille riche; quelquefois, si son maître est de condition
moyenne; presque jamais, si elle dépend de la classe
pauvre. La visite se passe avec une extrême pudeur; le
père ou le mari y assiste.

« Les médecins indigènes s'entourent presque toujours
du prestige de la religion, afin d'acquérir la considération
et l'influence qu'ils ne peuvent emprunter à la science.
Leurs prescriptions sont invariablement accompagnées de
prières, d'amulettes renfermant les versets les plus obscurs
du Coran, et parfois des papiers couverts de signes hiéro-
glyphiques dépourvus de toute signification.

« Les Arabes regardent comme possédé de l'esprit de
Dieu celui qui a le talent de guérir. Aussi, ont-ils toujours
eu nos médecins en grande vénération. Ils n'ont pas tardé
à reconnaître leur supériorité et à mesure que le mouvement de répulsion instinctif qu'ils éprouvent pour le con-
quérant commence à s'effacer, ils hésitent de moins en
moins, quand ils se jugent sérieusement malades, à les
venir consulter.

« Dans chaque cercle, un médecin militaire est spécialement attaché au bureau arabe, non seulement pour pratiquer les opérations de médecine légale, mais encore pour
donner à tous les malades qui se présentent à sa visite les
soins que leur état peut nécessiter. Il accompagne fré-

quemment le chef de bureau et ses adjoints dans les tour-
nées politiques et administratives que ces officiers sont
tenus d'effectuer. Il est remarquable alors de voir avec
quel empressement les populations profitent de la circonstance pour solliciter ses soins. Il n'est pas rare qu'il soit
introduit, sans répugnance et même avec confiance, dans
la demeure consacrée aux femmes.

« Dans ce dernier cas, la malade reste voilée pendant la
visite du docteur. Cependant, si ce dernier en reconnaissait la nécessité, le chef de famille qui l'accompagne ferait
découvrir le visage. Il importe de noter que ces ménage-
ments ne sont pris que pour les femmes d'un certain rang.
Celles des classes inférieures ne craignent plus de venir,
accompagnées ou non, se présenter au domicile même du
docteur.

« Mais ces consultations n'ont jamais lieu que dans des
cas d'affections graves qui, souvent, pourraient être évi-
tées, si la science était venue apporter son secours au
début même de la maladie. Cet état de choses changerait
si la présence d'une femme médecin rendait plus faciles
et plus naturelles les consultations pour des indispositions
légères.

« Puissent ces trop longues lignes contenir un seul mot
qui vous paraisse digne d'attention !

« Je suis avec un très profond respect,

« Monsieur le Sénateur,

« Votre très obéissant et très dévoué serviteur,

Signé : « ROUSSEAU. »

Paris, le 29 juin 1870.

L'École devait fonctionner régulièrement au mois de novembre 1870; mais, à ce moment, la grande malade était la France, et le président du Comité fondateur faisait faction comme garde national sur les remparts de Paris, assiégé par les Prussiens!...

En écrivant ce chapitre et celui qui précède, j'ai rempli mon devoir d'historien et non celui de courtisan, quoique la cour faite au malheur n'ait rien que d'honorable. Il est certain que je n'ai pas tout su et que je n'ai point pénétré dans l'alcôve où s'échangent les pensées secrètes. Mais l'histoire sérieuse ne va pas là; elle étudie les faits publics; elle juge d'après les documents, et ceux que j'ai produits sont contraires à la légende qu'on veut établir.

Dans les conseils du Gouvernement, qui suivirent les batailles de Forbach et de Reichshoffen, le comte de Palikao entendit plusieurs fois l'Impératrice, dégagée de toute préoccupation personnelle, dire aux ministres : « Sauvez la France, sans vous occuper de nous. »

CHAPITRE XVII

L'ADMINISTRATION CENTRALE

I

A mon entrée au Ministère, l'Université, suivant la coutume, vint faire visite à son nouveau chef. Je la reçus en corps et lui adressai les banalités d'usage. Un mot cependant portait plus loin que les autres, parce qu'il était sérieusement dit, c'est pourquoi je le répète : « Ma préoccupation de tous les instants, Messieurs, sera de prouver, par ma conduite dans cette maison, qu'on trouvera toujours dans l'Université un homme capable de bien conduire ses affaires. » Voilà vingt ans qu'on suit un système contraire; l'Université a-t-elle eu, sauf de très honorables exceptions, à s'en féliciter? Si je n'avais pas traversé tous les genres d'enseignement, depuis le collège jusqu'à l'École Polytechnique, et suivi toutes les branches de l'administration, depuis l'Inspection de Paris jusqu'à l'Inspection générale par toute la France, je n'aurais pu remplir l'office que l'Empereur me donna, et j'aurais été, comme certains hommes que la politique a jetés au Ministère, obligé de me laisser conduire par des sous-ordres. L'un de ceux-ci, par exemple, qui, bien tenu en main, était excellent comme agent d'exécution, et qui, devenu un pseudo-ministre, fut déplorable, quand il eut le pouvoir de tout mener à sa guise. C'est la loi naturelle de la bonne ou de la mauvaise répartition des fonctions dans le grand organisme de l'État.

Ma première lettre à l'Empereur, en date du 10 juillet 1863, porte ce qui suit :

« Sire,

« On dit que le pouvoir gâte les hommes. Je voudrais prendre pour moi-même des garanties contre ce péril, en déposant dans les mains de Votre Majesté la note de ce que je possède, au moment où j'entre au Ministère :

« J'ai sur le Grand Livre une inscription de deux mille trois cents francs de rente trois pour cent; à peu près autant en valeurs industrielles, une maisonnette de campagne que j'ai payée vingt-cinq mille francs et une action de la Compagnie d'Orléans.

« J'ai parlé, j'ai écrit contre le népotisme et j'en ai vu de près les désastreux effets; que l'Empereur me permette de lui dire quelle est ma famille :

« Mon fils aîné (vingt-trois ans), sorti l'an dernier de Saint-Cyr avec le n° 12 ou 15, est sous-lieutenant au 92ᵉ de ligne. Si Votre Majesté lui permettait d'aller se faire casser la tête pour son service, il y courrait volontiers. Mais l'estaminet lui est odieux, la vie de caserne pénible; c'est un garçon fort intelligent et qui a fait de bonnes études littéraires. Je me propose, si les règlements le permettent, de le faire attacher comme officier d'ordonnance au Ministère de la Guerre. Il a pris hier ses premières inscriptions à l'École de droit; dans l'intervalle des cours, il viendra travailler près de moi et, plus tard, s'il en est digne, je demanderai pour lui à Votre Majesté une place d'auditeur au Conseil d'État.

« Mon second fils concourt en ce moment pour l'École Normale; s'il est admis, il y sera caserné trois ans, comme les autres : c'est un garçon d'avenir (vingt ans).

« Mon gendre (trente-sept ans) est professeur titulaire de rhétorique dans le premier lycée de France, à Louis-le-Grand. C'est un ancien prix d'honneur; entré le premier à l'École Normale, il en est sorti avec le même numéro. J'ai bien fait de prendre pour secrétaire général un homme d'administration et un légiste; mais je dois choisir pour chef de mon cabinet un membre du corps enseignant, en qui je puisse avoir une confiance absolue. Toute l'Université a désigné M. Glachant. Parce qu'il est mon gendre, ce n'est pas une raison pour je ne le nomme pas; mais je ne le ferai qu'après une épreuve de trois mois, et, alors même, il ne se trouvera pas avoir augmenté son traitement d'un centime.

« Mes deux autres enfants sont en bas âge [1].

« Je demande pardon à l'Empereur pour ces détails; mais l'honneur est une partie de la force des hommes publics et me voilà assuré, après cette confession, contre les faiblesses de l'homme ou du père.

« Quant au service, j'ai donné pour mot d'ordre à mes chefs de division : « En tout et pour tout, la justice et la loi. » Un d'eux me répondait : « Si nous ne sortons jamais

1. Il ne reste aujourd'hui (1901), de cette belle et nombreuse famille, que George Duruy; mais, en 1874, M. Duruy a eu, de son second mariage, un fils à qui sont dédiés ces « Notes et Souvenirs ». (L'éditeur.)

du règlement, c'est pour ma division trois mois de travail de moins par an. » Il avait, en effet, en moyenne, deux mille cinq cents affaires de dispense à instruire annuellement.

« Aussi je commence à croire que l'administration pourrait bien n'être qu'une chose fort simple quand on cherche à manier les affaires avec du bon sens et l'esprit de justice.

« De Votre Majesté, etc. »

Au Ministère, je continuai ces inspections générales qui m'avaient été si utiles. Chaque année, je faisais un voyage de quelques jours pour tenir mon expérience au courant et j'avais soin de rendre compte à l'Empereur des questions étudiées et des résultats obtenus, lorsqu'il s'en était produit. Je ne retrouve que deux de ces rapports; les autres ayant été directement expédiés, je n'avais eu le temps ni le moyen d'en prendre copie. Du reste, je voyageais très modestement, sans secrétaire, et, comme j'arrivais la plupart du temps avant qu'on sût que j'étais parti, il n'y avait pas d'entrées solennelles dans les villes, ni de coups de canon tirés en mon honneur.

Paris, le 18 juillet 1864.

« Sire,

« Me voici de retour de mon excursion dans le Midi. Grâce aux chemins de fer, j'ai pu faire cinq cents lieues en douze jours, examiner sur place et parfois résoudre bien des questions; voir tout mon personnel, de Toulon à Bayonne, ce qui dispensera beaucoup de pauvres diables d'un coûteux et inutile voyage à Paris; mettre le feu sous le ventre à ces Méridionaux qui n'oublient jamais leur traitement, mais oublient souvent leur fonction; enfin montrer à tout le monde que, pour l'Empereur, il n'y a pas si petite affaire, ni si petites gens sur lesquels il ne veuille étendre sa sollicitude.

« Beaucoup de préfets, ceux du Gard, de l'Hérault, de la Gironde et des Basses-Pyrénées, étaient en villégiature. Mais j'ai vu leurs secrétaires généraux et les personnes considérables de chaque ville.

« L'Empereur me permet de lui rendre compte de mes impressions. Je prie Sa Majesté de ne pas oublier qu'elles ont été bien rapides et que, par conséquent, elles peuvent être trompeuses.

« Le préfet du Var, M. Montois, a peut-être plus de fond que de dehors. Il semble que ce soit le contraire pour M. de Maupas. Mais le secrétaire général des Bouches-du-Rhône, M. Fanjoux, paraît un homme réfléchi autant qu'intelligent et, dans l'opinion de plusieurs personnes, c'est un préfet désigné. M. de Maupas veut jouer à Marseille le rôle de M. Haussmann à Paris : il est préfet et maire véritable. Cependant, j'aimerais à voir, à côté de lui, un maire sérieux et actif, comme celui que Votre Majesté vient de donner à Bordeaux.

« A Nimes, le procureur général, M. Paul, est de ceux qui voient en noir, mauvaise manière de regarder, et qui croient trop à la vertu de la force.

« Le maire de Montpellier, M. Pagezy, député, est très actif et fort au courant des besoins de sa ville où il a beaucoup de popularité.

« J'avais quelques préventions contre M. Boselli, préfet de Toulouse : elles ont disparu durant les longs entretiens que nous avons eus ensemble. A la Cour impériale, j'ai remarqué un procureur général qui mérite peut-être quelque attention de la part de Votre Majesté; quoique fort laid, il faisait très bonne figure à côté de son premier président, M. Piou.

« Je ne sais ce que valent les chefs du parquet et de la magistrature dans la Gironde; mais ils sont bien dévoués à nos intérêts universitaires, ce qui veut dire, pour moi, au Gouvernement de l'Empereur. J'ai déjà dit à Sa Majesté que le nouveau maire de Bordeaux, M. Brochon, paraissait un choix excellent.

« Celui de Bayonne, M. Labat, a deux cent mille livres de rentes et beaucoup de dévoûment personnel pour Votre Majesté, mais il fait élever ses fils par les Jésuites et cela me le gâte un peu.

« Dans toutes les villes où je me suis arrêté, j'ai vu non seulement le lycée et les Facultés, mais les écoles primaires et les salles d'asile, afin de montrer aux classes laborieuses que, si l'Opposition parle de ces écoles pauvres, le Gouvernement agit pour elles.

« Je n'ai pas besoin de dire à l'Empereur de quelle façon ces visites ont été accueillies. Comme elles ont lieu à l'improviste, les choses et les hommes sont pris sur le fait; j'y vois ce qu'on cache dans les réceptions officielles. Il en résulte presque toujours quelque amélioration immédiate et je ne puis pas croire qu'au point de vue politique, l'effet ne soit excellent. Dans plusieurs écoles je suis parti aux cris de : « Vive l'Empereur! » et un de ces enfants me disait : « Ah! nos parents seront bien heureux de savoir que vous « êtes venu nous voir. » J'ajoute que les chefs de l'administration et de l'Université seront bien forcés d'aller un peu plus souvent là où Votre Majesté envoie un de ses ministres.

« A Toulon, j'en ai fini avec une question qui était pendante depuis le passage de Votre Majesté : la construction d'un lycée. Le lendemain de mon départ, on a dû donner le premier coup de pioche. La ville va dépenser un million cent cinquante mille francs pour assurer à l'enseignement laïque, au lieu du collège immonde qui existe, une maison magnifique, et nous regagnerons sur la congrégation des Maristes l'avance que, par ces longs retards, on lui avait laissé prendre.

« M. de Maupas a infligé, il y a quelques années, au lycée de Marseille, un contrat bien onéreux : l'obligation de céder à la ville, sur un boulevard, 7000 mètres de terrain pour deux cent mille francs. Tandis qu'il se fait bâtir une préfecture royale, le lycée, comme un pauvre honteux, se cache dans des masures dont Marseille la Riche devrait rougir, et les professeurs de la Faculté des sciences et de l'École de médecine n'ont pas de jardin botanique pour leurs leçons.

« A Nimes, la reconstruction du lycée est arrêtée en principe et j'ai obtenu promesse pour celle de l'École Normale, où les réfectoires sont dans de vraies caves. A Montpellier, plusieurs questions délicates et importantes ont été, les unes décidées, les autres mises sur la voie d'une solution prochaine.

« A Toulouse, trois ou quatre cent mille francs allaient être jetés dans de vieilles constructions du lycée qui, quoi qu'on fasse, restera une inextricable Babel ; la discussion a fait jaillir une idée nouvelle. Le comte de Campaigno, maire de Toulouse et député, en étudie les moyens d'exécution. Si le plan réussit, la ville y gagnera, sans grande dépense, une rue neuve et un monument nouveau.

M. de Campaigno n'est pas, il s'en faut, un homme brillant; je m'accuse même de l'avoir mal jugé à Paris. Mais il ne fait pas de la mairie une sinécure, et je l'ai trouvé, dans sa ville, fort occupé de tous les intérêts qu'il doit sauvegarder. Il y a quelque dix ans que l'Empereur a concédé à l'Enseignement supérieur le vaste et bel édifice des Jacobins. Rien n'a été fait encore pour en tirer parti.

« Pour Bordeaux, de très grosses affaires nous arrêtent, puisque tout y dépend, pour l'Université, de la solution qui sera donnée à la question du casernement. Je demande à l'Empereur la permission de lui envoyer dans quelques jours une note à ce sujet.

« Enfin, j'ai lieu d'espérer que Bayonne aura prochainement un collège, bien que quatre intérêts et quatre administrations y soient en présence et en conflit : la Guerre, les Finances, l'Université et la Ville. Une combinaison trouvée, séance tenante, par le colonel du Génie, paraît tout concilier.

« Je demande pardon à l'Empereur pour cette longue lettre. Mais Sa Majesté ira bientôt dans le Midi; j'ai cru devoir la mettre au courant de quelques-uns des intérêts que l'Université a dans ces provinces. »

Autre lettre, du 25 octobre 1886.

« Sire,

« Je dois à Votre Majesté un compte rendu de mon voyage.

« Je transmets d'abord à l'Empereur mon impression sur les hommes, sans prétendre avoir pu les bien juger en quelques heures.

« L'Empereur connaît mieux que moi M. d'Auribeau,

homme intelligent et aimable, à qui je reproche cependant d'être allé chasser aux palombes, dans les environs de Biarritz, lorsqu'il savait que je me rendais à Pau, son chef-lieu de préfecture, où il eût été bon qu'il me renseignât lui-même et sur place, touchant les personnes et les choses.

« A Tarbes, j'ai trouvé un préfet, M. de Vallavieille, parfaitement heureux de son sort, ne demandant qu'à rester là et s'arrangeant pour y bien servir. Le maire, vieux colonel de soixante-dix ans, paraît tenir la ville dans sa main.

« Le préfet d'Auch forme un contraste parfait avec son collègue de Tarbes : celui-ci gras, rosé et riant; celui-là sec, jaune et mécontent, quoique M. Fould ait comblé son frère. Le vicomte de Goville voit tout en noir, son département et mes affaires, ce qui ne garantit pas une bonne matière de les conduire.

« Le vieux sous-préfet de Lectoure songe bien plus aux Armagnacs et aux Guises dont il écrit l'histoire qu'aux intérêts de sa ville. Heureusement elle a un maire intelligent et dévoué.

« On dit le préfet de Toulouse énergique. J'ai trouvé M. Dulimbert réservé, froid, quelque peu guindé. S'il sait triompher des difficultés, il se pourrait bien aussi qu'il fût capable d'en faire naître.

« M. Péart, à Agen, est un bien grand parleur; il semble aussi agir et croit tenir son département dont il visite tous les coins, excellente chose qui lui réussit. L'élection de dimanche dernier justifie sa confiance.

« A Bordeaux, je n'ai fait qu'entrevoir M. de Boville; mais à Mont-de Marsan j'ai trop vu M. de Vouchy pour ne

pas craindre que l'Empereur n'ait là qu'un médiocre serviteur.

« Je remarque encore que, sur sept préfets, il s'en es
trouvé deux, MM. de Goville et Dulimbert, que je n'avai
jamais vus, après trois ans et demi de ministère, malgré l
recommandation que je leur ai faite à tous de ne jamai
venir à Paris sans passer par mon cabinet.

« Pour les affaires de Bayonne, l'Empereur se souvien
qu'il s'est réservé de traiter à Paris la question des terrain
de Harracq et, par conséquent, celle du collège.

« J'attends l'arrivée à Paris de M. Larrabure, maire d
Pau, pour traiter avec lui de la reconstruction du lycé
et de la création ou de l'élargissement de deux rues à so
pourtour, à l'aide de quelques aliénations de terrain et pa
conséquent *sans frais* pour l'État. Ce sont les Anglais d
Pau qui payeront la dépense en achetant ou louant le
maisons que cette combinaison permettrait de livrer à l
colonie étrangère.

« A Tarbes, à Auch, rien d'important à faire pour l
moment. J'ai soigneusement visité les jardins des école
normales, d'où les instituteurs emporteraient de bonne
et utiles connaissances d'horticulture.

« A Lectoure, Sire, votre serviteur a été reçu comme l
Saint-Sacrement, avec des fleurs que les femmes jetaien
devant lui. Il est vrai qu'il y aurait eu la même affluenc
si l'on m'eût mené pendre. Ces démonstrations son
affaires de climat. Cependant, quand j'ai dit que l'Empe
reur m'envoyait aux petites villes comme aux grande
parce qu'à ses yeux les intérêts des unes étaient aus
dignes d'attention que ceux des autres, on a fort applaud
et la note qui dominait dans les discours, comme dans le

conversations, c'était un sentiment de reconnaissance pour cette sollicitude du Gouvernement. L'Empereur sait que les élections municipales à Lectoure ont été d'un rouge foncé; cette journée aura certainement mis de l'eau dans leur vin.

« A Agen, situation odieuse du lycée depuis neuf ans : faute de quelques allocations, cette maison est, ce qu'il y a de plus triste, une ruine neuve qui coûte cependant à la ville neuf cent mille francs. Je vais faire reprendre les travaux.

« A Toulouse, je fais chercher, au milieu des champs, un endroit où mettre ensemble (ce qui diminuerait la dépense) un petit collège, parce que le grand lycée de la ville est rempli à crever, et l'École Normale du département, qu'on voulait placer au milieu des lorettes de Toulouse, en un endroit sans jardin et sans eau.

« A la Réole, je crois avoir épargné à la ville une dépense inutile de deux cent mille francs; mais j'espère que Cognac, qui est riche, va en faire une de 800 000 pour se donner un collège *spécial*, et que le maire, très dévoué, trouvera, dans cette affaire, assez de popularité pour battre aux prochaines élections M. de Planat.

« A Bordeaux, j'ai eu une conférence de deux heures avec le conseil municipal; le résultat a été l'assentiment du conseil aux propositions que je présentais :

1° Transférer le lycée *classique*, du centre de la ville où il étouffe, sur le boulevard de ceinture où ses 500 internes auront de l'espace, de l'air et de la verdure.

2° Créer, au centre de la ville marchande, un grand collège *spécial* d'externes.

« La dépense, évaluée à deux millions quatre cent

mille francs, sera couverte par la ville et par les *bonis* du lycée qui, pendant douze années, partagerait avec la ville son revenu net, par portion égale, moitié à la caisse municipale, moitié restant à la caisse du lycée.

« Voilà une grosse affaire terminée sans qu'il en coûte un centime à M. Fould, et qui arrive à point pour raffermir l'autorité du maire ébranlée par un scandale et un malheur domestique.

« Au lycée de Mont-de-Marsan, il s'est présenté 222 élèves; les bâtiments sont insuffisants, il faut que je les achève, mais là je serai obligé de payer.

« L'Empereur a paru désirer savoir où j'avais pris, dans mon discours de Mont-de-Marsan, les admonestations de Louis XIV à l'Université; je joins le texte latin à cette lettre pour que Sa Majesté ne croie pas que son ministre a oublié les conditions de la vérité historique.

« Ci-joint encore un fragment d'une lettre d'affaires reçue aujourd'hui et qui me semble exprimer heureusement le caractère à la fois *libéral* et *conservateur* du nouveau système d'études, qui rentre si bien dans le plan général de la politique de l'Empereur. Sans regarder si haut, les négociants pensent comme le premier président qui a écrit la dépêche.

« J'ai demandé à beaucoup d'industriels de me *donner*, pour Cluny, des échantillons des matières premières qu'ils emploient, avec des spécimens de toutes les transformations que ces matières subissent dans leurs ateliers; tous répondent avec empressement, quelques-uns m'envoient des choses précieuses et chères, en se félicitant, pour leurs intérêts, de la création de cette école et de cet enseignement. Je pourrais envoyer trente lettres de cette sorte à l'Empereur. »

II

Ces voyages ne plaisaient pas à quelques-uns de mes collègues qui m'appelaient « le ministre circulacier », ou riaient, avec Rouher, « du jeune cheval échappé du pacage qui entrait au galop dans une boutique de verroteries ». Le mot était joli et il finissait par cette pointe de méchanceté qui termine bien le tour d'esprit d'un collègue mécontent. Et moi, je disais à l'Empereur : « Faites-les circuler, Sire ; à force d'entasser des dossiers sur leurs bureaux, ils perdent la vue des choses et s'enferment dans une muraille de la Chine. »

Après chacune de ces courses, je rapportais du travail à l'administration centrale, où j'avais près de moi des hommes dont le dévoûment et l'intelligence ne reculaient devant aucun effort pour assurer le succès de nos réformes. Au secrétariat général, Charles Robert, sur qui je pouvais compter pour les défendre et qui avait, dans les questions d'éducation nationale, une chaleur de cœur qu'attestent ses discours au Parlement. A la direction de l'Enseignement primaire, Léon Pillet, dont la vieille expérience me donnait toute sécurité pour la légalité des mesures prises dans l'intérêt des études confiées à sa garde. A la direction de l'Enseignement supérieur, Armand du Mesnil, qui, bien souvent, vint travailler, même le dimanche, jusqu'à sept heures du soir, et à qui je suis reconnaissant d'avoir, après mon départ, continué l'exécution du plan proposé pour le relèvement des hautes études dans mon rapport du 15 novembre 1868. Deux autres, fort honnêtes d'ailleurs, auraient été moins charmés de servir avec moi, si je ne les avais gagnés par ma confiance. Le premier avait été ou fut plus tard un rédacteur de l'*Univers*; ses *Mémoires* en fournissent la preuve. Au second, esprit très délié, je donnai, dans nos réunions hebdomadaires, le rôle d'avocat du diable pour qu'il combattît toutes les propositions de ses collègues et les miennes, afin de m'en montrer les côtés faibles, quand il en trouvait.

Le lendemain de mon arrivée au ministère, je réunis tous les chefs de service et je leur dis : « Vous devez tous votre position à M. Rouland; je vous conserve les avantages qu'il vous a faits, même ceux de la dernière heure; si vous ne lui en gardiez pas de la reconnaissance, je vous en saurais très mauvais gré et j'espère que vous me servirez avec le zèle que vous avez eu pour lui. Je vous accorde toute ma confiance, comme si nous avions vieilli ensemble. Mais j'arrive sachant mon métier, celui du moins qui doit s'accomplir ici, et je regarderai à tout. Je pourrai être trompé une fois ou deux; je ne le serai pas trois, et si cela arrivait, on me trouverait inexorable. » Six mois plus tard, au milieu de cent pièces soumises à ma signature, j'en vis une qui accordait une subvention de quinze mille francs à une commune pour construction d'une maison d'école, soit quatre fois plus que n'admettait la règle établie : un quart de la dépense totale. Étonné, je pris des informations et découvris que le maire de cette commune était le beau-père du chef de division qui, par cette prodigalité, voulait donner aux habitants une haute idée du crédit de ce magistrat auprès du Ministre. C'était une manœuvre électorale en faveur très probablement d'un ami du Gouvernement. Mais les opinions de celui-ci m'importaient beaucoup moins que l'acte qui venait d'être

commis à son profit. Je fis appeler tous les divisionnaires
dans mon cabinet et j'expliquai devant eux ce qui s'était
passé. Rappelant alors mes paroles du premier jour, je dis
au coupable : « Je vous ai prévenu que je ne pardonnerais
pas ce que j'ai le droit d'appeler aujourd'hui une trahison
administrative. Passez dans mon antichambre et signez-
moi votre démission, à moins que vous ne préfériez un
arrêté de révocation motivé, qui sera demain au *Moniteur*. »
Il s'exécuta. Il n'était que depuis quatre ans au service de
l'Université, où il avait marché très vite, et il avait
25 000 livres de rentes; je ne le mettais donc pas sur la
paille.

Le même jour je rendis compte de cette exécution à
l'Empereur : « Dans une administration où j'ai eu à réprimer beaucoup d'abus, même de la part d'un inspecteur
général et d'un recteur, un exemple éclatant était nécessaire. Je tiens à la disposition de l'Empereur la liste de ces
fâcheux scandales. Cette conduite excitera contre moi certaines inimitiés. Je m'y résigne. Déjà depuis l'affaire ***,
le préfet de police ne paraît plus me connaître. Je le lui
pardonne et lui passerai bien d'autres choses, pourvu qu'il
continue à faire bonne garde autour de Votre Majesté. »
L'Empereur me répondit :

« Mon cher Monsieur Duruy,

« J'approuve fort l'exécution que vous avez cru devoir
faire et je vous soutiendrai dans votre conduite pleine de
loyauté et de fermeté. »

Le 7 mars 1864, j'écrivais encore au Prince : « Je n'aime
pas à ennuyer l'Empereur de mes petites misères ministérielles. Il faut cependant que je lui dise, parce que cela

importe à son service, qu'un conseiller d'État, dont je ne
connais ni les origines ni les sentiments, mais que je crois
un protégé de Rouher, a fait une scène plus que vive à
mon secrétaire général, parce qu'on ne lui a pas accordé
sur l'heure mille francs qu'il demandait pour une commune. Comme on lui répondait que l'affaire devait s'instruire, il se récria contre cette étrange façon d'adminis-
trer. « Il n'y a donc plus, dans ce ministère, *de faveurs* que
« nous puissions distribuer; que deviendra alors notre in-
« fluence? Du reste, j'attendrai que votre ministre tombe. »

« L'Empereur sait que, pour ce jour-là, j'ai une double
consolation toute prête : la certitude de garder son estime
et mes livres. Mais il y a, dans la scène que je viens de
raconter, un cynisme administratif que je n'avais pas le
droit, malgré ma répugnance, de laisser ignorer à l'Empereur.

« De Votre Majesté, etc. »

Autre lettre, du 11 septembre 1864.

« Sire,

« Votre Majesté a reçu une lettre de ****; ce ne sera pas
la dernière; il se sent appuyé et il usera de tout.

« Cependant la décision prise était indispensable pour
l'administration et ne lèse ni les intérêts ni ce qui reste de
dignité à ce vieillard de soixante-neuf ans et demi. Il a de
la fortune et va toucher le maximum de la retraite, six
mille francs, en sortant de fonction par la porte habituelle,-
sans qu'un seul mot mette le public dans la confidence de
tristes détails.

« Aux prochaines assises d'un département de l'Est se
déroulera le tableau des infamies d'un fonctionnaire qui

est accusé de douze ou quinze viols. L'instruction judiciaire m'a mis sur la voie de complaisances coupables que j'aurai à punir dès qu'elles me seront démontrées. Avec un peu de vigilance et de fermeté, on eût arrêté à ses premiers débordements ce misérable qui, depuis six ans, porte son priapisme effréné partout où ses fonctions l'appellent et qui vendait son influence ou les places dont il disposait au prix de la honte et du désespoir. Une pauvre fille en est morte à dix-huit ans !

« Combien n'a-t-il pas amassé de sourdes colères dans le cœur de ses victimes et autour d'elles ; contre lui et contre nous !

« Vous m'avez remis dans les mains, Sire, l'honneur d'une partie de votre Gouvernement. Et comme je ne suis ni un grand orateur ni un grand homme d'État, je n'ai d'autre moyen de travailler pour ma part à le conserver intact qu'en veillant avec vigilance à la bonne renommée de ceux qui sont les instruments de cette politique. »

Au secrétariat, j'avais d'habiles et dévoués collaborateurs : mon fils Albert qui se signala par son courage en 1870 et que la mort a emporté avant qu'il ait donné dans les lettres toute sa mesure, et son ami, Ernest Lavisse, qui est allé loin déjà et qui montera plus haut encore. Dans les bureaux se trouvaient quelques flâneurs et bon nombre de travailleurs excellents. Pour beaucoup de ceux-ci, j'augmentai les traitements sans rien demander au budget, qui ne varia pas en faveur de l'administration centrale durant tout mon ministère. Le procédé était fort simple : chaque fois qu'un vide se produisait dans un bureau, par la retraite ou la mort d'un fonctionnaire, je faisais venir ses anciens collègues. « Un tel, leur disais-je, laisse disponible un traitement de trois mille francs; si vous voulez faire sa besogne, je vous abandonnerai la moitié de cette somme et je garderai le reste pour les augmentations de fin d'année qui doivent avoir lieu, non plus d'après le hasard d'une vacance, mais selon les mérites et le travail. » Jamais ils ne refusaient.

Seuls, quelques chefs de division n'étaient pas favorables à cette méthode. Comme les colonels qui veulent avoir toujours un gros régiment, ils croyaient leur importance intéressée à tenir sous leurs ordres un personnel nombreux. Je crois que mon procédé serait plus que jamais applicable : moins d'employés, et de meilleurs traitements pour ceux qui sont conservés.

Le Ministère de l'Instruction publique a le grand avantage de mettre celui qui occupe ce poste en rapport avec une foule d'hommes distingués dans le clergé, l'Université et les sociétés savantes. Je ne parle pas de la politique, où beaucoup me soutenaient au Parlement, qui cessèrent de me connaître dès que j'en fus sorti. Il est vrai que, de ce côté, je me tenais à l'écart, quoique les salons du Ministre, aussi bien que sa table, fussent chaque semaine largement ouverts au monde officiel.

Mais ce livre n'est pas un recueil d'anecdotes, et les hommes de science et d'esprit que j'ai plus tard retrouvés en grand nombre à l'Institut ont depuis longtemps conquis, par leurs travaux, une légitime réputation qui n'a pas besoin d'être ratifiée par moi. Je parlerai seulement ici de quelques-uns que les circonstances ont mis en relations particulièrement bienveillantes ou hostiles avec leur chef provisoire.

A tout seigneur, tout honneur; je commence par les plus gros personnages.

Après ma nomination comme ministre, je crus de bon goût de faire une visite aux grands universitaires, Villemain, Cousin et Guizot, tous trois anciens chefs de l'Instruction publique. Le premier me reçut avec une grâce charmante et une prudence égale : pas un mot de politique ni d'administration. Cependant, à une autre visite, en 1865, il me dit : « J'ai souhaité l'établissement en France de la constitution anglaise; mais je comprends aussi, à raison de notre situation continentale, une puissante monarchie militaire, avec un développement fécond de l'intelligence dans les Lettres, les Sciences et les Arts. Il me semble que ce soit la voie où l'Empereur veuille pousser la France, et tout en conservant ma vieille affection pour la liberté parlementaire, j'applaudis à ce grand dessein. » Je crois que la prise de Sébastopol n'avait pas modifié ses préférences; mais homme d'esprit et de bon goût, il cherchait les paroles qui plaisent, quand il ne pouvait trouver celles qui persuadent.

Avec Cousin, le grand artiste, ce fut toute autre chose. Je vois encore ses beaux yeux noirs dont l'âge n'éteignit jamais l'extrême vivacité, sa figure mobile et sa mimique expressive. Quel merveilleux acteur on aurait eu, surtout si on lui avait laissé composer ses rôles. Mais en fait, ne l'a-t-il pas été toute sa vie? Quand je lui dis : « Cher maître, si vous étiez à ma place, que feriez-vous? » Avec le geste qui lui était habituel dans les moments où il jouait la réflexion profonde, il prit son menton dans sa main droite, me regarda fixement et, au bout de quelques instants, me répondit : « Il n'y a qu'une chose à faire,

rétablir l'ancien Conseil royal. » J'avais aidé à le défaire,
au temps de M. de Salvandy et je n'étais pas d'humeur à
le faire revivre. Cousin regardait en arrière, moi en avant,
nous ne pouvions donc voir la même chose; mais il était
trop avisé pour croire à ces résurrections. Il s'était moqué
de moi et m'avait parlé de manière à ne pas me répondre.

M. Guizot me reçut avec une froideur glaciale qui
abrégea beaucoup ma visite. Il se contenta de me dire :
« Je ne sais où vous conduira le suffrage universel. » A
quoi j'aurais pu répondre : « Pourquoi l'avez-vous rendu
possible? » M. Guizot étant resté longtemps en vue, on a
fait de lui beaucoup de portraits et on en fait encore.
C'est un genre littéraire très brillant, mais qui souvent ne
donne que des images incomplètes et artificielles. Je ne
suis pas peintre et je me contente de ramasser des faits.
En voici deux qui donneraient peut-être raison à l'opinion
de Royer-Collard sur celui qui avait été d'abord son dis-
ciple. Une place était vacante à la Faculté protestante de
Strasbourg. Le conseil académique et la Faculté présen-
tèrent M. Colani, professeur savant et disert, mais protestant libéral. M. Guizot, à cette nouvelle, descendit de son
Olympe pour venir au Ministère enlever la promesse que
le candidat des deux autorités compétentes serait repoussé.
Je n'avais nulle envie de prendre parti dans ces querelles
de sacristies, même hétérodoxes; et, couvert par les deux
corps intéressés, je nommai M. Colani. Tout le monde à
Strasbourg fut satisfait de cette solution; elle ne déplut
qu'à l'homme impérieux qui aurait voulu être le pape des
huguenots de France, et régenter au moins cette petite
église, puisqu'il ne régentait plus le royaume.

Une autre fois, M. Guizot vint me demander une place

de professeur pour son fils. Ancien ministre de l'Instruction publique, il savait bien que la loi fondamentale de l'Enseignement supérieur exigeait le doctorat pour être admis à la Sorbonne, et M. Guillaume Guizot n'étant que licencié ne pouvait y être reçu. Je refusai, et tout en reconduisant M. Guizot jusqu'au delà de mon cabinet, je me rappelais que son salon ministériel avait été tout rempli de son austérité, mais qu'à côté, dans le cabinet de son secrétaire, on trouvait au besoin beaucoup de complaisances.

Tout cela n'est que misère et la rançon d'un esprit supérieur payée par de très humaines faiblesses. On en a vu bien d'autres en tout temps; mais on aimerait à ne pas les rencontrer chez ce sévère moraliste qui avait un tel dédain public pour les manœuvres d'antichambre.

En faisant ces trois visites, je m'attendais à la réception que je recevrais. Mais j'avais voulu montrer, par cette démarche de convenance, que, respectant les services rendus au pays dans le passé et les hommes dont le talent avait honoré la France, je ne serais pas un sectaire au pouvoir.

III

Je connaissais depuis longtemps M. J.-B. Dumas, le grand chimiste; il avait fait partie, avec tous les professeurs du Muséum, de la compagnie de garde nationale que mon père commandait, et il était pour nous un des hommes qui honoraient le plus la France. Aussi, quand il arrivait au poste, mon père lui disait toujours : « Retournez au Muséum, vous nous serez bien plus utile dans votre laboratoire qu'ici. Mon fils fera pour vous les factions qui vous reviennent. » C'est ainsi que j'ai long-temps monté la garde pour M. Dumas. Ces souvenirs disent assez quels sentiments j'avais pour lui en arrivant à l'hôtel de la rue de Grenelle. Mais, ancien ministre et sénateur, Dumas avait quelque peu espéré la succession de Rouland. Ma nomination, en passant par-dessus sa tête, lui avait été désagréable et il avait marqué son mécontentement en évitant d'assister aux premières réceptions où, selon l'usage, il avait, comme inspecteur général et vice-président du Conseil impérial, sa place nécessaire auprès du Ministre. Cette abstention fut très remarquée; elle en aurait provoqué d'autres et aurait fait de moi, dès le premier jour, un homme à l'égard de qui l'on pourrait tout se permettre. Il me fallait, quoiqu'il m'en coutât, défendre l'autorité ministérielle contre l'indiscipline dont l'exemple était donné de si haut; je révoquai M. Dumas de la vice-présidence du Conseil. Il me bouda quelques mois, mais un jour je le vis entrer, la main tendue, dans mon cabinet; je courus à lui, en lui disant avec effusion qu'il me rendait bien heureux par ce retour où je voyais un gage de son amitié et, pour moi, la délivrance d'une contrainte qui répugnait au profond respect que je lui avais voué. Depuis son retour auprès de moi, M. Dumas fut le plus habile et fidèle soutien de mon administration.

Le jour où l'Empereur venait de signer le décret constitutif de l'École des Hautes Études, M. Dumas vint me voir; je lui montrai le plan de cette organisation nouvelle. Après l'avoir lu, il s'écria : « Ah! je suis venu au monde trente années trop tôt! » — « Comment pouvez-vous parler ainsi, répondis-je, chargé de gloire comme vous l'êtes, avec le renom du premier chimiste de France, même de l'Europe, et celui d'un professeur incomparable? » — « C'est que ce décret me rappelle, dit-il, le temps perdu, les efforts inutiles, les difficultés que j'ai eu à vaincre pour trouver un laboratoire, des instruments, des facilités financières; en un mot tout ce que vous allez donner à mes successeurs. Que n'aurais-je pas fait avec tant de ressources? »

M. Dumas me garda jusqu'à ses derniers moments la même estime et la même affection. Le 24 janvier 1884, quelques jours avant sa mort, il m'écrivait, de Cannes, une longue lettre d'où j'extrais le passage suivant : « ... J'ai la tête brouillée au sujet des affaires de l'Académie. Est-il vrai que vous ayez écarté les propositions de vos amis? Ce serait une modestie exagérée. Vous nous appartenez et tôt ou tard vous serez des nôtres... J'aimerais que ce fût de mon vivant, mais en tout cas, si j'avais à choisir mon successeur, ne trouvez-vous pas que vous auriez tous les droits à prendre mon fauteuil, vous qui avez si souvent pris mon fusil?

« Je vous choisirais donc par esprit de justice et peut-être aussi en songeant qu'il ne vous déplairait pas de dire quelque bien de moi, qui en pense tant de vous. »

Je fus heureux avec les grands savants : Pasteur, Claude Bernard, Milne Edwards, Balard, Henri Sainte-Claire Deville, Brongniart, furent de mes amis particuliers, comme Frémy, Jamin et beaucoup d'autres. Ils voyaient en moi un lettré qui, plein d'admiration pour leurs travaux, était très désireux de leur fournir les moyens de lutter avec la science étrangère, et cette bonne volonté suffisait à les charmer. Dix ans après ma sortie du Ministère, Claude Bernard me disait encore qu'il regrettait cette retraite. Lorsqu'en octobre 1868, je crus Pasteur sur son lit de mort, je lui portai comme suprême consolation la croix de commandeur, avec ces paroles qu'il préférait certainement à tous les honneurs : « Avant quarante années, vous aurez, grâce à vos travaux, rendu les médecins maîtres de toutes les maladies infectieuses. » Et cette parole, vieille bientôt d'un quart de siècle, ne tardera pas à devenir une vérité.

Puisque je parle de mes amis, il me sera bien permis de dire un mot de deux de mes adversaires, D. Nisard et Le Verrier, que leurs fonctions destinaient cependant à m'aider. Ils se trouvèrent, à la lecture de ma nomination, réunis contre moi [1], et chacun d'eux me combattit à sa manière.

J'ai déjà parlé de Nisard dans ces notes; j'ajoute ici quelques détails, car, après sa mort, sa famille a publié en trois volumes, ses *Notes biographiques* et ses *Ægri Somnia*, où se trouve contre moi beaucoup de mauvais vouloir. Comme il me regardait de haut! Nous avions été élevés au même collège, mais, plus âgé que moi de quatre ou cinq ans, il était parmi les grands, moi parmi les petits; et il crut que nous avions, l'un et l'autre, toujours gardé la même taille. A la nouvelle de ma nomination au Ministère, où il avait espéré être appelé, il dit à un de mes amis, qui se fit un malin plaisir de me répéter le mot : « Voilà le ser-

---

1. Nisard raconte, dans ses Mémoires posthumes (*Notes biographiques*), qu'après la lecture du *Moniteur*, Le Verrier se rendit auprès du directeur de l'École Normale. Ces deux fidèles serviteurs de l'Empereur éprouvaient apparemment le besoin d'échanger leurs doléances sur l'erreur impériale. C'est même à Le Verrier que Nisard attribue l'exclamation sur le sergent Boichot.

gent Boichot qui est mis à notre tête[1]. » Il vint cependant me faire une visite et, avec un soupir, laissa échapper cette phrase : « Monsieur le Ministre, vous avez le pouvoir. — Oui, lui répondis-je, et avec la résolution bien arrêtée de m'en servir; » ce qui signifiait : « Je connais vos regrets de n'avoir pas la place que j'occupe; mais sachez bien que je ne serai pas le soliveau contre lequel tout est facile, si vous usez mal des emplois qu'on vous a confiés. » Je le maintins cependant durant plusieurs années à l'École Normale, d'où il ne sortit qu'après une sorte d'émeute qui m'obligea de licencier l'*alma mater*. J'étais, quand ce fâcheux incident se produisit, au fond de la Lozère, visitant les écoles et tâchant d'exciter l'ardeur scolaire dans ce pays perdu où jamais ministre n'avait passé. Sur un rapport très détaillé de mon secrétaire général, j'adressai par le télégraphe l'ordre de renvoyer dans leurs familles ces jeunes gens qui, par une lettre offensante pour le Sénat, et, jusqu'à un certain point, pour l'Empereur, venaient de susciter un embarras considérable à l'administration de l'Instruction publique, même de compromettre l'existence de l'École, en donnant le droit aux ministres politiques de la considérer comme un foyer d'opposition[2].

---

1. Il n'est peut-être pas inutile de rappeler que le sergent Boichot fut élu *représentant du peuple*, pendant la République de 1848? (Note de l'éditeur.)

2. Je fus obligé de défendre l'École auprès du gouvernement et je retrouve un fragment de lettre du 14 juillet 1867, où je disais à l'Empereur : « Je viens d'examiner les dossiers de l'École Normale. Sur cinq cents élèves qui ont passé par cette maison depuis 1848, *six* sont arrivés à la notoriété par la littérature ou par la politique d'opposition. L'Empereur croit-il qu'il y ait une grande École ayant fourni, en dix-neuf années, un moindre nombre d'adversaires déclarés du régime, surtout s'il veut bien remarquer que ces six élèves étaient *tous* à l'École entre 1848 et 1852, à un moment tellement dur pour l'Univer-

Le sort que je fis à Nisard par cette révocation qui lui laissait l'Inspection générale, ne fut pas bien dur. De plus, je demandai et obtins de l'Empereur, comme dédommagement, un siège au Sénat pour l'ex-directeur de l'École Normale; ce qui fut accordé. Je ne sais pas si Nisard a connu la part prise par moi à cette nomination. Chacun de nous, dans cette affaire, avait sa récompense. Je lui faisais cadeau d'une confortable sinécure et je recouvrais une place à donner à un serviteur de l'Université.

Avec Le Verrier, c'était plus grave, car il s'agissait d'un service important compromis par l'humeur acariâtre d'un grand mathématicien, illustré par la découverte de la planète Neptune, et qui, ayant un mauvais estomac, avait un caractère déplorable.

Peu de temps après mon installation à la rue de Grenelle, j'avais averti M. Le Verrier que j'irais tel jour, à trois heures, visiter l'Observatoire. La chose fut faite de sa part avec la plus scrupuleuse étiquette; je le trouvai en habit noir et sa femme en toilette de soirée; c'était bien gra-cieux, mais les paroles le furent moins. « C'est donc vous, monsieur, me dit Mme Le Verrier, écho de son mari, qui avez à présent le droit de nous chasser d'ici. » — « Oui, madame, mais je me garderai bien d'en user. » Du reste, personne dans cette salle immense, si ce n'est ce ménage peu hospitalier, que je me hâtai de quitter.

Malgré ce début peu encourageant, j'aidai Le Verrier à reconstituer le service météorologique, en le conduisant au Ministère de la Marine, pour le réconcilier avec M. de

sité que quiconque se sentait du talent ou de l'avenir refusait d'y entrer, ou se hâtait d'en sortir. La vérité est qu'on fait à l'École une réputation qu'elle ne mérite pas, et surtout qu'elle ne méritera plus le jour où elle sera gouvernée ».

Chasseloup-Laubat et renouer les relations rompues entre les deux administrations pour la prévision du temps, adressée à tous nos ports.

Durant son gouvernement autocratique de l'Observatoire, il tua sous lui plus de soixante employés; quelques-uns de ses collaborateurs, grands savants, même membres de l'Institut, ne pouvaient être aussi lestement congédiés. Il trouva cependant moyen de leur faire bien des misères. L'un d'eux, je l'ai déjà dit, pour avoir du feu dans son cabinet, était réduit à apporter du dehors des bûches sous son paletot. Les plaintes qui arrivaient chaque jour au Ministère me décidèrent à en finir avec cette autorité turbulente, en donnant au directeur de l'Observatoire un conseil judiciaire qui, je crois, subsiste encore, bien qu'il ne soit plus, pour les mêmes raisons, nécessaire. Le Verrier devait en avoir la présidence, mais, composé de personnages considérables, ce conseil avait voix délibérative pour toutes les questions importantes. Une lettre du 16 mars 1868, à l'Impératrice, montre les tribulations que me causait cette affaire.

« Madame,

« Votre Majesté m'a fait l'honneur de me demander, au dernier Conseil, où en étaient les affaires de l'Observatoire. Une interruption m'empêcha de répondre. Voici l'état des choses :

« M. Le Verrier, qui tient du Ministère de l'Instruction publique trois fonctions, qui est professeur et ne professe pas, inspecteur général et n'inspecte pas, directeur, mais dirigeant trop, M. Le Verrier ne reconnaît pas le Ministre. Il refuse d'obéir aux ordres qu'il en reçoit et tient assez peu de compte de ceux de l'Empereur même. Comme il a protesté contre le décret de 1854 et refusé de s'y soumettre, il conteste le projet de décret de 1868, dont Sa Majesté avait approuvé la teneur, et qui aurait été signé depuis trois semaines si, par excès de déférence envers un homme qui en a si peu pour les autres, l'avis n'avait prévalu de soumettre ce décret à l'examen de la section de l'Intérieur.

« Il se passe au Conseil d'État ce qu'il était facile de prévoir. M. Le Verrier y remue ciel et terre et ne se fait pas faute de dire pis que pendre du Ministre, lequel n'est pour rien dans tout ce qui lui arrive, et ne cherche, depuis quatre mois, qu'à le sauver de lui-même, en le maintenant à la tête de l'Observatoire, mais sans dents, ni ongles.

« Après avoir refusé de siéger dans une commission où sa place était marquée par un décret, et, par conséquent, de prendre part à la discussion et à la rédaction du projet, il exige qu'on lui communique les pièces, le rapport, le projet, et, quand ce projet lui est envoyé, contrairement peut-être aux usages et aux convenances, il déclare qu'il lui faudra quinze jours au moins pour y répondre. C'est un renvoi aux kalendes grecques.

« Pendant qu'il s'occupe de cette guerre contre le Ministre, tandis qu'il remplit les journaux de sa prose et l'Académie de ses paroles imprudentes, on ne fait rien à l'Observatoire. Les fonctionnaires y sont inquiets et les travaux sérieux suspendus.

« Une magnifique éclipse de soleil va avoir lieu. Depuis six mois, les Anglais sont prêts, leurs instruments, leurs astronomes sont partis; et nous n'avons pas commencé.

« Il faut aller observer cette éclipse dans le golfe de Siam ou à Amboine, le 18 août prochain, et M. Le Verrier m'a fait dire samedi qu'il n'avait ni les hommes ni les instruments nécessaires et que, pour ceux-ci seulement, il faudrait trois mois de construction et d'expérimentation, ce qui, avec les quarante jours pour le voyage et les trois semaines pour l'installation, nous ferait arriver après l'éclipse. Le point où l'observation devrait se faire n'est pas même encore déterminé. J'en conclus que l'expédition est abandonnée ou maintenant impossible.

« Voilà donc un établissement qui coûte chaque année deux ou trois cent mille francs à l'État, et qui, le jour venu de prouver ce qu'il est capable de faire, laisse aux Anglais tout l'honneur d'une belle campagne scientifique.

« Cela est triste, Madame, et ces allures despotiques d'un homme trois fois fonctionnaire, qui brave les décrets et l'autorité dont il relève, sont d'un bien fâcheux exemple.

« Je respecte dans M. Le Verrier son ancien dévoûment à l'Empereur et sa notoriété scientifique ; je n'ai personnellement pour lui ni affection, ni haine, ni rancune ; mais je crois que, pour la science elle-même, pour le service public et dans l'intérêt du Gouvernement, il importe qu'une telle situation cesse et que M. Le Verrier se soumette.

« Je viens d'écrire au président de la section de l'Intérieur que je me rendrai, non dans quinze jours, mais vendredi prochain, au sein de la section pour entendre ses observations. L'Empereur ensuite décidera. Je n'ai pas le droit de laisser avilir dans mes mains l'autorité dont je ne suis que le dépositaire.

« Je suis, etc. »

Le décret rendu et ses prescriptions exécutées, je fus désormais tranquille de ce côté. Mais un de mes successeurs, M. Segris, ayant révoqué Le Verrier, à la suite sans doute de quelques nouvelles incartades administratives, le directeur posthume de l'Observatoire se résolut à protester par-devant le Sénat. Seulement, au lieu de s'en prendre à son adversaire du moment, il attaqua celui de la veille, ce qui m'obligea de monter à la tribune pour lui répondre. Je le fis avec une modération relative, que Le Verrier coupa de continuelles interruptions. Fatigué de ces impertinences, je lui dis rudement : « Je prie M. Le Verrier d'écouter mes paroles avec la même patience que j'ai supporté pendant plus de six années son administration. » Il se tut, et, depuis ce temps-là, nous fûmes les meilleurs amis du monde. Il est vrai que l'un et l'autre nous n'étions plus rien.

J'ai eu une querelle d'un moment avec un autre personnage qui la termina tout à son honneur. J'avais écrit à M. Haussmann une lettre de ministre à préfet, telle qu'il n'avait pas l'habitude d'en recevoir :

« Monsieur le Préfet,

« On m'assure de divers côtés que, dans une séance du Conseil général, vous avez vivement combattu une proposition ministérielle, ce qui est déjà fort étrange de la part d'un préfet, incriminé l'administration actuelle de l'Instruction publique et tout particulièrement l'École Normale supérieure, à qui vous auriez reproché de ne savoir faire que des journalistes, comme MM. Taine, About et Prévost-Paradol.

« Si ces paroles ont été vraiment prononcées, j'ai le

devoir de vous faire remarquer que le Conseil général et le Préfet de la Seine n'ont pas à délibérer sur l'École Normale supérieure.

« Je m'étonnerai ensuite qu'un des plus hauts fonctionnaires de l'Empire mette en suspicion, dans une assemblée officielle, un ministre de l'Empereur et une des grandes institutions de l'État.

« Enfin j'ajouterai qu'il n'y a pas plus de justice dans les griefs énoncés qu'il n'y avait de convenance à les exprimer, l'École de 1865 ne pouvant être rendue responsable des élèves reçus en 1848. J'ajoute, pour ces trois écrivains, dont l'un s'est fait mon adversaire personnel et opiniâtre, que si, par leur talent, ils doivent appartenir à l'histoire littéraire de ce temps, ils n'ont par leurs services appartenu que durant quelques mois à l'Université.

« Restons chacun, Monsieur le Préfet, dans notre fonction et aux affaires qui nous sont propres, le service de l'Empereur s'en trouvera mieux.

« La pire des anarchies est celle qui se produit en haut.

« Recevez, etc. »

M. Haussmann me répondit par une lettre que je regrette de ne plus avoir et où se trouvaient ces paroles : « J'ai à peu près terminé ma tâche et vous commencez la vôtre ; pourquoi chercher des ennemis ? » Et il continuait longtemps avec une douceur mélancolique que rendaient touchante ses grands services et sa situation, plutôt celle d'un ministre que d'un préfet. Je lui répondis sur l'heure : « Voulez-vous regarder comme non avenue ma lettre de ce matin et accepter la poignée de main que je vous envoie ? » Un quart d'heure après, il entrait dans mon cabinet et me disait en me tendant la main : « Je vous apporte la réponse. »

N'y a-t-il pas de la grandeur dans cette scène où se montra si simplement courtois le puissant manieur d'hommes et de difficiles affaires qui avait donné à la France une capitale nouvelle?

CHAPITRE XVIII

LE BASTION 88

Un de mes anciens camarades de collège, Ernest de Chabot, resté mon ami, était légitimiste de noble origine et poète. Le 20 juillet 1870, il m'envoya les vers suivants qui faisaient d'avance entrevoir le dévoûment des compagnons de Charette durant la campagne de la Loire.

A Victor Duruy.

> Je me souviens... voilà quatre longues années :
> La Prusse à Sadowa jouait ses destinées,
> Et toi, tu demandais en conseil souverain
> Que la France envoyât cent mille hommes au Rhin,
> Puis allât s'installer carrément dans Mayence[1].
> L'Empereur eût, ainsi, pris en main la balance;
> Et, devant les vainqueurs, dans leurs rêves déçus,
> Pu jeter son épée au plateau des vaincus.
> On ne t'écouta pas : tes collègues plus sages
> Sur la France craignaient d'attirer des orages;
> Et, comme tout dormeur, de leur sommeil contents,
> Prétendaient qu'il fallait laisser faire œuvre au temps.

1. Mayence est de trop; je n'ai jamais proposé l'occupation de cette place, mais la rime le voulait sans doute. Quant à l'envoi d'une armée française sur le Rhin, on a vu que je l'avais proposé à l'Empereur.

L'Empereur, dont ainsi l'attente fut trompée,
Sur ces prudents avis, rendormit son épée.
— Comme toi, je pensais que plus on attendrait,
Plus la lutte serait sanglante et durerait!
Bismarck et son vieux roi ne nous rassuraient guère : .
Et nous nous promettions que, si venait la guerre,
Nous irions tous les deux, comme de bons amis.
Envoyer une balle à nos vieux ennemis.

Eh bien! le chant de guerre a passé sur le monde!
Le grand Poméranien, à face rubiconde,
Nous jette en ricanant ses insolents défis :
La France à la rescousse appelle tous ses fils :
Donc, si l'on veut de nous, partons quoi qu'il advienne!
Un oncle m'a laissé pour la lutte prussienne
Un sabre revenu d'Iéna, d'Austerlitz;
J'ai de mon père mort, l'épée à fleur de lys....
Tout est bon!! Que fait l'arme? elle est sainte d'avance
Quand on la met au vent pour défendre la France!
— Donc, si tu veux, ami, nous partirons demain,
Gaîment et cœur à cœur, et la main dans la main.

. . . .

Ce même jour, 20 juillet, mon fils Albert s'enrôlait dans les turcos [1], régiment d'avant-garde destiné à donner et à recevoir les premiers coups. « Il n'avait pas voulu, disait-il, perdre les premières notes de l'ouverture. » Le 4 août, à Wissembourg, il fit partie de cette reconnaissance insensée que les chefs conduisirent sur la grande route et qui ne découvrit rien, alors que le sous-préfet et le maire de la ville montraient les bois voisins bondés de Prussiens, à moins d'une portée de canon. Le soir de cette journée, il m'écrivit au crayon : « Nous avons eu une affaire très

1. Le 2e bataillon du 1er tirailleurs était en garnison à Paris depuis le 4 juin 1870. Pour les détails, voyez l'opuscule « *A la mémoire d'Albert Duruy* » et « *Le 1er régiment de tirailleurs algériens* (histoire et campagnes), écrit sur l'ordre du colonel, aujourd'hui général Ménestrel, par le lieutenant Victor Duruy. (Note de l'éditeur.)

chaude. Je suis sain et sauf et je crois m'être assez bien comporté. Dis à George que j'en ai descendu au moins une dizaine. » Durant la retraite, il se trouva à l'extrême arrière-garde avec son sergent-major, comme lui un excellent tireur. L'ennemi venant derrière eux à travers les vignes, ils partagèrent fraternellement leur stock de cartouches, et, embusqués près d'un arbre, ils ouvrirent le feu à bonne distance contre les Prussiens. Chaque coup portait; la force de pénétration de la balle du chassepot était même assez grande pour blesser l'homme du second rang après celui du premier. Mais, les munitions épuisées, il fallut sortir en plein champ; c'était affaire d'agilité et nos deux chasseurs n'en manquaient pas. Ils en furent quittes pour être cinglés par les pierres de la route dont les balles allemandes projetaient autour d'eux les éclats.

Le 6, Albert se battait à Reichshoffen et m'écrivait deux et trois jours après :

Lundi 8 août, au matin.

« Mon cher père,

« Nous arrivons à Sarrebourg. En quatre jours, nous nous sommes battus trois fois et nous avons marché le reste du temps, sans pain, à peine un peu de biscuit. Nous sommes morts de fatigue. Oh! l'intendance!... Si j'en reviens, j'en aurai de tristes à raconter.

« Les Prussiens nous mènent tambour battant. Nous avons marché depuis hier six heures jusqu'à ce matin trois heures. Nous nous arrêtons, obligés d'évacuer Saverne et de nous replier sur Metz, je pense. Sauf une extrême lassitude, je suis bien. Décidément, les balles et la mitraille ne me font plus le moindre effet. J'étais né pour être militaire. Mais je suis profondément triste. Quelles deux journées! A Wissembourg, nous avons donné tout le temps. A Wœrth, nous avons été engagés seulement à deux heures, pour soutenir la retraite. Nous avons chargé trois fois de suite à la baïonnette et fait plier les Prussiens à plus d'un kilomètre. Mais il a bien fallu céder : ils étaient tant!

« Adieu, je vous embrasse tous.

« ALBERT. »

« J'ai été tout le temps en tête de mon bataillon. Les balles ne veulent pas de moi. Dans ma compagnie, nous ne sommes plus qu'une quarantaine sur cent vingt. Je pense qu'on va nous laisser un peu respirer. »

Mardi 9, au matin,

« Mon cher père.

« Nous sommes en pleine retraite sur Metz, avec un corps d'armée complètement démoralisé. Voilà six jours que nous marchons jour et nuit ou que nous nous battons, sans vivres ni subsistances aucunes. Je ne sais pas comment les hommes se tiennent encore debout. Nous sommes partis hier, ou plutôt cette nuit, de Sarrebourg, à minuit, et il faut que nous soyons demain soir à Metz ou à Nancy : c'est cent kilomètres en deux jours. Encore, si la route était libre! Mais l'artillerie, les bagages, les *impedimenta* de toute sorte nous précèdent et nous sommes obligés de marcher à raison d'un kilomètre par demi-heure. C'est plus fatigant que de marcher vite.

« Je suis navré, mais je vais bien, pour un homme qui ne s'est pas déshabillé depuis six jours, qui a perdu ses bagages, sa tente, qui couche en plein air avec la pluie sur le dos, sans même un caban à se jeter sur les épaules, sans un sac pour appuyer sa tête. Mon sac est resté sur le champ de bataille de Wœrth ou de Frœschwiller, comme tu voudras. Nous les avions jetés pour charger à la baïonnette : la mitraille ne nous a pas permis de les ramasser.

« Adieu, je vous embrasse tous.

« ALBERT. »

« *P. S.* — Il paraît que le colonel me propose pour la médaille militaire. Il m'a d'ailleurs fait les plus grands éloges pour « mon entrain et mon sang-froid ». Tu n'en doutais pas, j'espère? »

Mon fils George, qui a publié les lettres précédentes, dans la notice consacrée « A la mémoire d'Albert [1] », y a joint quelques lignes adressées à un ami; je veux les citer aussi :

10 août.

« Mon cher ami,

« Nous sommes en pleine retraite sur Nancy. Notre corps d'armée, battu à Wissembourg et à Frœschwiller, est démoralisé. Que voulez-vous : à Wissembourg, nous étions six mille contre quarante mille et nous n'avions pas mangé depuis trente-six heures! A Frœschwiller, nous étions quarante à quarante-cinq mille contre cent vingt mille et nous n'avions pas fait la soupe depuis six jours! Nos hommes ont été admirables; nous avons fait trois charges successives à la baïonnette, à Frœschwiller, et trois fois les Prussiens se sont sauvés. Mais la mitraille nous a écrasés. Sur soixante-dix officiers, il en reste à mon régiment

---

1. Voyez ci-dessus la note de la page 250.

trente-cinq; à ma compagnie, sur cent vingt, nous sommes revenus quarante.

« Soulevez Paris, soulevez la France : que tout le monde marche !

« Je vous écris à la hâte; voici deux nuits que nous marchons à raison de cinquante kilomètres. J'ai les pieds en sang : les jambes demandent grâce, mais pas le cœur. J'ai écrit presque tous les jours à mon père, mais on nous dit que toutes les lettres n'arrivent pas. Le service des postes est fait comme celui des ambulances...

« Adieu, je vous embrasse tous.

« ALBERT. »

J'ai donné, p. 167, ses deux lettres datées de Voncq. A Beaumont, le 30 août, ce qui restait de son régiment fut commandé comme soutien d'une batterie qui essayait vainement de lutter contre l'artillerie prussienne. Ordre avait été donné aux hommes de se coucher à terre, tout le terrain étant balayé par les projectiles. Albert se promenait sur la route en causant avec son capitaine, lorsqu'un obus emporta la jambe de l'officier. Mon fils le reçut dans ses bras, et, avec quelques camarades, le porta dans une maison qui s'emplissait de blessés. Les Prussiens, voyant de ce côté des pantalons rouges, y dirigèrent leurs coups. Pour les avertir qu'ils tiraient sur une ambulance, Albert monta sur le toit et, avec un bâton attaché au tuyau d'une cheminée, une serviette blanche et sa ceinture rouge de turco, il fit une croix de Genève. La canonnade n'en continua que plus fort, le toit s'effondra sous les projectiles, la maison prit feu, et Albert, resté debout sur le mur, eut derrière lui un foyer d'incendie d'où partaient des cris déchirants et devant, un abîme de 25 à 30 pieds par où l'on ne pouvait se sauver. Il l'essaya pourtant : un cadavre était au pied du mur, il sauta sur lui pour amortir le choc ; mais un de ses pieds glissa sur ces chairs broyées et, avec une affreuse douleur, sa rotule se trouva derrière le genou. Il la remit en place, serra sa jambe avec ce qui lui restait de sa ceinture et se traîna sur les mains jusqu'à un petit bois où les Allemands le prirent.

J'ai tenu à recueillir ces lettres et ces souvenirs de mon brave fils ; elles sont un titre de noblesse pour notre famille.

Le surlendemain avait lieu le désastre de Sedan, qui ouvrait à l'ennemi la route de Paris.

Je touchais en ce moment à ma soixantième année et je n'étais pas en état de faire campagne au loin. Je ne partis donc pas, comme Albert, pour l'armée active, mais je ne m'enrôlai pas non plus parmi ceux qu'on appelait les « pantoufflards », qui eurent pour compagnons quelques-uns des fils des vainqueurs du 4 septembre. Je m'inscrivis dans un des bataillons de mon quartier, qui devaient garder le rempart et les avancées entre la Seine et la Bièvre, en arrière des forts de Vitry et de Bicêtre. Le surlendemain, un journal que je ne connaissais pas, l'*Électeur libre*, raconta un épisode de la revue passée la veille par le général Trochu. « Place de la Concorde, disait-il, l'amiral Challié, passant la revue préparatoire du 21e bataillon, s'est arrêté devant un simple garde national de la 6e compagnie, qui portait au côté droit de l'uniforme la plaque diamantée de grand-officier de la Légion d'honneur : il a salué M. Duruy, ex-ministre de l'Instruction publique, car c'était lui.

« — Votre place serait à la tête du bataillon, dit l'amiral.

« — Ma place, répond le Ministre, est dans les rangs des
« défenseurs du pays. Des soldats valent mieux pour le
« commandement.

« — Nous nous retrouverons sur les remparts, ajoute
« l'amiral.

« — C'est notre devoir, riposte M. Duruy ; nous le rem-
« plirons avec courage, fermeté et succès. »

« Ce dernier mot surtout, dit avec énergie, est le prélude
d'une immense acclamation et des vivats des témoins de
cette scène. »

Ce n'était point par vanité que j'avais mis cette décora-
tion ; mais bien pour montrer que, dans les circonstances
où nous étions, tous, quels que fussent leur âge ou leur
position sociale, devaient payer de leur personne.

J'avais encore deux fils à Paris ; l'un, George, alors
élève de rhétorique au lycée Henri IV, s'enrôla dans le
vingt-unième bataillon de marche de la garde nationale
dès les premiers jours du siège ; l'autre, Anatole, ancien
officier, devenu chef d'escadron à l'état-major de la garde
nationale, prit part à toutes les sorties, notamment à l'attaque du Bourget, où il fut blessé d'un éclat d'obus.

A ce moment, il me restait un cheval ; je m'en servis le
7 septembre pour faire une reconnaissance du terrain sur
lequel nous pouvions être appelés à opérer le jour ou la
nuit. Je parcourus Vitry, Villejuif, Choisy, où les Prussiens
n'étaient pas encore entrés, et j'arrivai aux Hautes-Bruyères,
mamelon dominant Bicêtre, qui inquiétait l'amiral Pothuau
chargé de défendre les trois forts de Montrouge, Bicêtre
et Ivry. Je trouvai là, dans un fossé profond de dix à douze
pieds, cinq ou six soldats du génie qui, avec de la meu-

lière bien appareillée, commençaient un mur, qu'il eût fallu, dans ces conditions, plus d'un mois pour amener à la hauteur de notre enceinte. Sans débrider, je m'en allai au Gouvernement général où je demandai à parler au général Trochu. Je l'avais vu souvent au Ministère de la Guerre et dans les commissions pour la réforme scolaire de la Flèche et de Saint-Cyr. C'était un homme que je crois encore très honorable, mais qui avait un grand défaut : comme il parlait bien, il parlait beaucoup et n'écoutait pas. Lorsque, le 25 août, quelques-uns de mes collègues au Sénat me dirent : « Vous devez connaître le général Trochu qui vient d'être nommé gouverneur de Paris. » — « Assurément, répondis-je. » — « Quel homme est-il? » — « C'est un beau et long parleur; aussi j'ai bien peur qu'il ne soit qu'un avocat déguisé en général. » Le mot était dur; il se trouva juste. Admis en présence du général, je lui racontai ce que je venais de voir, en ajoutant : « Si vous manquez de soldats du génie, mettez en réquisition deux ou trois bataillons de gardes nationaux, je me charge de rouler la première brouette. » Le général me répondit par ces mots : « Si nous tenons huit jours, nous aurons fait une galante défense. » Qu'attendre d'hommes qui désespéraient d'avance, quand leur devoir était d'espérer toujours?

Cet esprit gagnait malheureusement certains hommes que la politique avait sans doute préparés à voir d'un œil sec les malheurs de la France, pourvu que l'Empire restât sous les ruines. Un officier supérieur, dont je veux taire le nom, portait au milieu de nos soldats des paroles de découragement. L'ayant rencontré par hasard le 18 août, je lui en fis de sévères reproches, auxquels il répondit par une lettre qui n'annonçait pas un meilleur esprit. Je lui écrivis :

« Monsieur,

« Je comprends que vous éprouviez le besoin d'expliquer, d'atténuer vos paroles d'hier et de leur donner un tour différent. Mais je vous répète que, dans les circonstances où nous sommes, il n'est pas un bon citoyen qui, même en ayant au fond de l'âme les craintes les plus vives, ne doive laisser paraître au dehors confiance et résolution.

« Et, quand on voit des hommes portant l'uniforme répandre par leurs paroles le découragement autour d'eux et oser, comme vous l'avez fait hier, insulter ceux qui croient encore à la puissance du dévouement et du patriotisme, c'est un devoir, alors, pour un ancien membre du Gouvernement, de dire tout haut et en face : Prenons garde de laisser les clefs de Paris, la défense de nos remparts, à des gens qui perdront tout, en déclarant à l'avance que tout est perdu.

« Je me souviens du rôle néfaste que les alarmistes ont joué dans la Révolution.

« J'étais parfaitement calme, Monsieur, quand je vous ai rencontré, car je venais d'embrasser mon fils revenu, pour quarante-huit heures, de Wissembourg et de Frœschwiller, d'où vous n'arriviez pas. Mais, je l'avoue, le contraste de la conduite de ce brave garçon avec vos paroles, vos sarcasmes au sujet de la garde mobile ; vos terreurs relativement à l'armée qui vous semblait perdue, cette prophétie de l'entrée des Prussiens dans Paris avant dix jours, ajouterai-je le mot de traître que vous avez pro-

noncé : tout m'a inspiré une profonde pitié pour un esprit
malade, mais aussi de l'indignation contre le fonctionnaire
qui trahissait le premier de ses devoirs.

« Si j'étais ministre de la Guerre, vous seriez immédiatement mis en inactivité.

« Cette leçon salutaire, M. de Moltke n'hésiterait pas à la
donner. Malheureusement pour nous, l'armée prussienne
ne s'y prête pas. Elle obéit, se bat, meurt ou triomphe,
sans tant de raisonnements, de critiques ou de défiances.
Elle réserve tout cela pour la paix et non pour la guerre.

« V. Duruy. »

Ces paroles viriles, que je réclamais d'un colonel, étaient
d'autant plus nécessaires que, de loin, se montraient des
défaillances dangereuses. Quant à ma compagnie, recrutée
dans le boulevard Saint-Michel, elle comptait parmi ses
membres plusieurs millionnaires qui se prêtaient, sans
jamais hésiter, à toutes les exigences du service. Un jour
de combat, ils n'auraient pas valu de vieux soldats, mais
ils auraient vaillamment fait leur devoir. D'autres, venus
de certains quartiers où fermentaient les envies socialistes
se demandaient si c'était bien à eux de défendre les bourgeois. Ils précédaient les fous que nous entendons aujour-
d'hui pousser, dans leurs réunions, ce cri féroce et inepte
qui est le dernier des sacrilèges : « A bas la Patrie! »

Notre rempart se terminait à la Seine par une muraille
que couvrait à quelque distance un ouvrage avancé. Nous
avions un redan beaucoup moins fort, en avant de notre
porte de Choisy, et nous y passions la nuit : ainsi faisait-on
dans toutes les avancées. Ce ne fut pas l'avis du bataillon
chargé de défendre le passage du fleuve. Sous prétexte

qu'on voulait le livrer à l'ennemi, il refusa de s'enfermer dans ce qu'il appelait une souricière. Nous l'apprîmes le lendemain en venant relever d'une garde si mal faite ces étranges défenseurs de la cité. Le général Ribourt, gouverneur de Vincennes, me dit, pendant la bataille de Champigny qui se livrait en face de nous, avoir eu plus d'une fois les mêmes inquiétudes au sujet des batteries qui défendaient au-dessus de la Marne les approches du plateau de Vincennes.

Mon éditeur, M. Bréton, de la maison Hachette, possédait une propriété tout près de Châtillon. Je lui demandai quels travaux on avait faits sur cette colline : « Mais rien, ou à peu près », me dit-il. Or, si une des clés de Paris était aux Hautes-Bruyères, une autre se trouvait là. M. Béhic, l'ancien ministre du Commerce, était membre du comité de défense. Je lui contai ce que je venais d'apprendre. Mais il n'était chargé que de veiller à l'approvisionnement des vivres et il n'entendait pas se mêler d'autre chose. Nous étions alors au Sénat; je me rendis auprès d'un général qui avait certainement voix au chapitre dans les conseils de la Guerre. Comme il m'avoua ne pas savoir où était Châtillon, je lui dessinai l'espèce de promontoire que la position forme au-dessus de Fontenay-aux-Roses et je lui dis : « Mettez-vous à l'extrémité de ce plateau et, à douze ou quinze cents mètres de distance, vous aurez vue sur l'intérieur des forts de Vanves et d'Issy. » Je n'ai pas su ce qu'on fit de ce renseignement, mais quelques jours plus tard les Prussiens occupaient sans beaucoup de peine la colline d'où ils découvraient tout Paris (19 septembre).

Les fuyards de Châtillon, et parmi eux des zouaves du quatrième de marche, qui, de leurs valeureux régiments d'Afrique, n'avaient que l'habit, s'engouffraient par la barrière d'Enfer, dans le vi⁰ arrondissement où ils répandaient l'inquiétude et l'effroi. L'amiral qui commandait notre secteur, averti de cette espèce de panique, me chargea d'aller dans le quartier et de parcourir les groupes agités, les lieux de réunions publiques, en disant partout que nous étions sur nos gardes, qu'aucune menace n'apparaissait et que nous tiendrions résolument le poste qu'on nous avait confié. Singulière commission pour un pacifique, mais sainte mission qui ne pouvait être refusée[1].

Durant ce combat, Jules Favre avait, à Ferrières, une entrevue avec Bismarck dont les prétentions étaient, dès lors, presque aussi dures que celles qui nous furent imposées au traité de Francfort. Paris approuva le refus d'armistice sans ravitaillement, et je fus hautement de l'avis de tout le monde. La ville résista cinq mois; ce ne fut pas pour le moment une victoire; mais c'était pour l'avenir une garantie d'espérance.

Je retourne à mes souvenirs du bastion 88. Un jour, nous sortîmes quelques-uns du rempart et nous allâmes en promenade jusqu'au front du fort de Montrouge, où nous eûmes le spectacle, pour nous inoffensif, d'un combat d'artillerie entre les batteries françaises et celles de l'ennemi. Les obus passaient très haut au-dessus de nos têtes, pour, les uns, entrer dans le fort, et les autres éclater sur les Prussiens. C'était un feu d'artifice en plein jour; pour y prendre part, nous n'avions pas même nos affreux fusils à tabatière, de sorte que notre petite troupe ne put se mêler au concert, où du reste elle n'aurait rien fait d'utile,

____

1. Voyez dans le *Siège de Paris*, par le général Vinoy, à la p. 147, ce qu'il dit de cette malheureuse affaire.

les balles n'allant ni si vite, ni si loin que les obus de nos braves marins.

Cet innocent fusil à tabatière était très lourd et ne se maniait pas aisément. Il me valut pourtant un déjeuner avec le général Ducrot. J'étais en faction à la porte de Choisy, lorsque survint des Hautes-Bruyères un lieutenant-colonel à qui je fis avec mon fusil un si beau salut militaire qu'il me prit pour un vieux soldat. En regardant de plus près, il me reconnut et m'engagea à venir voir à Saint-Denis son chef, l'amiral de La Roncière, que j'avais bien des fois rencontré au Palais-Royal et aux Tuileries. Le lendemain j'arrivai dans les ouvrages de Saint-Denis où je fis, pour ce temps-là, un véritable festin à côté du général Ducrot. C'était huit jours après la bataille de Champigny. « Si vous aviez fait votre trouée, dis-je au général, où comptiez-vous aller? » — « Entre l'Yonne et la Seine, me répondit-il, pour de là tendre la main aux vainqueurs de Coulmiers. » C'était possible, et la sortie avait été sur le point de réussir. J'ai su plus tard qu'à Villeneuve-Saint-Georges, en arrière de Champigny, l'émotion avait été grande parmi les Prussiens, et j'ai vu que jusqu'au delà de Corbeil, même bien plus loin encore, les châteaux, les fermes, les murs des parcs avaient tous été crénelés : Paris était pris dans un étau. Cependant Ducrot, vainqueur à Champigny, aurait pu bousculer tous ces obstacles. Mais, après avoir, par nos bruyants préparatifs, averti l'ennemi du côté où nous voulions passer, nous perdîmes deux jours dont les Allemands profitèrent pour renforcer leurs lignes de défense et accumuler des troupes sur le terrain de l'attaque. Le 29 novembre, le général Vinoy, qui commandait sur la rive gauche de la Seine et que je voyais souvent, reçut l'ordre de battre furieusement l'Haÿ et Chevilly, afin d'empêcher les troupes allemandes de Versailles de passer sur la rive droite. En même temps, nos nouveaux canons de 7, établis sur le plateau d'Avron, devaient arrêter les corps se dirigeant de Montmorency sur Nogent. N'entendant pas le feu du fort de Charenton qui devait jouer dans l'action un rôle important, Vinoy demanda au Gouvernement général, vers neuf heures du matin, la cause de ce silence. On lui répondit que l'affaire était remise, parce que les bateaux à vapeur de la Seine n'avaient pu remonter la Marne jusqu'au-dessus de Vincennes. Le général rappela ses troupes, mais un millier d'hommes étaient déjà par terre!... Quand la bataille recommença, le 1er et le 2 décembre, l'ennemi était en force et la partie était perdue.

A mesure que Paris était plus resserré, nos misères intérieures augmentaient. Vers les murs, c'étaient le siège et les coups de canon; à l'Hôtel de Ville, l'émeute et la révolution. Les têtes se montaient. Comme le populaire avait des armes, il crut l'occasion bonne pour en finir avec une société qui exigeait de l'ouvrier, pour qu'il pût devenir patron, de l'ordre, du travail et de l'économie. Le 8 octobre, une première tentative, pour proclamer la Commune, échoua; mais elle fut renouvelée le 31 par les bataillons de Belleville, sous la conduite de Félix Pyat, l'éternel conspirateur, et elle réussit un moment. Presque tous les membres du Gouvernement de la Défense nationale furent pris par les émeutiers. Mais la garde nationale s'assembla, notre bataillon se réunit dans la rue des Écoles, où nous attendîmes qu'on nous fît descendre sur l'Hôtel de Ville. Aucun ordre ne venant, je demandai une

permission d'une demi-heure et je me rendis au Gouvernement général. Trochu était aux mains de la révolution.
« Eh bien, dis-je à son premier aide de camp, le prince
Nicolas Bibesco, l'Hôtel de Ville est cerné, les rebelles qui
veulent bouleverser Paris sous les yeux des Prussiens sont
dix fois coupables. J'espère que vous allez nous débarasser
d'eux. » — Il me répondit comme aurait fait son chef :
« Ah! du sang, du sang! non, jamais. » Humanité cruelle!
car cinq ou six mois plus tard, quand la vraie Commune
fut maîtresse de Paris, combien de milliers de victimes
tombèrent qui eussent été épargnées si, par un acte énergique, les chefs de l'émeute du 31 octobre avaient été
saisis et transportés plus tard à la Guyane.

Du commencement à la fin du siège, l'action fut très
vive sur les trois quarts de l'enceinte, mais, de notre côté,
il n'y eut pas une escarmouche; de sorte que, pendant
cinq mois, je n'eus pas un coup de fusil à tirer ni un péril
à courir. J'excepte un jour où une reconnaissance nous
conduisit jusqu'aux Hautes-Bruyères, d'où nous contem-
plâmes sottement les positions prussiennes. Nous étions à
bonne distance pour le tir de plein fouet; mais l'ennemi
ne nous fit pas l'honneur de saluer d'un coup de canon
notre inutile curiosité.

Un soir, sortant avec M. Balard de chez M. J.-B. Dumas,
qui demeurait rue Saint-Dominique[1], et remontant la rue
de Rennes, je fus assailli par une volée de cris stridents
et je dis à mon compagnon de route : « Entendez-vous le
vacarme de ces polissons? » Moins d'une seconde après,
l'obus passait au-dessus de nos têtes et éclatait vers Saint-

1. La maison qui porte maintenant le n° 3; M. Duruy habitait le n° 82
de la rue de Rennes. (Note de l'éditeur.)

Germain des Prés. Je compris que la chemise du boulet, déformée par le tir, avait déchiré l'air et produit de loin l'effet de clameurs d'une multitude d'enfants. C'était le bombardement qui commençait. Il continua durant tout un mois, trouant des maisons, faisant quelques victimes, mais ne produisant aucun effet moral. Les premiers jours, on se rendait en promenade vers les lieux où les projectiles arrivaient. Paris, tout bâti de pierre, n'avait rien à craindre de l'incendie. Dans la rue de Rennes, j'avais remarqué que les boulets tombaient de préférence sur le côté gauche, les Prussiens ne changeant pas à chaque coup la direction de leurs grosses pièces; et comme j'habitais le côté droit, je dormais tranquille. Mais du haut du rempart, le spectacle était magnifique et terrible. Pendant une nuit de faction au sommet de l'enceinte, je vis trois lignes de feux étagées les unes au-dessus des autres, sur les collines de Châtillon, de Meudon et de Saint-Cloud. Nos forts répondaient coup pour coup : c'était un effroyable tonnerre dont l'ennemi aurait voulu faire une œuvre grandiose de destruction. En somme, toute cette dépense d'artillerie causa, relativement, peu de mal et n'avança pas d'un jour la capitulation [1]. C'est la famine qui nous força d'ouvrir nos portes. Une fois de plus il fut démontré que la victoire définitive ne se gagne qu'en rase campagne et qu'une place assiégée, comme Paris, Metz et Strasbourg, est fatalement condamnée à être prise.

Cependant la fièvre de siège augmentait au milieu de

---

1. D'après les relevés quotidiens du *Journal officiel* le bombardement a tué quatre-vingt-dix-sept personnes, dont trente et un enfants et vingt-sept femmes; il en a blessé deux cent soixante-dix-huit, dont trente-six enfants et quatre-vingt-dix femmes. C'est un total de trois cent soixante-quinze personnes atteintes.

ces deux millions d'hommes pour qui, dès le 18 octobre, la viande, et quelle viande! avait été rationnée à raison de 100 grammes par jour et par personne. Nous commencions à manger nos chevaux de fiacre et ceux des Pompes funèbres. Les chiens errants étaient traqués comme perdreaux en temps de chasse. J'en eus un qui me dégoûta des autres : il était si coriace et si dur que je ne parvins pas à enlever de ses côtes desséchées une bouchée mangeable. Chez un gargotier de la porte d'Italie, nous réalisâmes cependant un civet de chat que je trouvai excellent. Jamais je n'aurais cru que ce lapin de gouttière pût être rendu, à force d'art, sans doute, aussi comestible. Quant aux souris et aux rats dont on faisait des pâtés, une horreur insurmontable m'en garantit [1]. Ce gibier rendit pourtant de grands services. On estimait qu'il se trouvait dans les égouts dix-huit ou vingt millions de rats; et des marchés établis çà et là, notamment sur la place de l'Hôtel-de-Ville, débitaient cette marchandise : au mois de janvier, ils se vendaient 4 francs la pièce.

Le riz et le biscuit des troupes me sauvèrent. J'avais fait une bonne provision de ce que les soldats gaspillaient dédaigneusement dans les premiers jours du siège. J'eus même une friandise que me valut mon zèle ministériel d'autrefois. Un boulanger, grand ami des écoles populaires, avait pu sauver un peu de farine de gruau; chaque matin, il m'envoya un petit pain, quatre ou cinq bouchées, que je mangeai avec volupté. Je n'ai ni vu ni remercié cet industriel bienfaisant; c'est un remords que je garde encore.

---

1. Voyez dans les *Tableaux de l'Année tragique* (Hachette, éd.), le menu d'un dîner auquel assistait M. Duruy, chez M. Elwal, à la date du 8 janvier 1871.

Toute la population se portant vers les remparts, il n'y avait plus de vie que de ce côté ; le reste de Paris devenait silencieux et sombre. Quand le combustible manqua, les boutiques éclairées par le gaz se fermèrent et les réverbères s'éteignirent. Rien de lugubre alors comme cette grande ville naguère si brillante, où ne se voyait plus une lumière ni un promeneur ; mais les hôpitaux étaient pleins et, chaque jour, vidés par la mort : dans une semaine on en emporta 5000 cadavres.

Une nuit cependant nous eûmes la plus splendide illumination. Tout l'occident et le nord s'éclairèrent de lueurs étincelantes. « C'est, dirent quelques-uns, la réverbération d'un immense incendie, et une ville qui brûle ; feu de joie allumé par l'ennemi. » Quelques mystiques soutinrent que le Ciel nous envoyait un signe d'espérance. Quant à moi, je vis dans ce spectacle magnifique une aurore boréale et je remerciai le pôle nord de nous l'avoir envoyée.

Pendant que nous tenions ferme à Paris, la province s'était levée. Toute notre armée était prisonnière en Allemagne, nous n'avions ni un canon, ni un général, ni même un soldat éprouvé. Mais la France n'avait pas voulu, comme l'Autriche à Sadowa, tomber sous un seul coup de sabre prussien et cette générosité, que j'approuvais de tout cœur, nous a relevés dans l'opinion de l'Europe. Quand on vit qu'en frappant la terre du pied, ce qui nous restait de gouvernement avait fait sortir du sol des armées, quand Faidherbe dans le Nord, Chanzy dans l'Ouest, d'Aurelle de Paladines sur la Loire, empêchèrent l'invasion d'aller plus loin, on se dit partout qu'il y avait dans ce peuple, vaincu par l'ineptie de ses premiers défenseurs, une vitalité indestructible. Malgré la triple alliance, l'Autriche est toujours un empire de verre, l'Italie un État dont la rapide croissance a besoin encore du temps pour se consolider. Si la France s'est aujourd'hui relevée, elle le doit aux sacrifices qu'elle a patriotiquement consentis, et aussi au souvenir de cette lutte acharnée qu'elle a soutenue seule pendant six mois contre un million de soldats disciplinés et victorieux. Je ne fais, en parlant ainsi, que dire ce qui se trouvait au fond de l'âme de celui qui avait dirigé contre nous l'invasion allemande. Longtemps après le traité de Francfort, dans un salon officiel de Berlin, des officiers supérieurs se moquaient de notre résistance après le 4 septembre. De Moltke, resté jusque-là silencieux, les interrompit : « Oui, Messieurs, tout ce que vous voudrez ! « Mais souvenez-vous qu'après Sedan et après Metz, nous « croyions la guerre finie et la France abattue, et que, pen- « dant cinq mois, ses armées improvisées ont tenu les « nôtres en échec. Nous avons mis cinq mois à battre des « conscrits et des mobiles. C'étaient des foules plutôt que « des régiments, j'en conviens avec vous; mais ces cohues « nous tenaient tête. Vous pouvez oublier ces choses, vous « qui n'avez eu que le contentement de la victoire; mais « je ne l'oublie pas, je l'avoue, et je n'en souris pas, car « j'ai eu le tracas et le grand souci de cette résistance « inattendue. Enfin, Messieurs, conclut textuellement le « Maréchal, cette lutte nous a tellement étonnés au point « de vue militaire, qu'il nous faudra étudier cette question « durant de longues années de paix [1] ».

Pourquoi des amitiés puissantes sont-elles revenues à nous? Parce qu'on a vu que, si des fautes répétées nous

---

1. Capitaine J.-B. Dumas, *La Guerre sur les communications allemandes en 1870*, Préface, p. VII et VIII.

avaient fait perdre des batailles, notre peuple, par son courage désespéré, avait sauvé l'honneur [1].

Vers la fin de janvier, Paris à bout de ressources n'avait plus rien dont il pût faire un aliment. Il fallut donc ouvrir une de nos portes aux Prussiens. Ils pénétrèrent dans les Champs-Élysées jusqu'aux Tuileries. Des tapis tendus sur les grilles du château, des barricades élevées à l'entrée des rues aboutissant à la place de la Concorde, les empêchèrent de rien voir au delà de l'enceinte fixée par la capitulation. Dans une de ses lettres, de Moltke dit : « Nos « troupes ne sont restées que deux fois vingt-quatre heures « à Paris. Il suffit d'ailleurs que nous y ayons fait *acte de* « *présence.* » Ce n'était guère triomphal pour des victorieux. Mais, en allant plus loin, les Prussiens se seraient exposés à une guerre de rues dont les résultats eussent été, pour eux, une grande perte d'hommes et, pour nous, la destruction d'une partie de Paris. La convention était donc prudente d'un côté et sage de l'autre.

Au commencement du siège, j'avais regretté qu'on n'eût pas fait sortir de Paris, comme bouches inutiles, les femmes, les enfants et les vieillards. A la fin du blocus, je pensais autrement. Le courage des femmes fut admirable. J'en ai vu de longues files attendre sur les trottoirs, sans se plaindre, dès quatre heures du matin et par 20 degrés de froid, que les boulangeries fussent ouvertes et, le jour de l'armistice, beaucoup se récrièrent contre la capitulation. Il n'y eut dans les maisons de véritables misères que là où ne se trouvait point de femme, pour découvrir à

---

1. Les francs-tireurs et les mobiles des Vosges ont retenu dans l'Est une armée allemande de cent quarante-six mille hommes. (Capitaine J.-B. Dumas, *ibid.*)

temps des provisions et faire des réserves. J'en sais quelque chose, puisque j'étais alors célibataire et que j'eus à souffrir de la faim.

Je retrouve, en de vieux papiers, une très longue note, en tête de laquelle est écrit : « Bastion 88. 18 octobre 1870 »; je l'écrivis une nuit dans les casemates qu'on venait de nous construire. Elle est inachevée, mais suffira à montrer dans quel état d'esprit j'étais à cette époque et à expliquer ma conduite depuis vingt ans :

« Le canon tonne autour de moi et je me trouve au milieu de l'œuvre la plus grandiose de destruction qui ait menacé un empire. A cette heure funèbre, quelle est ma foi et quelle est mon espérance? En face des nouveaux barbares vont-elles chanceler et périr? Non! La France peut succomber momentanément, sous l'effort de ce million d'ennemis qui, durant cinquante ans, se sont si bien préparés, dans l'ombre et le silence, à l'assaillir et à la précipiter. Elle se relèvera, si elle reconnaît bien où est le grand courant du monde et si elle s'y plonge pour s'y retremper.

« Moins pour échapper au présent et à ses tristesses que pour mieux suivre, en le prenant à la source, la direction du mouvement qui entraîne l'humanité, je remonte toute la série des âges et, afin de tenir d'une main ferme la chaîne des siècles, j'en attache le premier anneau au premier jour du monde.

« Dans la nature inorganique, nos savants ne trouvent plus que de la matière et du mouvement. Le problème de l'univers est devenu pour eux un problème de mécanique et chacune des révolutions du globe est l'exécution d'une loi physique.

« Dans la nature vivante apparaissent des organes de

nutrition et de reproduction qui, en passant du règne végétal au règne animal, de l'immobilité à l'existence nomade, s'animent d'instincts et de passions destinés à assurer l'accomplissement de la fonction; plus haut se montre l'intelligence; plus haut encore éclate et brille la conscience : l'homme est venu et l'échelle des êtres se dresse de la terre au ciel.

« Avec ces principes élémentaires, le grand Démiurgos a formé la variété infinie des êtres. On dirait que, comme un artiste occupé à créer sans cesse, il pétrit la matière en lui donnant les formes les plus diverses, les instincts et les passions en les appropriant à ces formes; et toujours il garde la simplicité du plan primitif. Chaque type qui s'échappe de ses doigts divins reçoit l'immortalité ou du moins la vie pour toute la durée d'une période géologique, c'est-à-dire pour tout le temps qui s'écoule entre deux actes d'une des lois du monde matériel.

« Mais ces êtres ne sont pas jetés au hasard sur la terre. Chaque espèce nouvelle qui se montre, ou plutôt chaque série d'espèces nouvelles prise en son ensemble, l'emporte sur les précédentes par la complication des organes et la puissance des facultés.

« L'homme qui, pour notre terre, est le dernier mot du créateur, en est aussi la plus parfaite création.

« A prendre son histoire dans le détail, on ne voit que confusion et ténèbres; si l'on s'arrête aux traits généraux, tout se coordonne.

« L'humanité, comme Dieu même, n'a que des idées fort simples et en petit nombre qu'elle aussi combine de mille manières.

« Dans l'ordre social, c'est d'abord la famille, puis la

tribu ou le clan, enfin la cité, et la réunion des cités qui forme les grands États.

« Dans l'ordre intellectuel, c'est la contemplation, puis l'étude, enfin la conquête du monde matériel par l'art et la science.

« Dans l'ordre moral, c'est le γνῶθι σεαυτόν (*connais-toi toi-même*), l'examen de la conscience, d'où se dégage lentement, comme le parfum d'une fleur qui s'ouvre, le principe fondamental de la fraternité : « Fais à autrui ce que tu voudrais qu'il te fût fait à toi-même. »

« Dans l'ordre religieux, c'est d'abord la terreur qui se prosterne devant les puissances fatales de la nature et les sacrifices sanglants pour apaiser leur colère; puis la conception épurée d'un être supérieur qu'on adore et qu'on aime.

« Par tout cela, l'humanité se sépare du reste de la création vivante.

« A part quelques espèces privilégiées qui, dans de très étroites limites, sont capables de perfectionnement, toute l'animalité est aujourd'hui ce qu'elle était hier et ce qu'elle sera demain.

« L'homme seul a en lui une force de développement qui constitue la civilisation; et le progrès est la loi fondamentale de l'humanité, comme il a été, jusqu'à présent, celui de la création organique prise dans son ensemble.

« Mais ce progrès ne s'opère que dans la direction des idées primordiales.

« La famille crée les devoirs réciproques du père, de l'époux et des enfants.

« La tribu commence une première discipline sociale.

« La cité reprend ces idées, les développe, les précise et

consacre deux principes fondamentaux, la liberté indivi-
duelle et la propriété.

« Arrivée à ce point, l'humanité tient les éléments essentiels de son développement. L'art et la science naissent;
la morale publique et privée se fonde; la loi s'écrit et
toutes les questions religieuses, politiques et sociales se
discutent.

« Mais la cité est jalouse et ennemie de l'étranger qu'elle
soumet ou qui force son enceinte. Les grands États s'établissent, d'abord sous l'autorité d'un seul, parce qu'on ne
connaît encore qu'une forme politique : la *monarchie*, où un
homme, fils des dieux, fait des droits de tous son droit
personnel. Puis vient la *république*, où les citoyens exercent
directement la souveraineté. La guerre et le commerce
mêlent les peuples et les idées. Le droit et la fraternité,
enfermés d'abord dans la famille et dans la tribu, puis
dans la cité, deviennent le droit et la fraternité universels;
le *jus gentium* remplace le *jus civile*, ce qui fait de la loi « la
raison écrite »; et le Dieu universel se substitue aux divi-
nités locales; aux cultes inspirés par la peur et l'égoïsme
succède celui de la Charité.

« Comme on s'était fatigué de l'anarchie des républiques
qui ne donnaient plus ni la paix ni l'ordre, on se lassa des
princes qui, s'étant faits propriétaires de bétail humain,
avaient supprimé la justice et la liberté. Mais on mit
quinze siècles à trouver la conciliation entre les deux principes du monde ancien, la souveraineté directement
exercée par tous ou par un seul, en établissant le
régime de la souveraineté déléguée, que plusieurs exercent au profit de tous : c'est l'ère moderne des gouvernements représentatifs.

« Pour saisir cette marche logique de l'humanité, il faut supprimer les siècles et ne tenir compte ni des moments d'arrêts, ni des retours en arrière, comme on oublie le temps et les accidents locaux lorsqu'on fait l'histoire géologique de la terre.

« Que d'années, que de luttes pour que le fils s'affranchisse du père, le client du patron, le serf du seigneur, l'esclave du maître, le sujet du prince, le penseur du prêtre, l'homme enfin de sa crédulité, de ses passions et de son ignorance!

« Quel travail herculéen pour mettre l'égalité dans la loi, la liberté dans les institutions, la paix dans la rue, la charité dans la société et l'individu en pleine possession de lui-même, à la condition de respecter les droits d'autrui, c'est-à-dire l'ordre et la liberté partout!

« Voilà le but. Y touchons-nous déjà? Pas encore. Mais nous sommes sur la voie et une partie du monde marche avec nous vers cet idéal où, pour nous venger, il nous faudra traîner nos ennemis mêmes.

« Je ne sais si nous aurons raison d'eux avec le canon. Oui, si la France fait son devoir, comme Paris, à cette heure, accomplit le sien; mais je suis sûr que, par les idées, nous pouvons prendre une revanche éclatante, et nos grands aïeux de la Constituante ont mis dans nos mains, ou plutôt sur nos lèvres, une arme terrible, cette parole qui rendra éphémères toutes les œuvres de la force : « Le droit est le souverain du monde ».

« Or le droit est-il avec eux ou pour nous?

« A bien des égards, ils remontent le courant que je montrais tout à l'heure, et nous le descendons.

« Nous avons l'égalité et ils sont encore en plein moyen âge.

« Ils vont à la dictature ; nous allons à toutes les libertés.

« Ils ont toutes les convoitises, nous avons tous les renoncements compatibles avec l'honneur.

« Ils veulent unir pour dominer ; nous nous proposons de diviser pour affranchir.

« La nation française est faite. Rien ne peut plus la défaire ; renversons sans crainte l'œuvre de Richelieu et de la Convention : centralisation, bureaucratie, réglementation infinie, brisons toutes ces lisières à qui nous avons dû notre force et qui font aujourd'hui notre faiblesse.

« Nous avons constitué l'État à l'image d'une pyramide renversée, la tête portant tout ; il faut que le corps porte la tête : donc, à la base, la commune ; aux assises intermédiaires, le département et la province, tous avec de libres institutions, sauf la police, qui, dans les grandes villes, est affaire d'État ; au sommet, une double représentation nationale siégeant loin des clubs ; cinq ministères : l'Intérieur, pour le maintien de l'unité nationale ; les Affaires étrangères, pour la protection de nos intérêts au dehors ; la Guerre et la Marine, pour la défense du pays ; l'Instruction et les Travaux publics, pour tous les progrès ; les Finances, pour les intérêts économiques du pays tout entier. Un président du Conseil élu pour cinq ans par les deux assemblées et rééligible après une égale période de temps. Partout le peuple armé, la conscription abolie et tous les citoyens passant deux ans sous les drapeaux.

« La cour de cassation pour l'unité de la jurisprudence.

« Les juges, élus par les licenciés et docteurs en droit de chaque province.

« A soixante ans, la retraite pour toutes les fonctions publiques, excepté celles qui se donnent à l'élection.

« L'Église libre dans l'État libre.

« Quant au passé, il a un grand tort, c'est d'être le passé et il ne reparaîtra pas : ma vie publique est finie. Mon pauvre empereur est prisonnier de Bismarck ; je lui garderai toujours de la reconnaissance, car il a été pour moi confiant et bon, et jamais ne m'a demandé chose que je ne pusse faire, mais on ne revient pas de Sedan. Après ce lugubre échec de la plus éclatante des restaurations monarchiques, aucune des autres ne réussira, et, bien que je ne sois pas un partisan fanatique du suffrage universel sans conditions, la République, née d'une surprise, durera. C'est une liqueur quelquefois amère, mais le peuple qui en a goûté pleinement l'ivresse, n'en voudra plus d'autre. »

CHAPITRE XIX

L'INSTITUT

J'ai déjà dit [1] pour quelles raisons je n'avais pas publié, après la révolution de février, le troisième et le quatrième volume de mon *Histoire romaine* qui étaient prêts alors pour l'impression. Durant le siège de Paris, je tirai ce manuscrit du tiroir où il dormait depuis vingt-deux ans ; je le remis sur le métier et ne le quittai qu'en 1885, ayant fait dans le même temps, du même ouvrage, une édition en sept gros volumes, illustrés de trois mille gravures d'après l'antique. C'est l'édition définitive, et je tiens à ce que mon travail ne soit jugé que d'après celle-là. Comme il se donne, chaque année, dans les vieilles terres romaines et helléniques, des coups de pioche qui font sortir du sol antique des fragments d'art ou des inscriptions, je me tiendrai, tant que la vie intelligente me sera laissée, au courant des fouilles qui pourront me fournir des corrections nécessaires.

Le succès qu'obtint cette dernière édition de l'*Histoire des Romains*, m'engagea à faire subir la même transforma-

1. Au chap. **IV.** § II, p. 69.

tion à l'*Histoire grecque*, que l'Académie française avait couronnée en 1862, et à l'*Histoire de France*, qui datait de 1852. Grâce à de fréquentes réimpressions, toutes deux avaient profité des documents nouveaux : c'est à cette condition que les ouvrages d'histoire peuvent durer. La première reparut en 1889; la seconde au commencement de 1892, quand l'auteur avait dépassé quatre-vingts ans. Cette vieillesse, laborieusement occupée par l'étude des trois civilisations d'où la nôtre est sortie, marquait le respect de l'auteur pour le public qui cherche dans les livres l'aliment de son esprit. M'a-t-on su gré de cette retraite littéraire que ne troublait aucune préoccupation politique? Je serais disposé à le croire, car l'Institut, le grand consécrateur des renommées studieuses et honnêtes, m'a accordé le très rare privilège d'être élu dans trois de ses Académies.

Au ministère, ma politique à l'égard de cette institution fut celle d'un parfait respect. Parmi ses membres se trouvaient tant d'hommes qui honoraient la France et qui la servaient comme elle aime à l'être, par l'esprit, la science et l'art! J'ai eu un collègue qui aurait volontiers sabré son maigre budget. « Débarrassez-vous, me disait-il, de ces inutilités. » Je m'en gardai bien. Un de mes prédécesseurs ayant fait, dans une des cinq compagnies, une fournée d'académiciens pour former une section nouvelle, je fis rendre un décret qui répartit ces membres par *élection* entre toutes les sections de la classe, afin que la tache originelle de la nomination due au ministre seul fût effacée par le baptême académique reçu de la compagnie même.

Une autre fois je dus écrire à l'Empereur la lettre suivante (4 octobre 1866) :

« Sire,

« Il se produit un nouvel et fâcheux incident à propos de l'Académie des Beaux-Arts. Il lui a été écrit de la part d'un ministre de désigner *trois* de ses membres qui siégeraient avec *six* autres personnes, pour juger l'exposition des Beaux-Arts. L'Académie a répondu qu'elle ne pouvait déléguer personne, l'usage étant que ses jugements doivent être portés par le corps tout entier.

« On a trouvé la réponse impertinente et on a proposé de casser la délibération. Comme je demandais où serait la sanction si l'Académie refusait d'obéir, on a parlé de casser l'Académie elle-même. Sur quoi j'ai représenté que les académiciens n'étaient point des fonctionnaires et que je doutais fort que l'Empereur autorisât ce grand éclat pour si peu de chose.

« A considérer les compétences, l'Académie aurait pu ne pas même répondre à la lettre qu'elle avait reçue, puisque le vice-président de l'Exposition, quelque grande que soit sa position, n'a pas qualité pour mettre en mouvement un corps qui relève d'une autre administration.

« C'est la seconde fois que l'on passe par-dessus la tête du Ministre de l'Instruction publique au sujet de l'Institut. Je ne suis pas sûr que l'Empereur soit absolument satisfait de la solution donnée à la première affaire. Aussi, pour la seconde, j'ai demandé qu'il fût sursis à toute décision jusqu'au retour de Votre Majesté. »

En toute circonstance je me suis considéré et j'ai agi comme le défenseur officiel des droits de l'Institut. Ce n'étaient pas des caresses intéressées pour gagner des voix dans ce grand corps. En 1867, je reçus la visite d'un membre de l'Académie des Sciences morales et politiques encore vivant à cette heure, qui m'insinua que je devrais y solliciter un fauteuil. Je lui répondis : « Non, jamais, tant que je serai ici. Je paye encore, sous forme de places ou de pensions prématurées, les frais de la nomination d'un de mes prédécesseurs et je ne veux pas laisser pareille charge à qui me remplacera. L'élection en faveur d'un ministre de l'Instruction publique, par un corps placé dans sa juridiction, n'est bonne ni pour ceux qui la font, ni pour celui qui en est l'objet. »

Ce scrupule retarda de six ans mon entrée à l'Institut ; je ne le regrette pas, car ce ne fut point en qualité de ministre que j'y arrivai, trois années après Sedan, sans autre appui que le souvenir resté dans les esprits d'une longue administration qui avait toujours été honnête et nationale. En 1873, M. Vitet laissa vacant un siège à l'Académie des Inscriptions et Belles-Lettres. Deux membres influents de cette compagnie, l'excellent épigraphiste Léon Renier et Naudet, romaniste distingué, vinrent me presser de solliciter ce fauteuil : le premier par affection pour moi qui lui avais cependant joué un mauvais tour ; le second peut-être par aversion pour un candidat qui semblait avoir beaucoup de chances et qui, depuis ce temps-là, n'a pas réussi à se faire admettre. Je fus élu à une grande majorité.

Il ne faudrait pas croire que ma conduite envers Renier fût un cas pendable : je crois même qu'elle nous honore tous deux. L'Empereur, qui aimait et estimait beaucoup Léon Renier, avait dit à Rouland de lui allouer 6 000 francs par an, pour l'aider à imprimer les inscriptions romaines de la Gaule, afin de réserver l'honneur de cette publication à la France. Déjà 24 000 fr. avaient été donnés sans que rien fût encore prêt, et l'Académie de Berlin faisait avancer à grands pas son *Corpus*. Une mission, envoyée par elle en France, amassait les documents qui allaient lui permettre de donner au monde savant un premier fascicule depuis longtemps attendu. Renier a publié des Mémoires qui sont des chefs-d'œuvre de méthode et de science; mais il était à tel point désireux de la perfection qu'il ne pouvait se séparer d'un travail qui lui semblait avoir besoin de quelques retouches. Pour le décider à nous livrer des textes dont le commentaire se ferait plus tard, je lui écrivis que je supprimerais son indemnité tant qu'il ne publierait rien : c'étaient 6 000 fr. de rente annuelle que je lui ôtais. Il ne réclama jamais et ne m'en fit pas plus mauvaise mine, mais il ne se hâta point davantage. Nous avions fait tous deux notre devoir : moi, en gardien vigilant de mon pauvre budget; lui, en érudit consciencieux qui sacrifiait l'argent à la science. Il se trouve à l'Institut beaucoup de savants de cette espèce; c'est pourquoi on regarde comme un grand honneur d'avoir été le chef hiérarchique de tels hommes.

Six ans plus tard, arriva la mort de Naudet qui représentait aussi, à l'Académie des Sciences morales et politiques, les études latines. J'avais achevé à ce moment mes sept volumes d'histoire romaine et commencé l'édition illustrée. Cette fois, ce fut Bersot, un ancien adversaire de l'Empire, mais un très galant homme, partout aimé et respecté, qui me déclara que cette succession devait me revenir. Je fus en effet nommé, le 1er février 1879, par 25 voix sur 32 votants.

A la mort de Henri Martin des ouvertures me furent encore faites pour prendre sa place à l'Académie française. Mais je me souvins d'avoir lu sur son premier volume :

« Histoire de France, d'après la méthode d'Augustin Thierry, de Guizot et de Michelet. » Je craignis d'avoir à justifier un pareil titre, qu'il avait du reste oublié, et je m'abstins. Quelques mois après, Mignet mourut, et l'Académie Française me donna son bel et redoutable héritage (décembre 1884.)

Aux Inscriptions et aux Sciences morales, j'avais lu plusieurs mémoires dont le bulletin de ces deux compagnies n'a gardé, suivant l'usage, qu'un souvenir fugitif; mais à l'Académie française, je dus faire l'histoire littéraire de M. Mignet. J'insère ici ce discours, qui fut prononcé en séance publique le 18 juin 1885 :

« Messieurs,

« En m'appelant dans votre compagnie, vous m'avez donné la charge de vous entretenir de l'éminent écrivain qui, par son caractère et son talent, a, durant plus de soixante années, honoré les lettres et nous-mêmes : tâche austère, car la vie de M. Mignet, consacrée à l'art difficile de l'historien philosophe, ne saurait être l'objet d'une de ces brillantes expositions qui vous ont si souvent charmés.

« Né à Aix le 8 mai 1796, M. Mignet appartenait à cette France méridionale qui nous a envoyé, depuis un siècle, tant d'orateurs, d'écrivains et d'hommes d'État pour gouverner nos affaires ou diriger nos esprits. Sa mère était provençale, son père vendéen; de sorte qu'il réunit les qualités de ses deux pays d'origine : la ténacité de l'un, les dons charmants de l'autre. Dans la Vendée, on aimait encore les familles nombreuses : le grand-père de M. Mignet, que son petit-fils n'imita pas, avait eu huit enfants. L'aîné hérita d'une étude de notaire, le dernier prit un métier, celui de serrurier, fit son tour de France pour voir et pour apprendre, et s'arrêta dans la ville d'Aix. A Paris, il avait travaillé au Champ de Mars pour les fêtes de la Fédération; à Aix, il suspendit dans sa chambre la *Déclaration des droits de l'homme et du citoyen*. Vous devinez dans quel esprit il éleva son fils; et en songeant aux humbles commencements de cette maison d'où sortit un homme qui, dépourvu de toute ambition, arriva aux suprêmes honneurs civils et à l'estime universelle, vous direz qu'une société où toutes les portes sont ouvertes à ceux qui mettent de l'ordre dans leur vie, de l'intelligence dans leurs travaux, peut bien avoir des réformes à accomplir — il y en aura toujours —, mais qu'elle n'est point une société à refaire.

« L'Université aida à la fortune de M. Mignet selon sa mission qui est d'aller à la recherche des hommes. En 1809, des inspecteurs généraux, frappés de ses dispositions, le firent admettre comme boursier au lycée d'Avignon, où ses succès lui valurent beaucoup de prix et un grade militaire, celui de sergent-major, qui permettait alors d'entrer dans un régiment avec le double galon. Durant les Cent-Jours, il voulut réclamer un privilège, en ce moment-là redoutable; sa mère s'y opposant, il lui obéit, et puisqu'il ne pouvait se faire soldat, il se fit professeur : c'est une autre milice. En 1815, il enseigna l'histoire dans ce même lycée : déjà sa vocation se dessinait; cependant, de retour à Aix, il suivit les cours de la Faculté de droit et fut reçu avocat. Mais la muse qu'il aimait le disputa aux *Pandectes*; lorsque l'Académie de Nîmes proposa un prix pour un sujet historique, il concourut et son mémoire fut couronné. Dans ce premier essai il avait pris la mesure de ses forces; elles lui donnèrent la confiance de se rendre, en 1821, à Paris, la ville de toutes les espérances. Un autre inspecteur général l'accrédita auprès de Royer-Collard, et Manuel, son compatriote, lui ouvrit la rédaction du *Courrier français* : c'était entrer dans le monde libéral; il y est toujours resté.

« Je ne vous dirai pas, Messieurs, les vaillants efforts de M. Mignet pour se faire jour, ses premiers succès littéraires, cette autorité d'un maître conquise en pleine jeunesse, sa lutte contre la Restauration, à côté de l'homme illustre qui fut son ami des premiers et des derniers jours; ses campagnes victorieuses à l' « Athénée », dans les journaux et dans son *Histoire de la Révolution*. Le tableau de la Restauration vous a été présenté vingt fois et de façon magistrale; il serait imprudent à moi d'y revenir. Cependant, vous ne me pardonneriez pas d'étudier l'écrivain sans vous parler un instant de l'homme que vous avez aimé si longtemps.

« La nature, prodigue envers M. Mignet, lui avait accordé, avec une intelligence supérieure, la beauté du visage et la distinction de la personne. Vous le voyez encore, arrivant à vos séances, après une promenade dont chaque année, dans les derniers temps, raccourcissait la longueur, et vous admiriez ce vieillard qui gardait tant d'élégance, comme s'il s'était dû à lui-même d'attendre la visite de la fiancée funèbre, avec quelques-uns des dons qui avaient fait sa jeunesse si charmante.

« Dans ses livres, il est toujours grave, c'est une magistrature qu'il exerce; mais dans l'intimité, il avait la gaieté aimable qui est la santé de l'esprit; et il sut vivre quatre-vingt-sept ans : mérite rare, qui permet d'accumuler l'expérience et les travaux. Durant cette longue existence que la maladie ne troubla jamais, il ne commit qu'une imprudence, celle qui nous l'a enlevé, lorsque, par une froide journée de mars, il alla chercher un pâle rayon de notre soleil parisien qu'il avait cru être déjà son soleil de Provence.

« M. Mignet a donc été un homme heureux. Il le fut parce que, toujours maître de lui-même, il ne donna point de prise à la fortune contraire ; c'était un sage. Un jour, je lui demandai le secret de sa belle vieillesse, il me répondit : « Usez, n'abusez pas. » La modération fut, en effet, la règle de son esprit, malgré des convictions vigoureuses qui semblaient le destiner aux luttes ardentes. On dirait qu'il avait lu l'inscription écrite en lettres d'or au fronton du temple de Delphes : « Rien de trop », c'est-à-dire, en tout la mesure et l'harmonie.

« Cette modération philosophique, M. Mignet la tenait de son caractère ; il la dut aussi à ses études. Les lettres n'aident pas seulement à passer doucement la vie ; elles aident à bien vivre. L'histoire, en particulier, a une vertu d'apaisement qui mène à la justice. Elle calme les impatiences, en faisant voir que le temps est le grand ouvrier des choses humaines et elle chasse les terreurs puériles, en montrant derrière nous tant de blessés qui ont guéri, parce qu'ils n'ont pas voulu mourir. Pour juger les hommes, elle enseigne à tenir compte du milieu qu'ils ont traversé, des influences qu'ils ont subies, et elle reconnaît l'existence dans le monde moral de courants où, tout en restant maître de lui-même, le sage doit mettre sa pensée, comme le marin met son navire dans les grands fleuves océaniens qui mènent tranquillement au port.

« Le courant du siècle poussait aux institutions libres ;

M. Mignet s'y engagea résolument et, un jour, ce modéré joua sinon sa tête, au moins sa liberté, pour que la France ne reculât pas jusqu'au milieu des ruines d'institutions écroulées : en 1830, il signa la protestation des journaux contre les Ordonnances ; ce fut le dernier gage donné par lui à la politique militante. Le succès assuré, il laissa l'action à un autre lui-même pour se réfugier dans les hautes régions de l'art et de la pensée. Macaulay raconte qu'un jour la fée de l'Histoire lui apparut et lui dit : « Vois passer les richesses et les plaisirs ; ils vont et viennent comme viennent et vont les flots de la mer. Laisse-les aller et, au milieu de ces changements, fixe sur moi un ferme regard. » M. Mignet, lui aussi, a eu cette vision : son regard, du moins, ne se détourna plus de l'Histoire.

« Après le triomphe, les libéraux de 1830 se distribuèrent, suivant l'usage, les dépouilles. M. Mignet ne demanda rien et se contenta du poste modeste de Garde des archives étrangères. Ce n'était qu'un cabinet de travail, mais c'était aussi, pour l'historien, un incomparable trésor : toute la vie extérieure de la France, de Henri IV à la Révolution, était là.

« Durant dix-huit années, ses amis et ses anciens compagnons d'armes remplirent les Chambres et le Gouvernement ; ils furent ministres, ambassadeurs, pairs de France ; M. Mignet resta Garde des archives. Mais, tandis que beaucoup, après des éclats de paroles fugitives et une popularité éphémère, retombaient dans l'obscurité où, si souvent, la seule politique conduit, lui se préparait silencieusement à la gloire durable des lettres, et vous direz, Messieurs, qu'il avait pris la meilleure part. D'illustres amitiés, de hautes relations dans le monde, l'élégance de cau-

series s'égarant sur les sujets les plus divers et habituellement les plus élevés, le besoin de savoir et de comprendre,
d'où naissent pour l'esprit les plus vives jouissances, suffi-
saient à cette intelligence tout à la fois délicate et sévère.

« A l'âge où l'on reste encore dans l'ombre, M. Mignet
s'était fait place au grand jour; et les suffrages les plus
considérables consacraient sa jeune renommée. En 1832, il
entre à l'Institut par la classe des Sciences morales dont
il devient bientôt le secrétaire perpétuel, et, en 1836, vous
l'appelez, Messieurs, dans votre compagnie. Il a quarante
ans à peine et il appartient à deux de ces Académies qu'il
nomme « de glorieuses républiques fondées pour le service
ou l'ornement de l'esprit humain »; mais il justifie ces choix
par une succession d'œuvres qui l'établissent chef d'école,
non pas celle de Thierry qui raconte, de Guizot qui analyse
et formule, de Michelet qui devine et peint avec d'éclatantes
couleurs; mais l'école de la froide raison, qui juge sans
dogmatiser, et de l'art qui fait tout concourir à une vue
nette de l'ensemble.

« Je ne pourrai vous parler de tous les ouvrages de
M. Mignet; mais il est aisé d'en marquer le caractère :
c'est l'élévation de la pensée. Le mot de Montaigne : « Il
faut dédaigner les choses basses et terriennes pour les
supérieures », aurait pu être la devise de notre regretté
confrère. Il regarde toujours en haut, et il se plaît aux
grandes questions, avec raison, car, celles-ci résolues, le
reste suit.

« Malgré ses nombreux travaux sur les hommes et les
choses de son temps, la patrie de sa pensée est le xvie siècle,
un des plus grands de notre histoire, mais aussi, pour
l'historien, un des plus difficiles à peindre, parce que la

révolution est alors partout : dans l'Église et dans les croyances, dans les idées et dans les intérêts; parce qu'on voit la royauté arrivant à la formule : « Tel est mon bon plaisir », et la féodalité livrant son dernier combat; parce qu'enfin le moyen âge finit et les temps modernes commencent.

« Deux drames le remplissent, la Réformation et la Rivalité des maisons de France et d'Autriche. M. Mignet les étudia tous deux, mais d'abord en des tableaux détachés dont il se proposait de composer ensuite un vaste ensemble. Le Mémoire sur la conversion de la Germanie pourrait, à certains égards, être considéré comme une préparation à l'histoire de la Réforme, qui fut une des plus vives préoccupations de sa vie. La sagesse politique de la vieille Rome reparaît dans la Rome nouvelle, lorsque l'Église recommence les conquêtes des consuls avec des moines pour soldats, et, pour généraux, des évêques et des saints. Les papes de ce temps n'ont pas le culte de l'uniformité; ils laissent aux païens quelques-uns de leurs usages, ainsi que les *imperatores* laissaient aux vaincus quelques-unes de leurs libertés. Au milieu des peuples assujettis, Rome païenne établissait des colonies militaires qui devaient surveiller la région conquise; les papes bâtissent aussi des forteresses vigilantes : ce sont des églises, des évêchés, des monastères. Toutes les forces des conquérants s'y rassemblent; la culture des esprits s'y fait en même temps que celle de la terre; de vaillants missionnaires en partent incessamment afin de pousser plus loin la conquête et, en reconnaissance, un tiers du territoire allemand leur sera donné. C'est donc bien le catholicisme qui a été le plus utile auxiliaire du nouvel Empire et ce sera l'Empire qui frappera l'Église des coups les plus redoutables. Elle eut le sort commun des victorieux qui ont trop triomphé.

« Cette révolution s'opéra au XVIᵉ siècle, quand se répandit sur le monde l'esprit d'examen, qui devint plus tard un esprit de liberté. Luther et Calvin n'avaient pas prévu cette conséquence; elle les eut effrayés. Hommes de foi ardente, ils regardaient en arrière, et non pas en avant; ils demandaient à saint Augustin leur théologie, aux premiers Pères leur morale, aux Églises de l'âge apostolique leur discipline. Mais ils furent de puissants révolutionnaires, lorsque, après la traduction de l'Évangile en langue vulgaire, ils purent opposer, à la modeste condition du clergé des anciens jours, les splendeurs mondaines des nouvelles cours épiscopales, et montrer les apôtres partant pour la conquête du monde, un bâton à la main, tandis que leurs successeurs, devenus princes de la terre, passaient, devant les yeux éblouis des pauvres, dans un tourbillon de pourpre et d'or. Les peuples se laissèrent séduire par l'idéal, à la fois ancien et nouveau, qui leur était proposé, et ils suivirent ceux qui leur disaient que pour ramener les clercs aux vertus évangéliques, il fallait les délivrer de leurs biens corrupteurs. Les princes allemands furent particulièrement sensibles à ces conseils d'une renaissance spirituelle qui allait être pour eux très lucrative, car, si les principautés ecclésiastiques étaient riches, les principautés séculières étaient pauvres, et les besoins d'un ordre social nouveau accroissaient leurs dépenses, sans que leurs revenus augmentassent. L'intérêt facilita, en beaucoup de lieux, les conversions, de sorte que la richesse de l'Église allemande, qui avait fait sa force au moyen âge, fit sa faiblesse dans les temps modernes.

« Mais pourquoi Luther eut-il si peu de partisans en France et pourquoi Calvin en eut-il si tard? M. Mignet l'explique d'un mot : nos rois n'avaient aucun intérêt à propager la Réforme, et ils s'inquiétaient des conséquences sociales qu'elle pouvait entraîner. En Allemagne, en Angleterre, c'étaient les princes, autant que les théologiens, qui avaient changé la religion des peuples, tandis que nos rois, maîtres de leur clergé, au temporel, étaient toujours prêts à dire, comme François Ier, que la nouvelle théologie « tendait plus à la destruction des royaumes qu'à l'édification des âmes! » Lorsqu'en effet, le protestantisme se développa en France, la royauté manqua sombrer sous les coups de la démagogie des villes catholiques et de la noblesse protestante.

« Eût-il mieux valu, pour nous, que le protestantisme triomphât? Je crois que cette révolution se serait accomplie dans les mêmes conditions que de l'autre côté du Rhin et de la Manche, où les droits de l'Église ayant été remis aux princes, l'oppression des consciences a duré si longtemps. Nos rois, eux aussi, auraient porté les deux glaives, et nous ne serions pas arrivés, les premiers entre toutes les nations, à la liberté philosophique et à la tolérance religieuse. Dans la France demeurée catholique sans l'Inquisition, la puissance civile et le pouvoir ecclésiastique restèrent séparés. Rome païenne avait souffert de leur union, le moyen âge de leur rivalité. Dans un cas des persécutions, dans l'autre des guerres, et partout la mort prodiguée au nom de Celui qui a fait la vie. A aucune de ces époques, on n'avait connu la liberté de conscience : bénis soient ceux qui nous l'ont donnée!

« Dans la *Rivalité de François Ier et de Charles-Quint,*

M. Mignet ne raconte que les événements compris entre
les années 1519 et 1530. Les princes en présence sont aussi
opposés de figure et de caractère que d'intérêts : Charles,
petit et laid, faible de constitution, mais avisé politique,
traverse onze fois la mer pour aller voir et suivre de
près ses affaires; François, le plus beau cavalier de son
royaume et un des plus spirituels, aime surtout les batailles
et le plaisir, et ses voyages sont promenades de château en
château, pour tenir sa cour toujours en fêtes et joyeusetés.
Tous deux, par leur goût pour les arts, tempéré chez l'un,
ardent chez l'autre, sont à leur place dans l'âge de la
Renaissance; mais à celui-là l'Espagne a donné une piété
ascétique qui n'exclut cependant aucune des distractions
défendues, et l'autre dut à la France une modération relative dans les questions religieuses. François avait été
d'abord constamment heureux parce que, au commencement de son règne, il avait été constamment habile. Mais
à la couronne de France, que son rival appelait « la plus
belle qui fût au monde », il veut joindre celle de l'Empire :
folle ambition qui suscite celle de Charles-Quint. L'Au-
trichien est élu, et une lutte qui devait ébranler l'Europe
entière commence. Ce sont des combats de géants et des
négociations ténébreuses, d'éclatantes trahisons et des
invasions formidables. La France semble sur le point de
périr : ses armées sont détruites, son roi est prisonnier;
pourtant elle ne s'abandonne pas. Le peuple, les Parle-
ments, les notables se serrent autour de la régente. Louise
de Savoie négocie avec le pape, avec les Turcs, avec les
Suisses, avec les Anglais. Une vaste coalition se forme, et
Henri VIII exige que la régente ne consente à aucune
cession de territoire. Le roi est délivré; la France se

relève; le fils du prisonnier de Pavie entre victorieusement dans Metz, et le vieil empereur, à son tour humilié, vaincu, va cacher au monastère de Yuste son front découronné.

« La formation de la monarchie espagnole explique cette grande chute qui, commencée alors, s'achèvera au siècle suivant : c'était un État mal fait. Ayant contre lui la géographie, les langues, les religions, les intérêts et les souvenirs, il n'était pas né viable, et M. Mignet montre d'une manière brève, mais saisissante, comment l'Empereur et son fils s'épuisèrent à vouloir le faire vivre.

« Charles-Quint avait rêvé la prépondérance en Europe, Philippe II rêva la domination sur les âmes et sur les corps. L'histoire d'Antonio Perez retrace un des plus dramatiques incidents du règne de cet abominable tyran, à qui sa conscience religieuse ne défendait rien, à qui sa royauté absolue permettait tout. Des lettres affectueuses adressées par lui à ses enfants et récemment retrouvées, ne le sauveront pas de l'éternelle réprobation. De son vivant même, il reçut le châtiment de ses cruautés. Le puissant monarque qui enveloppait la France de trois côtés par ses armées espagnoles, allemandes et italiennes, échoue dans tous ses desseins. La France et l'Angleterre lui échappent, il perd les Pays-Bas; l'Espagne, saignée par lui aux quatre membres, tombe épuisée pour trois siècles. Elle n'a plus de commerce, plus d'industrie, et le possesseur des plus riches dépôts métalliques du monde, obligé deux fois de suspendre ses payements comme un négociant insolvable, laisse, à sa mort, une dette de plus d'un milliard.

« L'année même où le sombre monarque allait rejoindre son père dans les caveaux de l'Escurial, notre bon et grand

Henri IV terminait, par un acte de sagesse, la guerre religieuse. On avait dit de la monarchie de Charles-Quint
avec autant de haine que de peur : « Quand l'Espagne
remue, le monde tremble. » Après la paix de Vervins et
l'édit de Nantes, on pouvait dire de la France : elle a
sauvé la liberté de l'Europe et elle commence à garantir la
liberté des consciences.

« M. Mignet ne s'est occupé du règne de Louis XIV qu'à
propos de la succession d'Espagne, malheureuse question
et malheureuse guerre qui ruina notre marine, nos
finances, une partie de notre gloire militaire, et fut cause
que le plus grand siècle de notre histoire s'acheva dans la
tristesse et l'accablement.

« En ce temps-là, les princes se transmettaient les provinces et les royaumes par des mariages et des testaments,
forme d'agrandissement meilleure, après tout, que la conquête brutale. Car l'orgueil d'une nation peut être flatté e t
sa fortune garantie par l'avènement pacifique d'un prince
étranger que ses nouveaux sujets ont bien vite conquis à
leurs mœurs et à leurs sentiments héréditaires. tandis que
l'acquisition violente qui arrache à un peuple comme un
morceau de sa chair, lui fait une inguérissable blessure.

« En mariant Louis XIV à une infante, Mazarin espéra
faire de son roi l'héritier de la monarchie espagnole,
comme en formant la Ligue du Rhin, il avait rêvé pour
lui la couronne impériale. C'eût été refaire, au profit de
Louis XIV, pour la satisfaction de son orgueil et non pour
la vraie grandeur de la France, le monstrueux empire de
Charles-Quint : politique deux fois tentée à un siècle de
distance et deux fois funeste. La ligue du Rhin prépara
la ligue d'Augsbourg, et au mot fameux : « Il n'y a plus

de Pyrénées », l'Europe répondit, treize ans plus tard :
« Les Pyrénées sont relevées et elles resteront debout à
jamais. »

« Durant quarante années, il s'échangea entre les ministres et les ambassadeurs d'innombrables dépêches dont
M. Mignet a rassemblé les plus importantes en quatre gros
volumes, où les documents sont reliés entre eux par de
brefs commentaires qui les expliquent et font de ce monument, bâti de tant de pièces différentes, un solide et
imposant édifice.

« Cette *Histoire diplomatique* s'arrête malheureusement
vingt années avant l'ouverture de la succession d'Espagne,
mais elle est précédée d'une introduction où l'on trouve
plus peut-être qu'en aucun des écrits de M. Mignet ses
qualités littéraires, la vigueur de sa pensée et sa puissance
de concentration. En cent pages, il résume la formation
politique de l'Espagne et de la France. J'y trouve bien
quelques mots que je voudrais effacer. « Les flots vivifiants
de l'invasion barbare » et « la vertu régénératrice des
Germains » sont une tradition ecclésiastique que Grégoire
de Tours nous force d'abandonner. Je n'ai pas, non plus,
un superstitieux respect pour une loi trop vantée. Dans la
mécanique céleste, les grosses masses attirent les petites ;
sans la loi salique, la France se serait agrandie par des
mariages. Elle était trop forte pour n'être qu'un cadeau de
noces fait à un étranger : c'est l'étranger qui lui eût
apporté en dot ses domaines. Sur ces points on peut discuter ; on ne discutera pas sur le mérite de cette large et
brillante étude qui restera un des chefs-d'œuvre de notre
littérature historique.

« Les ouvrages dont je viens de parler sont d'admirables

fragments d'un grand livre que M. Mignet se proposait d'écrire et qui, malheureusement, n'a point paru. La *Vie de Marie Stuart* est au contraire une œuvre complète, car cette fois l'auteur prend son personnage à la naissance et ne le quitte qu'à la mort.

« Marie Stuart avait été élevée à cette cour des Valois qui réunissait les extrêmes de l'élégance et de la corruption, où la grâce était dans l'esprit, la brutalité dans les mœurs, la religion dans les dehors de la vie, l'habileté politique dans la ruse et le mensonge; où chaque jour, au milieu de fêtes et de tentations offertes à une jeunesse ardente, des intrigues se nouaient pour une liaison coupable ou pour un assassinat : « Fleurs de plaisir, dit un contemporain, qui se teignaient sanglantes. »

« Marie, belle, savante, spirituelle, souvent éloquente, mais d'esprit mobile et passionné, eut dans cette cour de tristes exemples et des conseillers qu'il était dangereux de trop écouter, comme ses oncles de Guise, surtout le cardinal qui cachait sous sa pourpre romaine les vices dont se composait l'élégance de cette société folle de plaisirs. Il apprit à sa nièce qu'il est avec la conscience des accommodements; que les actes publics les plus solennels n'engagent pas, lorsqu'en secret on a protesté contre eux; et qu'elle pouvait, en France, débuter dans la royauté par une trahison envers son peuple d'Écosse.

« De cette cour elle emporta beaucoup de talents et de frivolité, sans une règle morale assez forte pour arrêter toujours les entraînements de son cœur; et ce bagage, à la fois trop léger et trop lourd, l'empêcha de marcher droit et ferme au milieu de sectaires farouches qui regardaient les grâces mondaines comme une cause de damnation, et en

face d'une aristocratie factieuse qui avait déjà tué deux de
ses rois.

« Leçons de France, leçons d'Écosse, toutes furent dangereuses pour la jeune reine. La nature et sa naissance lui
avaient donné les promesses d'une belle et grande existence, mais elle subit l'influence d'un temps où les caractères étaient énergiquement trempés pour le mal comme
pour le bien, et où l'on croyait que supprimer un adversaire était le meilleur moyen de se débarrasser d'un ennui.

« Envers Marie Stuart l'impartialité est difficile ; les documents sont contradictoires ou insuffisants ; les actes mêmes
peuvent donner lieu à des interprétations différentes. Et
puis la mort n'efface pas le rayonnant éclat de ces belles
pécheresses et l'Histoire est toujours près d'avoir pour
elles, sur les lèvres, les paroles de Jésus pour Marie de
Magdala. Rappelez-vous, Messieurs, les vieillards troyens
assis aux portes Scées : en voyant Hélène passer devant
eux, touchés, malgré les ans, de sa grâce divine, ils lui
pardonnent les maux qu'elle a causés. Et l'un des vôtres,
un des plus illustres, n'a-t-il pas été l'adorateur passionné
d'une autre enchanteresse morte depuis deux siècles ?

« M. Mignet, en historien incorruptible, s'est défendu
contre cette séduction qu'il semblait devoir subir. Il s'est
souvenu qu'il avait pris ses grades aux écoles de droit et il
a instruit avec la sagacité d'un jurisconsulte les trois
procès qui pèsent sur la mémoire de Marie Stuart : la mort
de Darnley, le mariage avec Bothwell et les conspirations
contre Élisabeth. Mais tout en condamnant l'acte criminel
de l'*Église du champ*, les noces précipitées avec l'assassin
de son époux et les fatales imprudences de sa captivité, il
éprouve une sympathie douloureuse pour cette vie trou-

blée « par tant d'infortunes, finie avec tant de grandeur ».

« Il semble difficile de contester ses conclusions. On l'a fait pourtant, et des protestants peu favorables à Marie Stuart ont renoncé à soutenir l'authenticité des fameuses lettres de la cassette d'argent. Je ne me rendrai pas juge de ce débat trois fois séculaire qui, pour quelques écrivains, est encore une question religieuse. Mais que Marie Stuart ait été innocente ou coupable, victime de ses ennemis ou de ses passions, elle nous apparaît, durant une captivité inique de dix-neuf années, ennoblie par son fier courage, ou purifiée par ses longues souffrances. Nous gardons, au contraire, un sentiment de répulsion pour cette autre reine que son poète appelle imprudemment « la Vestale assise sur le trône de l'Occident », qui eut, avec un mâle génie, une odieuse duplicité et n'eut jamais un cœur de femme. Le sang de Marie a rejailli au front d'Élisabeth et, comme la tache de lady Macbeth, « tous les parfums de l'Arabie ne l'effaceront pas ».

« J'ai réservé pour la fin de cette analyse celui des ouvrages de M. Mignet qui se rapproche le plus de notre époque, bien que, par la date de sa composition, il appartienne à la jeunesse de l'auteur ; je veux parler de cette *Histoire de la Révolution* qui, par son charme singulier et sa vive allure, dispute, depuis soixante ans, au livre de M. Thiers la faveur de l'opinion. Cette révolution, qui a commencé pour la vieille Europe une ère nouvelle, exerce sur les esprits un irrésistible attrait, formé de terreur et d'admiration. Tout y prend des proportions inaccoutumées, l'héroïsme et le crime ; aussi nul sujet ne prête davantage aux plaidoyers contraires. Mais pour reproduire cette tragique histoire et l'intensité de la vie sur ce champ de bataille où se heurtaient tant d'idées et de passions, il faut des détails, de longs récits, et M. Mignet n'a voulu faire qu'un brillant résumé.

« Aux *Institutions de Saint-Louis*, publiées en 1822, avait succédé, en 1824, l'*Histoire de la Révolution*, qui parut en un seul volume. M. Mignet ne s'était donc accordé que quelques mois et quelques centaines de pages pour raconter la suite des événements extraordinaires qui remplissent le quart de siècle écoulé de 1789 à 1814. C'était une entreprise hardie : le temps, l'espace et les documents manquaient ; puis, pour l'historien comme pour le peintre, il est des perspectives nécessaires. Or, songez, Messieurs, que sept ou huit années seulement avaient passé sur le dernier acte de la grande épopée révolutionnaire : l'abdication de l'empereur, qui aux yeux des rois était toujours resté le soldat armé de la Révolution ; songez surtout à l'état d'esprit où se trouvait cette génération de 1820 : née dans la joie et les douleurs du plus prodigieux enfantement qui fut jamais, élevée sur les bancs de l'Université impériale, au bruit du canon d'Austerlitz, parvenue à l'âge d'homme au moment de la catastrophe finale, et à la vie publique en pleine réaction royaliste. Dans cette atmosphère encore chargée de tant d'orages, peuplée d'un monde de souvenirs héroïques et de visions d'ancien régime, l'histoire de la Révolution ne pouvait être qu'une arme de guerre aux mains de cette jeunesse éprise d'une passion ardente pour deux nobles choses, la gloire et la liberté, et qu'animait au combat la haine de la Sainte-Alliance et celle de la Restauration.

« M. Mignet était trop de son temps pour échapper à la séduction de ces généreux sentiments. D'ailleurs il était né Girondin ! Trente années auparavant il aurait fait partie de ce groupe d'hommes d'élite que la distinction de l'esprit et le culte de la Révolution avaient rapprochés. Il y eût apporté cette tenue, cette élégance et ces hautes manières qui ajoutaient au charme de sa personne, et, par sa sagesse précoce, par la mesure et l'autorité de son jugement, il y eût vite conquis une des premières places. Aristocrate de goûts, libéral d'éducation et d'études, il serait devenu républicain, comme Vergniaud; et s'il eût été soumis au même sort, c'est, j'imagine, le plus tranquillement du monde, sans faiblesse comme Desmoulins, sans colère comme Danton, c'est en grand seigneur bourgeois, fier et dédaigneux, qu'il eût livré sa tête.

« Messieurs, M. Mignet est un maître, au double titre de penseur et d'écrivain. Comme Montesquieu, il n'aime pas à expliquer le succès par la fortune, mot commode qui n'explique rien; et il ne recourt pas à des hypothèses dont l'histoire n'a pas besoin. Avec la virile pensée que les peuples, comme les individus, font eux-mêmes leur condition, il cherche le secret des chutes et des triomphes dans les causes qui les ont produits.

« Comme Montesquieu encore, il met au premier rang des influences qui agissent sur les peuples, leur situation territoriale. Par un de ses côtés, la géographie est une aride nomenclature dont il ne faut pas abuser dans nos écoles; par un autre, elle fait partie de l'histoire philosophique. Donnez à la Pologne de solides frontières, et cette héroïque chevalerie devient une nation compacte qui ne peut être entamée. Otez à l'Angleterre ses mines de fer et de houille, comblez son fossé de la Manche, et elle ne sera plus la libre Angleterre, l'atelier et le marché du monde. La France, avec ses beaux fleuves qui descendent à trois mers, ses deux boulevards des Alpes et des Pyrénées, est le pays le mieux fait de l'Europe. Aussi a-t-elle, durant des siècles, joué dans le monde le premier rôle; et la géographie la défend encore, malgré la brèche fatale du Nord-Est. M. Mignet a mis au commencement de plusieurs de ses ouvrages quelques-uns de ces tableaux de géographie morale « où l'œil, dit-il, découvre tout d'abord ce que l'histoire confirme ensuite ».

« Les influences physiques restent toujours les mêmes, les causes morales varient et agissent tantôt en bien, tantôt en mal, et c'est à démêler ces actions différentes que l'historien doit s'appliquer en se plaçant dans le milieu où les événements se sont accomplis.

« On a reproché à M. Mignet de chercher des lois dans l'histoire, comme nos confrères des sciences en cherchent avec raison dans la nature. Il parut, en effet, croire d'abord à l'enchaînement des choses : « Elles agissent avec suite, dit-il, s'accomplissent de nécessité et se servent des hommes comme moyens et des événements comme occasion; » ou bien encore : « Ce sont moins les hommes qui ont mené les choses, que les choses qui ont mené les hommes [1]. » Cette théorie fut ce qu'on appela son système. Il l'eut peut-être à ses débuts, au temps où le fatalisme hégélien, importé en France, faisait dire qu'à Waterloo, il n'y avait pas eu de vaincus. Il cessa de l'avoir

---

1. Dans un article sur M. Mignet, Sainte-Beuve dit : « Il laissait échapper de ces maximes chez lui familières et fondamentales qui exprimaient ce qu'on a pu appeler son système. » Mais, en écrivant ces mots (*Revue des Deux Mondes* du 15 mars 1846), Sainte-Beuve n'avait pas lu, sans doute, ce que M. Mignet avait écrit quelques mois auparavant dans l'éloge de Sismondi et ce qu'il écrivit plus tard dans sa belle étude sur Hallam. C'est dans l'éloge de Raynouard que j'ai pris les paroles citées dans le texte. Cependant l'impression de Sainte-Beuve

quand l'expérience lui eut appris que l'histoire n'a pas cette régularité; et que les hommes avec leur génie, leurs passions ou leur faiblesse, les peuples avec leurs accès d'héroïsme ou d'affolement y tiennent plus de place. Si Louis XVI avait eu l'énergie et la sagesse, la Révolution s'accomplissait pacifiquement; si Bonaparte était né trente ans plus tôt, nous n'aurions eu ni le Consulat ni l'Empire. Il est en ce monde une force contre laquelle le génie et la violence ne peuvent longtemps prévaloir; elle se compose des traditions du passé et des intérêts du présent, des idées de ceux qui pensent et des passions de ceux qui souffrent. Mais cette force, ce sont les hommes qui la produisent et qui s'en servent en bien ou en mal, qui la détournent ou la transforment : qui, enfin, à leurs risques et périls, se jettent, avec leur liberté, dans le combat pour la vie. L'historien doit donc expliquer souvent; il ne doit pas toujours absoudre, car il n'a point en face de lui de fatalités inéluctables.

« Ah! gardons au moins la responsabilité historique, en un temps où la justice et quelquefois la science, même la philosophie, font si petite la part de la responsabilité civile, que souvent le crime n'apparaît plus que comme une maladie à laquelle sont dus des soins fraternels. M. Mignet n'aimait pas ces énervantes doctrines : d'un bout à l'autre de son œuvre respire le sentiment moral

se retrouve dans un éloge de M. Mignet, lu le 26 janvier 1885 à l'Académie des Sciences de Pesth, dont il était membre. Le Ministre de l'Instruction et des Cultes du royaume de Hongrie, M. August Trefort, a dit, à propos de l'*Histoire de la Révolution* : *Der Geist des Werkes ist ein revolutionäres, in gewisser Beziehung sogar fatalistischer.* Deux mois après, M. Trefort faisait au sein de la même Académie, l'éloge de M. Thiers; nous lui envoyons l'expression de notre gratitude pour cet hommage rendu à nos illustres morts.

sans lequel il n'y aurait de justice ni dans la société ni dans l'histoire, qui est cependant le grand livre des expiations et des récompenses.

« Il est une autre fatalité dont on a beaucoup abusé, le caractère de la race persistant à travers les siècles, malgré la diversité des influences et des fortunes. Un écrivain qu'il pourra paraître singulier de trouver en si graves méditations, l'auteur de *Robinson Crusoë*, avait, il y a deux cents ans, combattu les conséquences que l'on voulait déjà tirer de cette doctrine, qui substitue un problème de physiologie à un problème de morale. Elle a produit, dans la première moitié de notre siècle, de beaux livres, et, dans la seconde, bien des maux. M. Mignet y a quelquefois cédé; mais plus peut-être par condescendance académique que par conviction personnelle, car il savait bien que, dans l'Europe occidentale, à cette extrémité du monde où la poussée des peuples a refoulé tant de races, il n'est point de population qui ne soit composée d'éléments très divers. Dans notre France, par exemple, comment séparer du sang celtique qui coule dans nos veines le sang sémitique, grec, romain, arabe, germanique, scandinave qui s'y est mêlé? De ce mélange cependant s'est formé le peuple qui, malgré des origines complexes, est celui dont toutes les parties se sont le mieux fondues dans l'ensemble; et si nous ne formons pas une race, nous sommes mieux que cela, une nation qui, en face du péril, n'aurait qu'un cœur pour sentir, qu'une main pour frapper.

« M. Mignet a rencontré bien d'autres questions dans ses *Éloges académiques*, belle galerie de portraits, où l'auteur remet en pleine lumière quelques-uns des personnages qu'il avait montrés dans son *Histoire de la Révolution*. Il rattache ainsi sa première œuvre à la dernière et, avec la calme sérénité du philosophe qui n'aime que le vrai, il corrige le livre de sa jeunesse par celui de sa maturité.

« Les quatre volumes des *Notices* et *Éloges* sont une véritable encyclopédie morale, la plus belle et la plus durable de son œuvre, celle où son style déploie toute sa richesse, son intelligence toute sa facilité de compréhension. En les lisant, on est surpris de voir l'historien accoutumé à peindre la vie des rois et des peuples dans ses plus dramatiques manifestations, parler avec tant d'aisance de législation, de science, d'économie sociale, de philosophie, et pénétrer sans fatigue jusqu'aux plus obscurs profondeurs de l'entendement humain, ou porter dans l'analyse de systèmes aventureux le bon sens qui fait justice des témérités. Il n'aime pas à agiter les problèmes insolubles dont l'homme n'aura jamais le secret, et il reproche à Schelling de parler comme s'il avait « assisté à la formation des mondes et des existences », comme s'il avait « vu Dieu sortir de sa solitude inerte et de son repos silencieux » ; mais il croyait à la puissance du sentiment, et jamais il n'aurait interdit la recherche de l'idéal, qui est l'honneur de l'esprit humain et la marque de sa nature supérieure. Pour M. Mignet, l'harmonie de l'univers suffit à révéler un suprême Ordonnateur ; c'est le cri d'Israël : *Cœli enarrant gloriam Dei*, et c'est celui de l'humanité.

« Quelle riche moisson de pensées à faire dans ces livres ! Le temps et l'espace me manquent pour recueillir et lier ces gerbes fécondes. Je ne voudrais cependant pas oublier un souvenir qu'il est bon de rappeler aujourd'hui. En fondant l'Université, Napoléon, malgré son instruction mathématique et son titre de membre de l'Académie des Sciences, voulut que, dans l'éducation nationale, la prééminence fût assurée aux lettres. « Les sciences, disait-il, sont de « belles applications de l'esprit humain ; les lettres sont « l'esprit humain lui-même. » Mais ce n'est pas ici qu'il est nécessaire de plaider la cause des *Humanités*. La France leur doit sa langue si claire, son génie si sympathique et c'est un héritage que, grâce à vous, Messieurs, elle ne perdra pas.

« Comme écrivain, M. Mignet a une originalité particulière : ce vigoureux esprit aime la condensation des idées et des faits. En quelques pages, il écrit un volume et partout il met la lumière, souvent aussi l'émotion. Comme Tacite, il est un écrivain tragique ; le drame l'attire, et il évite de mêler les actions, parce qu'il sait que pour être forte, l'impression à produire doit être simple. C'est pour cela que tant de ses œuvres sont des fragments, des biographies, des portraits, mais portraits qui ressemblent, par le fini du travail, à de belles médailles antiques.

« Un grand peintre a dit que le dessin est la probité de l'art ; la science est la probité de l'histoire. Pour atteindre à la vérité historique, il faut un travail préliminaire que ne rebute pas la recherche de débris même informes, une pénétrante sagacité pour en saisir le sens, un esprit vigoureux pour les coordonner et, s'il se peut, le souffle d'Ezéchiel répandant la vie sur des ossements brisés. Dans les belles études de M. Mignet, le travail de recherches se sent, il ne se voit pas et, selon la tradition du grand art français, la science se cache sous de larges draperies. Ce n'est pas qu'il aime le fracas des mots et des couleurs, le cliquetis des expressions qui, en se heurtant, font du bruit et ne font pas de lumière. Il a le style sobre et ferme des grands historiens. Point de métaphores, point d'images; la chaleur et l'éclat sont dans la pensée.

« Toutefois en un temps où la critique n'est épargnée ni aux dieux ni aux rois, j'oserai dire du maître que ses longues périodes, construites avec tant d'art, ont parfois un balancement rythmique d'une trop constante harmonie. La force s'y rencontre plus souvent que la grâce, et il ne déplairait pas d'y trouver de loin en loin un peu de ce négligé savant qui est un art aussi, puisque les poètes et les femmes, ces grands artistes, y recourent, comme à un artifice qui ajoute encore à la beauté. Mais que de pages éloquentes! M. Mignet avait, au suprême degré, le culte de son art, comme il eut toute sa vie celui des convenances sociales; il ne voulait pas plus d'un mot mal choisi que d'une pensée fausse ou d'une témérité inutile.

« Dans sa longue existence, il traversa presque en entier un siècle rempli de révolutions, de gloire et de misères. Il a vu la science contraindre la nature à lui livrer des secrets redoutables ou bienfaisants; la poésie, retrouver sa lyre d'or; le drame, des accents nouveaux et profonds; l'histoire, des civilisations perdues et des destinées oubliées, et il jouissait de ces belles choses comme de tout ce qui donne des ailes à la pensée. Il souffrait, au contraire, quand la société tremblait sur sa base, quand l'esprit s'élançait témérairement au milieu des précipices ou dans les bas-fonds, au risque du vertige ou des souillures; mais alors même il gardait, non sans émotion du cœur, sa confiance et sa sérénité. Les doctrines pessimistes, qui semblent envahir notre siècle vieillissant, n'auraient pas atteint le vaillant lutteur, et avec sa ténacité habituelle, il aurait espéré contre toute espérance pour la pensée, pour l'art et pour cette patrie française, indestructible malgré les deuils répétés qui, aujourd'hui encore, lui font voiler son drapeau.

« Fidèle aux convictions de sa jeunesse sans déclamation bruyante, étant de ceux dont le silence suffit, il aima la liberté parce que sans elle il n'y a plus, de nos jours, de dignité véritable ; il crut au progrès insensible mais certain de l'humanité, aux droits et à la grandeur de la raison, à l'intelligence qui se développe, à la morale qui gagne plus d'esprits sans réussir à tuer partout le fauve qui est dans l'homme.

« Dur à lui-même, d'une rigueur morale qui ne fléchit jamais, il était doux aux autres : personne n'a gravi les quatre étages qui menaient au petit appartement où se sont écoulées ses journées laborieuses, sans y trouver un bienveillant accueil et d'utiles conseils. Si la science fut sa seule épousée, il se fit une famille de ses amis, de ses proches, de ses compatriotes d'Aix ; et je ne crois pas qu'on lui ait jamais connu un ennemi, car avec un grand talent, il avait, ce qui est plus rare, un caractère qui commandait le respect.

« Sa mort fut celle d'un sage, sans plainte, ni révolte contre l'arrêt de la nature. Soutenu par la fermeté de ses croyances spiritualistes, il ne s'effrayait pas « du silence éternel des espaces infinis », et il aurait pu répéter les paroles de Marc-Aurèle, en supprimant le doute que le grand païen y avait laissé : « Ou je ne serai plus rien, ou je serai mieux, et je ne serai mieux qu'à la condition d'avoir obéi à la raison, au devoir, qui sont la loi divine. »

« Messieurs, j'ai accompli, selon mes forces, la tâche que

vous m'aviez confiée; j'ai rendu un dernier hommage à notre illustre mort; mais je ne vous ai pas encore parlé de ma gratitude. En ajoutant vos suffrages à ceux qui s'étaient déjà portés sur mon nom, vous m'avez accordé un honneur exceptionnel; j'en connais, croyez-le, tout le prix, et j'y mesure ma reconnaissance.

« Quand je regarde derrière moi la route parcourue, je me retrouve dans une modeste chaire de collège où j'enseignais l'histoire à de grands écoliers qui s'appelaient d'Aumale, Émile Augier, Perraud, Sardou, aujourd'hui l'honneur de votre compagnie. C'est dans cette chaire que j'ai passé les plus longues années de ma vie; c'est là qu'une auguste faveur vint un jour me prendre, et c'est de là que je suis parti pour arriver jusqu'à vous.

« Ces souvenirs vous disent les sentiments que j'éprouve en ce moment et en ce lieu : pour l'Université qui m'a fait ce que je suis; pour le Prince qui ne me demanda jamais que d'être un dévoué serviteur du pays; pour vous, Messieurs, qui m'avez comblé. »

1892. — Me voilà donc trois fois membre de l'Institut, moi à qui ma vie solitaire semblait interdire même l'espérance de siéger un jour parmi les consuls de la grande république des lettres françaises. Aujourd'hui, privé de toute activité physique, pouvant converser à peine avec une seule personne, ni suivre une discussion à plusieurs voix, je ne vais plus que rarement à ces réunions doublement intéressantes par l'esprit et la science qu'on y trouve. N'ayant plus la force d'aller à toutes, je témoigne du moins de mon persévérant respect pour l'Institut en manquant le moins possible les séances de la plus ancienne de ses classes, et j'envoie d'ici au représentant officiel de l'Académie française, à son secrétaire perpétuel, les compliments affectueux que je ne puis adresser à chacun de nos confrères.

CHAPITRE XX

ULTIMA VERBA

Au chapitre III, j'ai fait mon examen de conscience et, durant cinquante années, j'y suis resté fidèle; si je le recommençais aujourd'hui, il serait encore ma confession *in articulo mortis*. Plusieurs des pages qui s'y trouvent exciteront bien des colères; elles ne conviennent, en effet, qu'à certains esprits qui ne sont pas ceux de la foule présente, mais qui seront ceux de l'avenir, et c'est pour cela que je les ai conservées. On ne s'occupera certainement pas de moi, dès qu'une pelletée de terre aura été jetée sur ma fosse; je tiens pourtant à prendre place, sans bruit, parmi les précurseurs qui, déjà, s'appellent légion. Ceux-ci acceptent les convenances sociales : invités à une soirée, ils s'y rendent en habit noir et non pas en veston; ils suivent un mort à l'église et s'y laissent porter eux-mêmes, afin de ne pas violer des habitudes consacrées par l'usage. Ils ont horreur de l'hypocrisie, et ils respectent les croyances sincères qu'ils ne blessent jamais. Mais, avant de descendre dans la tombe, ils ont un dernier devoir à remplir en disant ce qu'ils ont cru être la vérité religieuse, qui, à bon droit, préoccupe tant de monde.

Les mémoires posthumes ont habituellement pour but la glorification du mort qui les a écrits, des vengeances rétrospectives ou l'éloge encore intéressé de certains vivants. J'espère que pareille accusation n'atteindra pas les miens. Je ne me hisse pas sur un piédestal où je demanderais à être placé. Je me suis borné à fournir les pièces d'après lesquelles me jugeront ceux, s'il s'en trouve, qui en auront le désir. C'est, comme on dit à présent, une histoire très documentée, mais qui ne sort pas du cercle où s'est passée ma vie publique. Ayant été en rapport avec une quantité de personnes que leur situation dans la haute société, le monde officiel et l'Institut mettaient en pleine lumière, j'aurais pu tracer quantité de portraits, dire quelques méchancetés ou discuter, en les tranchant, bien des questions; je n'ai parlé de celles-ci qu'autant qu'il a été de mon devoir d'y répondre. D'ailleurs, je n'ai aucune prétention à la science universelle, ou à la pénétration philosophique. Cantonné dans un petit coin de la vie active, j'ai fait tous mes efforts pour le bien connaître et m'y conduire en bon citoyen. Y ai-je réussi? Je le crois, sans trop compter sur la justice politique; car les partis n'oublient pas, surtout celui qui a cru à tort que je voulais le combattre autrement que la loi à la main. Il ne faut donc pas chercher dans ces pages de petits ou de grands scandales. Aujourd'hui, je suis plus qu'octogénaire; c'est l'âge de la paix et aussi celui où la mort approche : *placida et lenis senectus*, comme Cicéron appelle la vieillesse, et j'attends tranquillement la funèbre fiancée, sans colère ni révolte. Je lui demande une seule chose : ne pas venir me prendre avec le cortège de souffrances prolongées dont elle se fait habituellement précéder, ne croyant pas qu'il se trouve assez de fautes dans ma vie pour mériter cette expiation douloureuse.

Flourens nous promettait, par des raisons anatomiques, un siècle d'existence. La nature est bien rarement aussi généreuse. Durant la vie, elle fait, de bonne heure, comme le siège de notre organisme et nous enlève successivement nos moyens d'action. A un moment, c'est la mémoire qui baisse; à un autre, ce sont les jambes qui refusent leur service. A ces coups de la loi naturelle, répondons comme Marc-Aurèle : « Plusieurs grains d'encens sont destinés à brûler sur l'autel, que l'un y tombe plus tôt, l'autre plus tard, où est la différence? » Et encore : « Quittons la vie comme l'olive mûre tombe en bénissant la terre, sa nourrice, et en rendant grâce à l'arbre qui l'a portée. »

Malgré les infirmités qui sont arrivées avec l'âge, je suis un privilégié de la vie. Mon plaisir a été l'étude; je me passai aisément des autres, et je puis étudier encore. Il est vrai que je n'ai pas su atteindre ce après quoi tant de monde court : la fortune; mais n'ayant jamais eu de besoins, j'ai toujours pu me contenter de la modeste aisance que mes ouvrages m'ont assurée. Ce fut un grand bien, car mes enfants n'ont trouvé dans la maison paternelle, ni la gêne qui est une souffrance, ni la richesse qui est un danger.

Il y a quelques années j'ai fait un rêve singulier qui m'est encore présent à l'esprit. Je mourais en Algérie auprès de Blidah, dans l'épaisse forêt d'orangers qui s'étend aux pieds de cette ville et dont les pommes d'or illuminaient la voûte des arbres, comme les étoiles étincellent au firmament dans une belle nuit d'été. Tout à coup le ciel s'assombrissait et j'étais emporté par un ouragan furieux, sillonné d'éclairs et traversé en tous sens par d'effroyables animaux de feu qui, pourtant, me laissèrent arriver sur les hauteurs de Villeneuve-Saint-Georges où je me suis construit un tombeau. Là, deux de mes fils m'ayant reçu sur leurs épaules, je descendis la colline, pendant qu'ils chantaient, derrière la voiture des morts où j'étais tout à la fois présent et absent : « Nous avons été vaillants dans la vie et nous le serons jusqu'au dernier jour. » La nuit ténébreuse avait cessé : partout des fleurs, des chants d'oiseaux, et l'aube matinale qui me conduisit à la porte du champ de l'éternel repos. C'étaient de belles funérailles; je voudrais dire ainsi adieu à la vie qui m'est douce encore, puisqu'elle m'apporte, avant que je parte, les plus vives satisfactions.

Si je quittais en ce moment ma chère femme qui soigne ma vieillesse avec un dévoûment infatigable, je la laisserais en pleine santé, toute à l'espérance de voir bientôt notre fils reçu dans l'armée où sa vocation l'appelle; mon fils aîné, George, vient d'être élu à l'École Polytechnique, par les plus honorables suffrages (quinze voix sur dix-huit), à une place que j'ai occupée en 1862; et mon ancien secrétaire à l'Instruction publique, Ernest Lavisse, que, depuis trente ans, je regarde comme un de mes enfants, a été reçu à l'Académie française; enfin, des adversaires, autrefois très animés contre moi, me disent aujourd'hui : « Nous n'avons pas été justes envers vous. »

Dans son discours pour l'inauguration de la nouvelle Sorbonne, le 5 mai 1889, le Ministre de l'Instruction publique, M. Fallières, m'a appelé « un précurseur ». Je regarde ce mot comme un grand éloge et je n'en demande pas d'autre.

P.-S. — Le *Journal officiel* du 16 octobre 1892 vient de

publier les noms des 425 jeunes gens reçus à Saint-Cyr ;
mon fils Louis-Victor, à dix-huit ans, limite inférieure de
l'âge d'admission à cette école, figure en tête de la liste
avec le numéro 1. Héritier des qualités militaires de ses
frères, il a toutes les aptitudes nécessaires pour bien marcher dans la carrière qu'il s'ouvre si honorablement, et
l'Université, *alma parens*, qui forme des lettrés et des
savants, dira, en pensant à lui, qu'elle sait aussi faire des
soldats. Si le rappel était battu là-haut pour moi, à cette
fin de l'année 1892, je dirais que c'est bien finir.

Deux ans après, le 25 novembre 1894, Victor Duruy s'étei-
gnait plein de jours, laissant à sa famille, par expresse volonté,
le soin de publier les *Notes et Souvenirs* dont la composition
avait rendu moins pénibles à cet infatigable travailleur les
loisirs imposés par l'âge et la diminution graduelle des forces.

Le 28 novembre, ce grand serviteur du pays était conduit
sans apparat, ainsi qu'il l'avait prescrit, au cimetière de Villeneuve-Saint-Georges. Non loin du tombeau où il repose se
dresse aujourd'hui un monument, œuvre du statuaire Alfred
Lenoir et de l'architecte de la Sorbonne, M. Nénot. Ce monument a été élevé par voie de souscription publique, à la
mémoire du ministre libéral et réformateur, de l'historien
des Grecs et des Romains, qui n'ont pas eu de meilleur citoyen
que lui. On pensera sans doute, après avoir lu ces pages,
qu'un témoignage durable de l'estime publique était dû, en
effet, à l'homme qui, dans tout le cours de sa vie, d'une si
belle unité, s'est montré invariablement fidèle à la Science, à
la Liberté, à la Patrie.

FIN DU TOME SECOND.

TABLE DES MATIÈRES

DU TOME SECOND

CHAPITRE XIV. — La liberté de l'Enseignement supérieur........ 1

Discussion du projet de loi sur la liberté de l'Enseignement supérieur...................... 23

Propositions de lois présentées au Sénat en 1870 relativement à la liberté de l'Enseignement supérieur : 1° Discours du 28 juin.......... 42

2° Projet de loi sur la liberté de l'Enseignement supérieur 54

3° Séance du jeudi 4 juillet 1870.............. 59

Proposition de loi sur l'Enseignement supérieur public................................ 63

§ I. — Des Facultés......................... 63

§ II. — Dispositions particulières aux Facultés des Sciences économiques et administratives. 69

§ III. — Dispositions particulières aux Facultés de médecine et de pharmacie.............. 70

§ IV. — Des écoles publiques d'Enseignement supérieur................................ 73

— XV. — L'Empereur......................... 76

    I, p. 76; II, p. 85; III, p. 97; IV, p. 112; V, p. 128; VI, p. 149.

— XVI. — L'Impératrice...................... 173

Projet de fondation d'une école libre pour l'instruction médicale des femmes.............. 198

Règlement de la Société libre pour l'instruction médicale des femmes...................... 206

— XVII. — L'administration centrale.................... 217

    I, p. 217; II, p. 229; III, p. 237.

— XVIII. — Le bastion 88.................... 249

— XIX. — L'Institut........................ 277

— XX. — Ultima verba...................... 309

Coulommiers. — Imp. PAUL BRODARD. — 750-1901.